반환 미군기지의
흔적을 찾아서

반환 미군기지의 흔적을 찾아서

발행일	2023년 5월 26일

지은이	신상수		
펴낸이	손형국		
펴낸곳	(주)북랩		
편집인	선일영	편집	정두철, 배진용, 윤용민, 김부경, 김다빈
디자인	이현수, 김민하, 김영주, 안유경, 한수희	제작	박기성, 황동현, 구성우, 배상진
마케팅	김회란, 박진관		
출판등록	2004. 12. 1(제2012-000051호)		
주소	서울특별시 금천구 가산디지털 1로 168, 우림라이온스밸리 B동 B113~114호, C동 B101호		
홈페이지	www.book.co.kr		
전화번호	(02)2026-5777	팩스	(02)3159-9637

ISBN	979-11-6836-917-7 03910 (종이책)	979-11-6836-918-4 05910 (전자책)

카투사 출신 작가가 발품 팔아 들려 주는
한국 현대사 속 미군 이야기

반환 미군기지의
흔적을 찾아서

신상수 지음

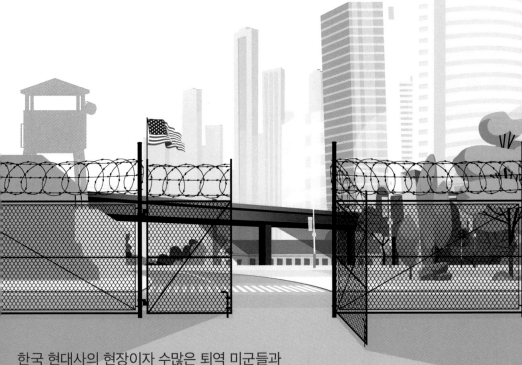

한국 현대사의 현장이자 수많은 퇴역 미군들과
카투사들의 젊은 시절 추억이 담겨 있는 반환 미군기지

**카투사 출신 저자와 함께 굴곡진 현대사를 관통하는
미군 주둔 80년의 역사 속으로 당신을 초대한다!**

 북랩

반환 미군기지 답사의 이유 및
미군 주둔과 기지 반환의 역사

제가 반환 미군기지에 대한 글을 썼다고 하자 왜 그런 곳을 다녔냐는 질문을 몇 차례 받았습니다. 혹시 부동산 투자를 위해 땅 보러 다니는 거냐고 반문하며 자기도 투자 좀 하게 주소 목록을 정리해달라는 반응도 있었습니다. 개인적인 추억의 장소에 대한 방문으로 시작된 것이 한국 현대사의 한 단면을 알 수 있는 장소에 대한 호기심으로 업그레이드되어 취미가 되어버린 것이고, 투자 관점으로는 전혀 생각해본 적이 없기에 그러한 반응이 색다르게 다가왔습니다. 반환 미군기지는 한국 현대사의 현장이자 수많은 퇴역 미군들과 카투사들에게는 젊은 시절의 추억이 담겨 있는 공간입니다.

주한미군기지 반환의 역사는 한국사 단독의 역사가 아니라 세계사와 연계되어 있습니다. 1945년 8월 15일 2차 세계대전이 끝나게 되면서 한국은 일제로부터 해방이 됩니다. 하지만 같은 해 9월 38선 이남에서는 미군정이 시작됩니다. 1948년 한국정부가 수립되면서 공식적으로 미군정은 종료되고 주한미군은 일부 병력만 남기고 대부분의 병력을 한국에서 철수시킵니다.

호시탐탐 기회를 노리던 북한이 1950년 6월 25일 새벽에 기습 남침을 하며 6·25전쟁이 시작되었습니다. 그렇게 한국전쟁이 발발하고 미군을 포함한 UN군이 참전하게 됩니다. 6·25전쟁 과정에서 미군 병력이 부족하게 되어 미군은 한국정부에 병력지원 요청을 하였고 1950년 8월 15일에 카투사 제도가 창설되었습니다.

1953년에 휴전협정이 체결되었지만 여전히 북한은 무장공비를 남파하며 불안감을 조성하였습니다. 1954년에 한미상호방위조약이 체결되며 한미동맹이 형성되었고 이 과정에서 한반도에 미군이 다시 주둔하게 됩니다. 처음에는 미국이 동 조약의 체결을 거부한 것으로 알려졌으나 끈질긴 협상 끝에 조약이 체결됩니다.

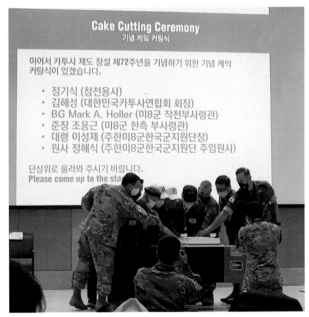

▶ 2022년 8월 15일에 평택 미군기지에서 열린 카투사 제도 창설 72주년 기념식

1961년에 베를린 장벽에 의해 독일이 동독과 서독으로 분할이 되면서 냉전 구도가 심화됩니다. 이때쯤 한반도 서부 지역 곳곳 군사 요충지에는 미군의 방공 미사일 기지가 조성됩니다.

1962년 10월 14일 쿠바 미사일 위기가 발생하며 전 세계는 핵전쟁의 공포에 사로잡혔으나 다행히 미국 케네디 대통령과 소련의 흐루쇼프 서기관의 극적인 협상을 통해 소련의 쿠바 미사일 기지 건설은 없던 일로 되었습니다.

1968년 한국에서는 무장간첩 김신조가 박정희 대통령 암살을 노리다 실패하고, 미군의 푸에블로호가 납북되는 사건이 발생합니다. 한반도에 전운이 고조되자 미군은 유류수송체계를 변경하는데, 이것이 그 유명한 한국종단송유관(TKP: Trans Korea Pipeline) 건설입니다.

1969년에는 대규모 주한미군기지 반환의 계기가 되는 중요한 이벤트가 있었는데 바로 7월 25일 미국 닉슨(Nixon) 대통령이 괌에서 선언한 닉슨 독트린(Doctrine)입니다.

　① 미국은 앞으로 베트남전쟁과 같은 군사적 개입을 피한다.
　② 미국은 아시아 제국(諸國)과의 조약상 약속을 지키지만, 강대국의 핵에 의한 위협의 경우를 제외하고는 내란이나 침략에 대하여 아시아 각국이 스스로 협력하여 그에 대처하여야 할 것이다.
　③ 미국은 '태평양 국가'로서 그 지역에서 중요한 역할을 계속하지만 직접적·군사적 또는 정치적인 과잉 개입은 하지 않으며 자조(自助)의 의사를 가진 아시아 제국의 자주적 행동을 측면 지원한다.

④ 아시아 제국에 대한 원조는 경제 중심으로 바꾸며 다수국간 방식
　을 강화하여 미국의 과중한 부담을 피한다.
⑤ 아시아 제국이 5~10년의 장래에는 상호안전보장을 위한 군사기구
　를 만들기를 기대한다.

※ 출처: 네이버 지식백과 '닉슨 독트린(Nixon Doctrine)' – 두산백과 두피디아

닉슨 독트린을 계기로 주한미군 병력의 상당수가 한국에서 철수하기 시
작하는데, 가장 대표적인 것이 미7사단의 철수였습니다. 경기도 파주, 연
천, 동두천 등 접경 지역에 주둔하던 미7사단이 철수한다고 하자 당시
대한민국의 국가 분위기는 재앙 수준이었다고 합니다. 한국정부는 미군
이 참전한 베트남전쟁에 한국의 전투 병력을 파병하여 전력에 보탬이 되
어주었는데, 정작 주한미군의 대규모 철수가 발생하게 된 것입니다.

이렇듯 미7사단 철수 후 대한민국의 안보 약화에 대한 우려가 생기자, 미
군은 한미연합합동훈련과 한미야전사, 한미연합사를 창설하여 한미동맹
의지를 보여주었습니다. 1969년에 처음 실시된 한미연합합동훈련이 바로

▶ 한미연합훈련(출처: 의정부역전근린공원)

그 유명한 '팀 스피릿(Team Spirit)' 훈련입니다. 한국에서 철수한 미7사단 병력은 이 훈련 기간에 방한하여 국군과 함께 훈련하였다고 합니다.

1971년에 비틀즈의 멤버 존 레논이 평화를 노래한 곡 '이매진(Imagine)'을 공개하며 반전 분위기는 확산되기 시작했고, 1972년에 닉슨 대통령이 중국을 방문한 일은 냉전 구도가 완화되기 시작하는 이벤트라고 할 수 있었습니다. 이후 중국은 유엔에 진출하게 되었습니다.

하지만 냉전구도가 완전히 해소된 것은 아니었습니다. 1980년 개최된 모스크바 올림픽과 1984년 개최된 LA올림픽은 참여국들의 면면을 보았을 때 반쪽짜리 올림픽으로 평가를 받았기 때문입니다. 1980년대 중반 이후에는 소련의 개혁개방 정책 및 동유럽 국가 자유화 운동이 일어났고, 1988년 개최된 서울올림픽에는 이념에 관계없이 냉전 상대국들이 참여함으로써 냉전의 종식이 성큼 다가오게 되는 계기로 평가받고 있습니다. 당시 코리아나가 부른 '손에 손잡고' 음반은 1,700만 장이 판매될 정도로 세계적인 인기를 얻었다고 합니다. 드디어 1989년에 베를린 장벽이 붕괴되었고 같은 해 12월에 냉전 종식이 선언되며 1990년에 독일이 통일되었습니다.

이러한 분위기는 한반도에도 영향을 미쳤는데, 1991년에는 남북한이 유엔에 가입하고, 남북기본합의서가 체결되어 한반도 내에서도 냉전 종식의 흐름을 피부로 느낄 수 있게 됩니다.

1965년부터 1991년 말까지 미2사단이 155마일 길이의 DMZ 정찰 임무를 맡았었는데, 이 임무가 종료된 후 한국군이 해당 임무를 맡게 되었다

▶ 미국 뉴욕 소재 UN

고 합니다. 이 DMZ 정찰 임무는 파주 동파리 미군 훈련장(ACTA)에서 훈련을 받은 미2사단 미군들과 카투사에 의해 이루어졌는데, 이들은 임진스카웃으로 불렸습니다.

1991년 12월 소련이 해체되고, 1992년에는 주한미군기지를 포함하여 세계 곳곳의 미군기지가 감축이 되었습니다. 필리핀에 주둔하던 미군들이 철수하였는데, 클라크 공군기지와 수빅 해군기지가 바로 그곳입니다. 같은 해 8월 24일에는 대한민국과 중국이 수교를 맺는 역사적인 이벤트도 있었습니다.

1994년에는 한미연합훈련인 '팀 스피릿' 훈련이 중단되었다고 합니다. 대신 키 리졸브(Key Resolve), 독수리(Foal Eagle) 한미연합연습이 생겼습니다.

2001년 미국 뉴욕에서 9·11테러가 발생하고 2003년 3월에 사담 후세인을 제거하기 위한 이라크전쟁의 발발은 주한미군 주력 전투부대가 한국을 떠나기 시작하는 계기가 됩니다. 2003년 4월 노무현 대통령과 미국 부시 대통령은 주한미군기지 이전 관련 합의를 하게 되었고 주한미군기지 이전 사업이 본격 추진되는데, 이 사업들이 바로 용산 기지 평택 이전 사업인 YRP(Yongsan Relocation Program)와 경기도 등 한국 곳곳에 산재해 있는 미군기지를 평택 또는 대구 등으로 이전하는 LPP(Land Partnership Plan) 사업입니다. 이 사업들에 따라 한국 곳곳에 산재해 있던 주한미군기지들 대부분이 2004년 이후 순차적으로 폐쇄된 후 한국정부에 반환되었습니다.

제가 군에서 전역한 2004년 이후에는 군인이던 시절과 달리 자유롭게 출입할 수 없는 공간이 되어버린 미군기지는 오히려 추억의 장소로 변화되었습니다. 때마침 용산 미군기지 평택 이전 사업 진행 및 경기도를 비롯하여 국내에 산재해 있는 미군기지들의 반환이 시작되면서 반환 미군기지를 알아보며 방문하게 되었고, 이 과정에서 퇴역 미군들의 커뮤니티를 알게 되었습니다. 퇴역 미군들이 공유한 자료들을 통해 2000년대 초반 반환된 미군기지뿐 아니라 1970년대 초반, 1990년대 초반에 반환된 주한미군기지들의 존재까지도 알게 되었습니다. 이렇게 약 200곳의 반환 미군기지 터 및 미군 관련 장소들을 약 20년에 걸쳐 틈날 때마다 찾아보게 되었습니다.

최근 용산 미군기지가 핫플레이스가 된 것을 알게 되었고, 용산 미군기지를 포함한 부평 미군기지, 원주 미군기지에 대한 기록화 작업이 활발한 것을 목도하게 되었습니다. 이에 따라 저도 그간의 답사의 결과를 이렇게 글로 정리하게 되었습니다.

2023년 5월
신상수

목차

프롤로그　4
- 반환 미군기지 답사의 이유 및 미군 주둔과 기지 반환의 역사

1. 무기여 잘 있거라 … 16

- 미군 탄약창

2. 스파이, 미군 송유관(TKP) 그리고 철도 … 23

- 스파이
- 미군 송유관(TKP)
- 왕십리 미군기지

3. 인천상륙작전과 인천 미군기지 … 57

- 항구, 철도 그리고 전쟁물자

4. 닥터 스트레인지러브 … 71

- 냉전 그리고 미사일 기지
- 오래된 미군 미사일 기지

5. 야전외과병원 … 99

- 병원부대 M.A.S.H.

6. 광진구 미군부대, 서울골프장, 워커힐 리조트 … 115

    - 캠프 네이보스 및 인근의 휴양시설

7. 레크리에이션 센터(Recreation Center) … 126

    - MWR

8. 퍼펙트 센스 … 147

    - 식당(Dining Facility)

9. 마음이 머무는 곳이 고향이다(Home is Where the Heart is) … 159

    - 외인주택과 고문관

10. 아리랑 다리 … 169

    - 전쟁 이후 재건과 유엔의 원조

11. 아메리카 타운(America Town) … 186

    - 미군기지촌

12. 사격장 아이들 … 233

    - 레인지(Range)

13. 끝날 때까지 끝난 게 아니다 … 242

    - 휴전협정, 자유의 다리, 민정경찰

14. 공병대(The Engineers) … 253

    - 미군 공병대 The Broken Heart

15. 메모리얼 데이 ··· 268

- 당신들을 기억합니다

16. 서부전선 이상 없다 ··· 297

- Western Corridor

17. Hello! 캠프 그리브스 ··· 319

- 다시 만난 캠프 그리브스

18. 훈련소(Turtle Farm)에서 캠프 그리브스까지 ··· 331

- 안녕, 캠프 그리브스

19. 이젠 안녕! 캠프 잭슨 ··· 351

- 카투사들의 첫 미군기지, 캠프 잭슨

20. Scouts Out! 나의 캠프 그리브스 ··· 355

- 군생활 중 방문했던 반환 미군기지

에필로그   396

1. 무기여 잘 있거라

미군 탄약창

최근 서울 용산 미군기지 반환부지가 핫플레이스로 떠오르고 있습니다. 작년에 개방을 시작한 장교숙소단지뿐 아니라 올해에 개방을 한 스포츠 필드 부지에 남녀노소 할 것 없이 많은 분들이 찾고 있습니다.

용산 미군기지는 서울의 한복판에 자리하고 있기 때문에 모르는 사람이 없지만, 대한민국 곳곳에는 과거에 수많은 미군기지 또는 미군 관련 시설이 있었습니다. 노무현 대통령이 조지 부시 대통령과 협의를 통해 용산 미군기지를 포함하여 경기도 북부에 산재해 있던 미군기지들을 경기도 평택으로 이전하기로 합의하면서 2000년대 중후반부터 수십 개의 미군기지들이 반환되기 시작하였습니다.

저는 2000년대 초반에 경기도 북부 최전방 미군기지였던 캠프 그리브스에서 카투사로 2년간 군복무를 하였고 제가 제대할 때쯤 캠프 그리브스에 있던 미군들이 철수하기 시작하였으니 주한미군기지 반환의 여러 단계(1970년대 초반 미7사단 철수에 따른 반환 및 2사단 재배치, 1988년 서울올림픽 이후 1990년대 초 냉전 분위기 완화에 따른 기지 반환, 2000년대 초중반 주한미군 재배치에 따른 기지 반환) 중 한 단계를 경험한 셈입니다.

군복무를 마친 후 약 20년간 틈틈이 전국 각지의 반환 미군기지 및 미군 관련 장소들 약 200여 곳을 답사하였으나 글로 남길 생각은 못하였습니다. 하지만 최근 용산 미군기지가 핫플레이스로 떠오르는 것을 보며 반환 미군기지에 대한 사람들의 관심이 많다는 것을 알게 되었습니다.

한편으로는 용산 미군기지, 부평 미군기지, 원주 미군기지 등 최근에 반환된 부지들에서 아카이빙 작업이 활발한 것을 보며 제가 답사했던 또는 경험했던 장소들에 대해 글을 작성하는 것이 의미가 있겠다는 생각을 하게 되었습니다. 20세기 중반 이후 한국인들의 삶에 주한미군이 끼친 영향은 생각보다 작지 않다는 것도 알게 되었습니다. 그 후 몇 개월에 걸쳐 글을 작성하였으며 그 결과물을 이 책을 통해 공유하고자 합니다.

전쟁에 대비하기 위해서는 각종 탄약이 필요합니다. 과거 대한민국 곳곳에는 미군의 탄약 기지가 있었습니다. 군사도시라 일컬어지던 경기도 의정부시에는 도봉산부대(TO BONG SAN COMPOUND)라고 불리던 도봉산 탄약고(Tobongsan Ammo Center)가 있었고, 그 외의 지역에도 미군 탄약고가 있었다고 합니다. 이번 장은 미군이 반환한 탄약창 지역에 대한 이야기입니다.

해운대 탄약창

부산 해운대 해수욕장은 대한민국에서 가장 유명한 해수욕장입니다. 그런데 이곳은 과거 미군의 해운대 609탄약창 및 609수송부대가 주둔했던 곳이기도 합니다.

해운대 해수욕장에 주둔하던 미군 609병기·탄약부대는 1960년대 중반에 대전의 미군 탄약창인 캠프 에임스(Camp Ames)로 이전하였고, 609 수송부대는 해운대에 1971년까지 주둔하다 철수하였다고 합니다. 미군이 철수한 지 벌써 50년 가까이 되었으므로 미군이 해운대에 주둔했다는 사실을 아는 사람들이 많지 않습니다.

미군 609부대의 흔적은 최근까지 과거 부대 인근에 있던 609마을이라는 명칭으로 남아 있었습니다. 마치 경기도 파주시 법원읍에 미군 20포 부대가 있었다 하여 20포마을이라는 기지촌이 있던 것처럼 부산에도 609마을이 있었던 것입니다. 609마을은 2020년에 한 주상복합 건물로 재개발하기로 결정되어 현재 건물이 신축되고 있습니다.

미군 609부대는 해운대 지역 곳곳에 광범위하게 분포해 있었습니다. 동백섬 서쪽 동백공원 공영주차장 옆 공터 쪽에 609탄약부두가 있었고, 송림공원에 609탄약창이 있었다고 합니다. 또한 현재 신라스테이 해운대점 자리에 609부대가 있었다고 합니다. 그리고 현재의 해운대 좌동 신도시에는 609탄약창고가 광범위하게 분포되어 있었다고 하며, 해운대 엘시티 자리에 609중대가 있었다고 하고, 이곳에는 철도 기지창이 함께 있었다고 합니다. 현재 엘시티 오른쪽에 동해남부선 폐선 부지가 있고 폐선을 활용한 관광시설이 있어서 미군이 탄약부두뿐 아니라 철도도 이용했음을 짐작할 수 있습니다.

현재 해운대 인근에는 벡스코, 영화의 전당, 부산시립미술관 등이 있는 센텀시티가 있는데, 이런 대규모 개발이 가능했던 이유는 센텀시티 자리가 과거 부산 김해국제공항의 전신인 수영공항 자리였기 때문이라고 합니다. 수영공항이 김해로 이전한 후 센텀시티가 개발되기 전까지 수영공항 자리는 한동안 컨테이너 야드(CY)로 사용되었다고 합니다.

6·25전쟁 발발 후 UN군 지상군의 일원으로 참전하여 유엔군의 최초 전투인 오산 죽미령 전투를 치른 미군 스미스 부대원들이 한국에 처음으로 발을 디딘 역사적인 장소가 바로 수영공항입니다. 당시 일본 캠프

▶ 과거 미군 탄약부두 부지의 현재 모습

▶ 부산 수영비행장(출처: 스미스평화관)

▶ 부산 수영비행장 터에 조성된 센텀시티 전경

우드(Camp Wood)에 주둔하던 미24사단에서 스미스 중령이 지휘하는 제 21연대 제1대대가 특수임무부대로 편성되어 1950년 7월 1일에 일본 이 타즈케 공군기지에서 C-54 더글라스 수송기를 타고 부산 수영비행장에 도착하였다고 합니다.

미군은 공항, 철길, 부두 등이 갖추어진 부산의 해운대 지역을 활용하여 군사시설을 운용했음을 알 수 있습니다.

독산동, 구로동 미군 탄약창

조선 22대 임금인 정조는 아버지인 장헌세자(사도세자)의 묘소인 수원의 현릉원(현재의 융릉)을 참배하기 위해 창덕궁에서 출발하여 시흥행궁에 서 하루를 묵고 수원화성에 도착하였다고 합니다. 시흥행궁은 현재의

▶ 산업단지 조성 전 미군 탄약창이 있던 구로동의 모습(출처: 한국산업단지공단)

금천구 종합청사 근처에 있었다고 합니다.

바로 이곳 독산동 일대에는 한국전쟁 이후 미군의 46탄약창이 있었는데, 1971년에 미군이 철수하면서 한국정부에 반환되었다고 합니다. 아마도 한국전쟁 중 물자를 원활히 공급해야 하기에 오랫동안 교통의 길목 중 하나였던 독산동에 자연스럽게 탄약창이 위치했던 것이 아니었을까 추정이 됩니다.

한편 서울 독산동 인근에는 현재 G밸리라 불리는 구로공단이 있습니다. 흥미로운 것은 1965년에 구로공단이 조성되기 전인 1960년대 초까지 구로동에도 미군 육군 탄약고가 있었다고 합니다.

안양 탄약창

경기도 안양시 석수동에도 미군의 탄약창이 있었다고 합니다. 바로 83병기대대(83rd Ord BN)로 알려진 미군부대입니다. 이 부대가 있던 자리에는 현재 약 2,000세대 규모의 아파트단지가 자리하고 있습니다.

이 탄약창은 처음에는 83병기대대로 불렸으나 후에 부대 명칭이 캠프 핸드리치(Camp Handrich)로 변경되었다고 합니다. 83병기대대의 탄약창은 안양뿐 아니라 천안에도 있었는데, 이 부대의 이름은 캠프 호워드(Camp Howard)였습니다. 또한 안양에는 캠프 핸드리치 외에도 캠프 톰슨(Camp Thompson)이라는 미군 탄약창이 하나 더 있었다고 합니다.

▶ 삼성천 너머로 보이는 과거 미군기지 터에 자리한 아파트 모습

과거 캠프 핸드리치 부지 앞에는 삼성천이 흐르고 있습니다. 퇴역 미군들에 의하면, 삼성천을 따라가면 석수동 주민들뿐 아니라 미군들에게도 유명한 관광지였던 안양유원지가 있었다고 합니다. 안양유원지는 자연과 예술이 어우러진 안양예술공원으로 명칭이 변화되어 현재에 이르고 있습니다.

안양예술공원에는 신라시대 사찰인 중초사지가 있고, 삼막사, 염불사, 망월암, 안양사 등 불교 사찰도 곳곳에 있습니다. 또한, 현대 건축가들과 관련된 건물 및 작품이 곳곳에 위치해 있습니다. 예를 들어 김중업건축박물관, 세계적인 건축가 알바로 시자의 안양파빌리온, MVRDV의 전망대 등입니다. 또한 곳곳에 기발한 예술작품들이 있어서 사진 동호회의 단골 출사지 중 한 곳입니다.

석수동에서 미군이 떠난 지 오래되었지만, 지금 안양예술공원에서 평화롭게 산책할 수 있는 것은 한미동맹을 포함한 강력한 국방 덕분임을 새삼스레 되새기게 됩니다.

스파이

1953년 7월 27일 한국전쟁에 대한 정전협정이 체결되었음에도 불구하고 북한은 시시때때로 대한민국에 간첩을 침투시켰습니다. 무장공비와 대치하는 과정에서 수많은 한국군과 미군들이 사망하거나 부상당하였습니다.

▶ 주한미군·카투사 순직자 추모비

한국국방안보포럼과 한미협회는 무장공비와 대치하는 과정에서 순직한 주한미군 92명과 카투사 38명의 넋을 기리기 위해 2012년 6월 용산 미군기지에 '주한미군·카투사 순직자 추모비'를 건립하였으며, 용산 미군기지 병력이 평택 미군기지로 이전되면서 추모비도 함께 캠프 험프리스로 이전되었습니다.

▶ 주한미군 및 카투사 장병 순직자 명단(주한미군 92명, 카투사 38명)

무장공비 침투 사건 중 1968년 1월 22일의 김신조 사건(박정희 대통령을 암살하기 위해 북한 무장공비가 청와대 근처까지 침투한 사건)이 가장 임팩트가 강한 간첩 사건 중에 하나일 것입니다. 역사에 대한 저의 지식이 일천하기 때문에 이 사건에 대해서는 깊이 있게 다룰 수가 없습니다. 하지만 반환 미군기지 탐험가로서 김신조 사건 후 김신조 심문과 관련된 반환 미군기지인 캠프 그레이(Camp Gray) 부지에 대한 답사 및 김신조 사건 다음 날에 연이어 발생한 미군 첩보함 푸에블로(Pueblo)호 납북 사건으로 인해 한반도에서 또 다시 전쟁이 발발할 가능성에 대비하여 미군이 건설한 포항부터 의정부까지 가로지르는 한국종단송유관(TKP: Trans Korea Pipeline) 및 이와 관련된 장소들에 대한 답사, 마지막으로 TKP 건설 전 미군의 유류수송과 관련된 철도인 수인선 및 미군 전용 철도인 주인선 등을 답사한 이야기를 여기서 간략히 다루고자 합니다.

서울 동작구 캠프 그레이

서울시 동작구 대방동에 있는 여성가족재단 앞에는 여성을 위한 공간인 '스페이스 살림'이 2021년에 문을 열었습니다. 스페이스 살림 터는 일제시대에는 와인공장으로 사용되었는데, 한국전쟁 기간 중 미군이 일본의 와인공장을 넘겨받은 후 수십 년 동안 캠프 그레이 에넥스(Camp Gray Annex)라는 미군기지로 사용하였다고 합니다.

2009년에 캠프 그레이 부지에 방문했을 때에는 캠프 그레이 에넥스 건물이 그대로 보존되어 있었습니다. 반환된 부지를 어떻게 활용할지에 대한 구체적인 계획이 세워지지 않았을 뿐 아니라 부지 내 토양오염 문제

▶ 캠프 그레이(1호선 대방역 1번 출구에서 바라본 과거 미군기지 모습, 2009년)

▶ 미군기지가 철거된 후 준공된 스페이스 살림(2021년)

▶ 철거 전 캠프 그레이 건물의 폐쇄적인 모습(2009년)

등으로 인해 건물이 그대로 보존되어 있었던 것 같습니다. 2009년 당시 시설이 더 이상 사용되지 않고 있었고 별도의 담장이 없다 보니 인도와 도로 쪽에 면해 있는 건물의 모든 창문을 막아놓았고 이 때문에 폐쇄적인 느낌이 들었습니다. 이런 느낌의 공간 구조가 스페이스 살림이 조성된 후에는 닫힘과 열림이 적절히 조화된 열린 공간으로 변화되었습니다.

캠프 그레이의 건물 스타일을 보면 일반적인 미군기지 건물처럼 생겼다기보다는 창고 건물처럼 보입니다. 그 이유는 일제시대에 일본인들이 사용하던 건물을 미군이 이어받아 사용하였기 때문입니다. 캠프 그레이는 일제시대에는 주로 와인공장으로 사용되었었는데, 일제시대 말기에는 포로수용소로도 사용되었다고 합니다. 그러던 것이 한국전쟁 중이던 1952년에 미군기지로 사용되기 시작한 것으로 알려져 있습니다.

대만에도 일제시대 때 지어진 와인공장·양조장이 있었다고 합니다. 현재 대만 와인공장은 '화산1914창의문화원구'라는 아트센터로 변화되어 문화시설로 탈바꿈되었습니다. '화산1914'는 기존 건물을 철거하지 않고 재생하여 사용함으로써 독특한 분위기를 풍기는 공간으로 탈바꿈되었습니다. 이 건물들을 보면 캠프 그레이에 남아 있던 건물과 유사한 창고 형태의 건물임을 알 수 있습니다.

이와 비슷한 창고 건물이 강원도 속초에도 남아 있는데, 이는 일제시대에 지어진 창고 건물이며 미군정 시절에 미군이 잠시 사용하던 것을 현재 속초 시민들이 사용하고 있는 것입니다.

캠프 그레이 부지의 경우는 수십 년간 미군기지로 사용된 후 반환된 부지의 토양오염이 심각한 것으로 확인됨에 따라 토양오염 정화 작업을 위해 불가피하게 건물을 철거할 수밖에 없었던 것으로 보입니다.

스페이스 살림으로 개발되기 전 동작역을 지나다 틈이 나면 캠프 그레이 부지에 잠시 방문하였었는데, 캠프 그레이 시설이 철거된 후에는 주민들을 위한 주말농장 부지 또는 청소년들을 위한 공간으로 사용된 적이 있습니다.

스페이스 살림을 방문해보면 건물 뒤편에 있는 서울여성플라자 시설과 공간적으로 연결되어 있습니다. 이는 서울여성플라자와 연계하여 여성 복합 문화공간으로 조성되었기 때문입니다. 참고로 서울여성플라자 부지는 과거에 시립 부녀보호소가 있던 곳으로 여성들의 아픈 역사가 담긴 곳이라고 합니다. 과거에 여성 입장에서 부녀보호소에 보내진다는 것은 사람들에게 손가락질을 받을 수 있음을 의미했다고 합니다. '여성의 권리가 곧 인권'임을 밝힌 4차 세계여성대회 베이징 선언과 여성발전기본법 제정의 영향을 받아 1996년 서울여성위원회가 서울여성플라자 건립을 제안하였는데, 부녀보호소 자리에 서울여성플라자가 건립되었다는 것은 상당히 상징적인 의미가 있다고 할 수 있습니다.

마찬가지로, 캠프 그레이 주변의 건축적 문맥과 역사성을 고려하여 서울여성플라자와 연계하여 여성들을 위한 공간인 스페이스 살림을 조성한 것은 아픔의 공간을 미래 지향적인 공간으로 탈바꿈한 좋은 사례(냉전의 공간이 살림의 공간으로, 폐쇄적인 공간이 열린 공간으로 변화)라 생각이 듭니다. 이렇게 함으로써 이 공간에 대해 부정적인 기억을 갖고 있는 분들이나 가족들이 혹시라도 이곳에 방문하게 된다면 공간을 통해 배려를 받고 아픔이 조금이나마 치유되는 경험을 하게 되지 않을까 하는 생각이 들었습니다. 스페이스 살림을 몇 차례 방문하면서 건축의 힘을 느낄수 있었습니다.

처음 캠프 그레이 에넥스를 알게 되었을 때에는 부대의 역사에 대해 잘몰랐기 때문에 비교적 중요도가 떨어지는 대방역 앞 작은 미군기지로만생각했었습니다. 하지만 나중에 알고 보니 과거에 캠프 그레이 에넥스북측에는 여의도비행장이 있었고, 남측에는 더 큰 규모의 캠프 그레이본진이 있었다고 합니다.

캠프 그레이에는 과거에 미군 정보대가 주둔하였다고 합니다. 1958년부터 1974년까지 캠프 그레이에서 근무했던 마이클 리의 자서전인 『CIA 요원 마이클 리』를 보면 대방동에 미군의 502정보대가 있었다고 합니다. 마이클 리가 언급한 바로 그 정보부대가 캠프 그레이에 주둔하였던 것입니다. 502정보대는 북한으로부터의 귀순병, 귀순 민간인, 간첩, 북한에납치되었다가 귀환하는 남한 어부 등을 수용하고 심문을 하는 부대였다고 합니다.

미군들은 한국어에 서툴기 때문에 한국어와 영어를 모두 능숙하게 할수 있는 마이클 리가 북한에서 온 사람들에 대한 심문 업무를 맡았었다고 합니다. 마이클 리의 책을 보면 그는 무장간첩인 김신조를 캠프 그레이에서 심문했다고 하며, 북한의 김신조 사건에 대응하여 남한에서 조직된 실미도 특공대가 미군 502군사정보단 수용소(캠프 그레이) 근처인 유한양행 부근에서 자폭하는 일이 있었다고 하는데, 마이클 리는 이 사건현장을 먼발치에서 목도하였다고 하며 후에 특공대의 생존자와도 잠시

대화를 나누었다고 합니다.

502정보대의 심문 활동 업무는 1970년대에 미군에서 국군정보사령부로 이관이 되면서 이후 비로소 탈북자에 대한 심문을 한국정부에서 단독으로 담당하게 되었다고 합니다. 대방동 일대 큰 규모의 시설을 사용하던 캠프 그레

▶ 유한양행 건물 앞 인도 바닥의 실미도 사건 현장 명판

이 본진은 1990년대 초반에 한국정부에 반환이 되었고, 대방역 인근에 있던 캠프 그레이 부속 시설(Camp Gray Annex)만 2007년경 반환이 되었다 합니다.

캠프 에세이욘

서울 동작구 대방동의 캠프 그레이처럼 미군 정보부대가 주둔했다가 반환된 곳으로 경기도 의정부시 소재 캠프 에세이욘(Camp Essayons)이 있었습니다. 이곳은 1953년 후 50여 년간 미군이 주둔했던 곳이라고 합니다. 1954년 12월 1일에 미군부대 시설들이 건설되었고 처음에는 공병부대, 포병부대가 주둔하였으나 나중에는 102군사정보대대가 주둔했었다고 합니다. 카투사 복무 시절에는 캠프 에세이욘에 들어가본 적은 없으나 직장생활을 하며 업무차 의정부를 지날 때마다 담벼락 너머로 미군부대 건물이 보여 캠프 에세이욘의 외부 모습을 자주 볼 수 있었습니다.

부대 반환 후 토양오염 정화 작업 과정에서 미군부대 건물들이 모두 철거되었고 캠프 에세이욘 터의 절반은 경기도교육청 북부청사로, 나머지 절반은 을지대학교병원으로 재개발되었습니다. 도로를 사이에 두고 을지대학교병원 맞은편에는 을지타워라는 신축 건물도 있는데, 이 건물 부지는 과거 캠프 에세이욘의 부속 시설이 있던 곳입니다. 경기도교육청에 의하면 전쟁과 분단의 역사를 간직하고 있는 부지의 특수성을 고려하여 교육청 건물 전방의 일부 부지에 미래 교육의 희망과 평화의 염원을 담아 평화의 숲을 조성하였다고 합니다.

평화의 숲이 조성되었다는 소식을 듣고 조성 직후인 2020년 9월에 그곳을 방문해보았는데 숲이라 하기에는 규모가 크지는 않아 개인적으로는 다소 실망했습니다. 교육청 직원들, 방문객들, 인근 주민들이 잠깐 산책할 수 있는 정도의 작은 공간으로서 숲이라고 하기보다는 교육청 내에 조성된 소규모 조경시설이라고 해야 적절할 것 같았습니다. 물론 규모는 크지 않지만 미래의 평화를 염원하며 숲이 조성되었고 곳곳에 의미 있는 조각 작품이 있어서 부지의 과거·현재·미래를 담으려고 노력한 흔적이 곳곳에 보이는, 의미 있는 공간임을 알 수 있었습니다.

개인적으로 캠프 에세이욘에 대한 기억은 담벼락 너머 보이던 미군기지라는 기억밖에 없기 때문에 전혀 다른 공간으로 변화된 것에 대해 큰 아쉬움은 없었습니다. 하지만 이곳에서 생활했던 미군들은 과거의 추억이 담긴 공간이 충분한 기록화 작업 없이 사라진 것 같다며 아쉬움을 표현하였습니다.

다시 캠프 그레이 이야기로 돌아와서 1968년 1월 22일 김신조 사건 다음 날인 1월 23일 푸에블로호 사건이 연이어 터지자 한반도에서는 전쟁에 대한 위기감이 조성되었습니다. 이러한 가운데 미군은 기존의 유류보급체계를 업그레이드할 필요를 느꼈던 것 같습니다. 미군은 1969년부터 1970년대 초까지 한반도 유사시 유류의 원활한 보급을 위해 포항에서 의정부까지 대한민국을 가로지르는 송유관(TKP: Trans Korea Pipeline)을 건설하였습니다.

미군 송유관(TKP)

포항 TKP 및 미군 저유소 그리고 철길

한국전쟁 이후 인천에 저유소를 운영하던 미군은 1968년 무장간첩 김신조 사건과 미군 첩보함 푸에블로호 납북 사건이 연달아 발생하자 유사시 중요물자인 유류의 보급을 위해 한국종단송유관(TKP: Trans Korea Pipeline)을 건설하였습니다. TKP의 시발점은 동해안에 접해 있는 경북 포항이었습니다. 미군 포항 저유소는 1970년에 설치되었고, 2004년 8월 주한미군 유류수송체계 전환 합의 후 2005년에 폐쇄되었다고 합니다.

포항에서 군복무를 했던 퇴역 미군들에 의하면 일본에서 출발한 유조선이 포항으로 들어올 때 미군 잠수부들이 항구에 선박을 계류시키고, 선박과 송유관을 연결하여 기름이 저유소에 공급되도록 하였다고 합니다. 이렇게 포항에서 시작된 미군 송유관은 경기도 의정부 저유소까지 지하로 매설되어 연결되었다고 합니다. 송유관의 종착지인 의정부 저유소까

▶ 미군 TKP의 시발점이었던 포항 영일대 주변 지역

▶ 포항 장성동 저유소 터의 현재 모습

▶ 포항 장성동 저유소 정문 앞 미군
부대 정지 사인

▶ 미군기지 시설 철거 후 개발 지연으로 인해 주차장으로 사용되고 있는 캠프 리비 부지

지 도달하기 바로 전 경기도 퇴계원에도 미군 저유소가 있었는데, 1999년 출간된 『나는 희망의 증거가 되고 싶다』로 유명한 한국계 미군 서진규 씨가 대위 시절 TKP 퇴계원 저유소에서 중대장으로 근무한 것으로 알려져 있습니다.

미군은 포항시 북구 장성동에 저유소(34개 저유탱크로 구성)를 조성하였고, 이를 관리하기 위해 포항 동부초등학교 옆에 저유소 관리부대인 캠프 리비(Camp Libby)를 조성하였습니다.

미군들은 TKP 건설 전에 인천에 있던 저유소인 캠프 유마(Camp Yuma)를 사용하였습니다. 또한 캠프 유마를 관리하던 미군부대인 캠프 레노(Camp Reno)에 주둔하던 미군들은 캠프 유마가 한국정부에 반환되고 포항 저유소가 완성되자 캠프 리비로 이전한 것으로 알려져 있습니다.

캠프 리비는 2005년에 폐쇄되었음에도 불구하고 여러 가지 사정으로 인해 개발이 지연되고 있고, 현재는 무료 주차장으로 이용되고 있습니다. 포항 장성동 저유소 부지 또한 별다른 개발이 진행되지 않고 있고, 부지 중 일부는 캠프 리비처럼 주차장으로 이용되고 있습니다.

포항 지역에는 장성동 저유소와 캠프 리비 외에 우현동에도 미군 저유소가 하나 더 있었습니다. 이곳은 동해남부선의 지선인 미군 전용 유류철도(옛 포항역에서 북쪽 방향으로 약 3㎞ 구간)와 연계된 미군 저유소였다고 합니다. 사람들은 이곳을 우현동 저유소라고 불렀습니다. 부지 앞에는 폐쇄적인 철문과 검문소 건물이 있었고 정문 왼쪽 뒤편 높은 곳에 저유탱크들이 있었다고 하는데, 현재는 장성동 저유소처럼 모두 철거가 된

▶ 우현동 유류출하장 부지의 현재 모습 ▶ 포항철길숲으로 변한 과거 포항남부선 철길
안내판

▶ 반환 후 유휴 상태로 남아 있는 세천 저유소 부지 모습

▶ 천보산 기슭 구 캠프 시어즈 부지의 현재 모습

상황입니다. 저유소 오른쪽에는 동해남부선 철길이 있었는데, 미군이 전용으로 사용하는 구간이었다고 합니다. 동해남부선 철길은 '철길숲 사업'의 결과 현재는 공원이 되었습니다.

포항 저유소 외에도 한국정부에 반환되어 폐쇄된 TKP 저유소가 대전시와 의정부시에 있었습니다. 바로 TKP 대전 저유소(일명 세천 저유소)와 의정부 저유소인 캠프 시어즈(Camp Sears)입니다.

세천 저유소 부지도 시설이 모두 철거된 후 토양오염 정화 과정을 거쳐 현재 공터로 남아 있으나 추후 체육공원으로 조성될 예정이라고 합니다.

캠프 시어즈는 경기도 의정부시 금오동에 있었는데, 미군 중사 제롬 시어즈(SFC Jerome F. Sears)를 기념하여 부대명을 지었다고 합니다. 이곳에는 한국전쟁기에 미군이 주둔하기 시작하였고 캠프 시어즈 외에 SP39(Supply Point 39의 약자로, 미39보급소)라는 명칭으로 불린 적도 있다고 합니다. 그러던 중 1970년을 전후하여 TKP가 건설되면서 SP39는 포항에서 시작한 TKP의 종점 저유소인 의정부 저유소로 자리매김하게 되었습니다.

이곳에는 유류공급부대 외에도 전투지원부대가 주둔했었다고 합니다. 퇴역 미군 사이트에 올라온 1983년경의 부대 사진을 보면 정문 유닛 크레스트에 G-Force라고 되어 있는데, 이곳에 주둔하던 부대가 G중대였기 때문이라고 합니다.

이곳이 반환된 후 전투지원부대가 주둔하던 부지에는 의정부 경기도북부 광역행정타운이 들어섰습니다. 반면, 반환부지 내 저유탱크가 있던 곳은 체험형과학관, 미래직업체험시설 건립 예정 사업지였으나 아직도 진척이 더딘 상황입니다. 민간사업자가 부지를 매입하여 공사를 진행하던 중 토양에서 유류가 발견되어 공사가 중단되는 일이 발생하였다고 하는데, 다량의 유류가 흘러나와 토양오염이 심각하여 개발이 지연될 수밖에 없는 상황이라고 합니다.

캠프 시어즈 서쪽에는 캠프 카일(Camp Kyle)이라는 미군기지가 있었습니다. 캠프 카일에는 1953년부터 미군이 주둔한 것으로 알려져 있고, 캠프 시어즈처럼 보급부대였다고 하며 미38보급소(SP38)로도 불렸다고 합니다. 이곳에 미군이 처음 주둔하던 때 미군기지 주변은 대부분 논밭이었으나, 주변에 대규모 아파트단지가 건설되면서 부대로서 중요한 기능을 상실하게 된 것 같습니다. 미군이 떠난 자리는 토양오염 정화 작업을 마

▶ 1950년대 캠프 카일 전경(출처: 의정부역전근린공원)

친 후 의정부 경기도북부 광역행정타운이 조성되었습니다.

미군 보급소라서 그런지 캠프 시어즈에서 캠프 카일 사이에는 미군 전용 철도가 있었습니다. 과거 이 주변을 지나다 보면 미군부대 바로 앞에 군용철도가 있었기 때문에 개인적으로는 색다른 풍경으로 보였습니다. 2020년에 방문했을 때에는 더 이상 철길을 찾을 수 없었습니다. 마지막 남은 철길을 걷어낸 자리에 토목 공사가 진행되고 있었습니다. 수십 년간 미군 전용 철도가 지나갔으나 미군이 떠났으니 더 이상 필요가 없기도 하거니와 캠프 시어즈, 캠프 카일, 캠프 에세이욘 지역은 다른 반환 미군기지와 달리 개발이 순조롭게 진행이 되었기 때문에 개발 과정에서 인근 철길의 철거 공사가 진행이 되었습니다. 캠프 시어즈에서 출발하여 캠프 카일을 통과한 미군 전용 철도는 서쪽에 있는 캠프 에세이욘을 거쳐 현재의 1호선 녹양역 쪽을 지나 1호선 양주역에 합류하여 북쪽 지역으로 이어져 있습니다. 캠프 시어즈에서 캠프 에세이욘까지의 철길은 철거되었지만 그 외의 지역에 있는 철길은 아직도 대부분 남아 있습니다.

무엇보다도 캠프 에세이욘 앞 중랑천을 가로지르는 총 122m의 미군 전용 철도교인 가금철교가 있는데, 미군이 철수한 후 오랫동안 방치되어 폐철교 상태로 있었던 것을 6·25전쟁으로 맺어진 한미우호관계를 재조명하고 지역주민의 편의를 위해 인도교로 리모델링하였습니다. 이곳에 가보면 바닥 철길 일부가 보존되어 있어서 과거의 흔적을 목도할 수 있습니다.

미군이 군용 철길을 만든 이유는 1955년경부터 전방으로 유류 및 군수물자를 수송하기 위함이었다고 합니다. 이러한 목적으로 캠프 시어즈에

▶ 보존된 가금철교

▶ 1호선 녹양역 방향 고가철도 옆 하부에
　남아 있는 과거의 미군 철도

▶ 인도교로 리모델링된 가금철교 너머로 보이는
　캠프 에세이욘 터(현재 대형 병원)의 모습

▶ 뉴욕 하이라인

는 오래전부터 대형 유류 저장고가 설치되었다고 합니다. 캠프 시어즈 저유시설은 앞서 언급한 것처럼 1970년대 초반부터는 미군이 건설한 TKP의 종착 저유소가 되었습니다.

뉴욕 맨해튼에 가면 그 유명한 하이라인(The High Line)이라는 곳이 있습니다. 과거 철길을 활용하여 공원화한 것인데, 이곳에 가보면 뉴욕이라는 도시를 색다르게 경험할 수 있습니다. 기존 시설을 철거하고 전혀 새로운 시설을 건설하는 것도 나쁘진 않지만 기존의 시설을 활용하는 시도는 현재와 과거의 시간을 중첩되게 하는 효과가 있어 사람들에게 색다른 시간과 공간감을 경험하게 해줍니다.

가금철교를 리모델링하여 인도교로 재탄생시킨 것은 지역주민의 교통에 편리함을 준 것은 물론이거니와 지역의 과거와 오늘과 미래를 생각할 수 있는 계기가 된다는 점에서 의미가 있는 것 같습니다.

서울역 RTO

서울역에는 과거에 미군 수하물도장이라는 곳이 있었다고 합니다. 지하층은 화물창이고 1층은 수하물도장이었는데, 출발역에서 수하물로 부친 짐을 수하물도장에서 찾았다고 합니다. 1945년 해방 이후 미군 수송부대가 이곳을 사용하면서 RTO(Railroad Transportation Office)로 불렸다고 합니다. 다음 글은 서울역 RTO에 대한 설명입니다.

RTO는 'Railroad Transportation Office'의 약자로, 광복 이후 미군

이 현재의 용산을 중심으로 한 일대에 재조선 미국 육군사령부 군정청을 설립하면서 주로 미군의 물자를 보급하고 공급하는 기관으로 서울역을 비롯한 각 주요 거점의 기차역에 마련된 시설이었다.

한국전쟁 기간에는 서울역을 비롯한 각 주요 도시의 기차역에 RTO를 설립하였는데, 미군을 비롯한 연합군의 배급품 및 물자를 수송하는 임무를 담당하였으며, 병력 이동을 관리하는 기관이기도 했다.

또한 미군들과 연합군 병사들을 대상으로 한 장병안내소로 운용되기도 하였으며, 한국전쟁 이후에는 숙영지나 자대로 이동하는 미군 장병들을 대상으로 기차표를 판매하는 장소로 활용되기도 했다. 미군 장병들은 RTO에서 한국에 관한 지식을 얻거나 할인된 가격으로 기차표를 구매할 수 있었으며, 각지로 이동하기 전 휴게실로도 사용하기도 하였다.

RTO는 군사 작전에 필요한 군수 물자들을 관리하고 철도를 이용하여 수송하기 위한 임무를 수행하는 장소였기 때문에 이동 과정에서 누락되거나 위생 관리 중에 배제가 된 배급품들을 빼돌려 암시장에서 유통하려는 상인들이 모여드는 장소이기도 했다고 했다. 미군의 배급품인 C-Ration에 포함된 커피 또한 이렇게 시장으로 유입되는 경우가 많았다.

※ 출처: 문화역서울284 RTO '커피사회' 전시회

서울역에 KTX가 들어선 이후 신규 역사를 건설하게 되면서, 구 서울역사 시설은 문화역서울284라는 문화공간으로 변모하였습니다. 구 서울역사는 사적 제284호로 지정되어 있기에 문화역서울284로 명명하였고, 이 중 과거의 수하물도장은 서울역 rto라는 공간으로 변화되었습니다.

▶ 문화역서울284 우측부 rto

▶ 공연장으로 변한 서울역 rto(舊 미군 수하물도장)

▶ 2018년 말 2019년 초 서울역 rto에서 진행된 커피사회 전시회

그 외 지역의 미군철도 연계시설 및 폐품처리장

반환 미군기지·시설 중 서울역 말고도 철도와 관련된 시설이 평택과 부산에 있었습니다.

1호선 평택역 앞에는 원평제1공영주차장이 있습니다. 주차장 바로 앞에는 2000년대까지 미군 수송부대의 이동통제반 시설이 있었다고 합니다. 이 시설이 철거된 후 현재는 근린생활시설 건물이 들어서 있습니다.

부산시 부산진구 개금동에는 미군 부산 폐품처리장(DRMO, Defense Logistics Agency / Defense Reutilization and Marketing Office - Pusan)이라는 시설이 있었습니다. 이곳은 미군부대에서 나오는 폐기물을 처리하는 시설입니다. 인천 부평에 있는 캠프 마켓의 북쪽 지역에도 폐품처리장이 있었습니다. 아무래도 폐품처리장으로 사용되었다 보니 토양이 중금속

▶ 토양오염 정화가 완료된 후 개발을 기다리고 있는 부산 폐품처리장 부지

이나 유류로 오염된 경우가 많아서 부산과 부평의 2개 부지 모두 토양오염 정화 작업이 필수사항이었다고 합니다. 이 폐품처리장에는 인근 가야역에서 부지 내로 연결된 미군 전용 철도가 있어서 미군기지에서 나온 폐기물을 운반한 것으로 보입니다. 이곳의 토양 정화 작업이 2020년 하반기에야 마무리되었다고 하며, 가까운 미래에 시민체육공원 및 KTX 차량 기지로 변화될 예정이라고 합니다.

부평 미군부대에는 폐품처리장 외에도 오수처리시설이 있었습니다. 이 처리시설은 인천 부평구 부평동 65-17번지에 있었는데, 현재는 모두 철거되었고 '혁신부평플랫폼ICT'라는 시설이 건설되고 있습니다. 부평 미군부대인 애스컴(ASCOM)이 해체된 지 오래되었고, 오수처리시설의 기능이 상실된 지 오래되어 관리가 제대로 되지 않아 시설이 노후화된 모습에 안타까웠는데, 애스컴 시티의 마지막 부대였던 캠프 마켓의 반환 시점에 함께 반환되었습니다.

TKP 이야기를 하다 보니 미군 철도시설로 이어졌고 폐품처리장까지 연결되었습니다. TKP는 앞서 언급한 것처럼 1960년대 말의 김신조 사건과 푸에블로호 사건 이후에 미군이 건설한 유류수송 및 보관체계였습니다. 그렇다면 그 이전의 유류관리는 어떻게 이루어졌을까요? 이 글 서두에서 언급이 된 바와 같이 인천 지역의 구 미군 저유소에서 실마리를 찾을 수 있으며 관련 시설로는 협궤열차노선이었던 수인선도 있습니다.

또한 서울 성동구 왕십리 지역(정확하게는 행당동 및 마장동)에도 미군 저유소가 있었습니다.

왕십리 미군기지

앞에서 미군 송유관인 TKP(한국종단송유관)에 대해 간략히 언급하였습니다. 여기서는 TKP 건설 이전부터 주한미군이 운용하던 저유소 중 하나인 서울 왕십리 저유소에 대해 언급하고자 합니다. 왕십리 미군 저유소의 역사를 이해하는 데 도움이 되는 것은 나중에 자세히 언급할 인천 소재 미군 유류 기지 및 부대였던 캠프 유마, 캠프 레노입니다. 인천항을 통해 반입된 유류는 당시 수인선 철도를 따라 설치된 송유관을 통해 캠프 유마의 저유탱크 또는 문학산 소재 미군 유류탱크로 보내진 후 수도권에 있는 미군기지에 공급되었다고 합니다. 그중 한 곳이 서울 왕십리 유류보급부대였을 것으로 추정됩니다.

왕십리는 100년 이상 지속된 철도 교통의 요지입니다. 1911년에 경원선이 개설되며 왕십리역이 생겼는데 당시 역의 명칭은 왕십리역이 아니라 뚝섬을 가리키는 독도역이었다고 합니다. 1914년에는 을지로6가에서 출발하여 왕십리역을 종점으로 하는 전차 노선이 개설되었다고 합니다. 1932년에는 일본에 의해 궤도전차인 기동차가 왕십리역을 지나가기 시작했다고 합니다 (전차와 기동차는 1960년대 초에 운행 종료).

▶ 동대문관광호텔 앞 경성궤도회사 터

1983년에는 88올림픽을 준비하는

과정에서 서울을 한 바퀴 순환하는 지하철 2호선이 개통이 되며 왕십리역을 지났고, 1995년에는 5호선 왕십리역이 개통되었으며, 2012년도에는 분당선이 왕십리역에 연결되었습니다. 2022년 현재 중앙선, 2호선, 5호선, 수인분당선이 지나가고 GTX-C노선이 연계될 예정이라고 합니다.

지하철이 운행하기 오래전부터 철도가 운행했던 터라 미군부대, 유류비축 기지, 연탄공장, 발전소, 축산물시장, 도축장 등이 있었던 것 같습니다. 현재는 축산물시장만 명맥을 유지하고 있고 나머지 시설들은 전부 철거되어 지역에 어렴풋한 흔적만 남아 있을 뿐입니다. 도축장 및 고려가스공장은 폐쇄되었고 그 자리에 1998년 아파트가 들어섰습니다. 사실 이런 시설들이 주변에 있다는 것은 주거지 관점에서는 좋은 입지로 볼 수는 없기 때문에, 1960년대 초에 경제적으로 어렵던 시절에 이 주변에 살던 사람들은 열악한 주거환경 속에 살았다고 할 수 있습니다.

부모님 이야기에 의하면 제가 아기 시절에 거주했던 마장동 집 근처에는 미군 저유소가 있었다고 합니다. 하지만, 너무 어릴 때라서 이와 관련된 개인적인 기억은 전혀 없습니다. 카투사로 미군부대에서 군복무를 한 후에야 왕십리에 미군기지가 있었다는 말이 솔깃하게 들렸습니다.

왕십리 지역(마장동, 행당동)에는 왕십리역을 중심으로 동서 양쪽에 미군 물류 보급소 2개(저유소 및 물류창고)가 있었습니다. 왕십리역 서쪽(행당동)에는 SP31이라는 물류창고가 있었는데 이곳을 캠프 이스벨(Camp Isbell)이라고도 합니다. 왕십리역 동쪽(마장동)에는 SP41이라는 저유소가 있었습니다. SP는 Supply Point의 약자로써 물자 보급소를 의미합니다. 이 2개 시설은 한국전쟁 이후 서울 용산 미군기지에 휘발유 같은 물자를 공급하기 위한 목적으로 조성된 보급창고시설이었다고 합니다. 사실 이 부대들에 대한 자세한 기록은 찾기가 어려운 상황이나 서울역사박물관이 보관하고 있는 1950년대에 미군이 제작한 서울시가지도, 퇴역 미군들이 공유한 지도, 미군 유류 잡지, 서울항공사진, 지인들의 증언, 미군의 한국 종단송유관(TKP) 조성의 역사 등을 통해 실마리를 찾을 수 있었습니다.

왕십리 저유소에 대해서는 미 육군극동지도국(U. S. ARMY MAP SERVICE, FAR EAST)에서 발행한 서울시가지도의 왕십리 지역 지도를 보면 알 수 있습니다. 서울역사박물관에서는 이 지도에 대해 다음과 같이 설명하고 있습니다.

마장동 부근의 경원선(현 중앙선) 철로 변경 및 미군부대(SP31, SP41)의 위치를 알 수 있다. 붉은색 표시가 1957년 이전의 철로 위치이다. 1950년 전쟁 발발 후 남용산의 미군기지에 석유와 휘발유를 공급하

▶ 서울시가지도(출처: 서울역사박물관)

는 기지가 왕십리역 근처에 설치되면서, 수송을 원활히 하기 위해 남용산 미군기지 근처의 서빙고역에서 왕십리 사이의 경원선 구간이 복선으로 증설되었다. 이때 이 구간의 이전 경원선 노선이 변경되었던 것으로 보인다.

※ 출처: 서울역사박물관 서울역사아카이브

이 서울시가지도에 SP31과 SP41이라고 표기된 곳이 과거 미군기지의 위치입니다. 왕십리 미군기지를 표시하고 있는 또 다른 지도는 다음과 같습니다.

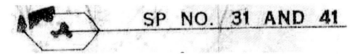

▶ 왕십리 미군기지 위치(출처: 미2사단 재향군인회)

이 지도를 보면 왕십리 미군기지에 대해 서울시가지도가 2개의 구역으로 표기되어 있는 것과 달리, 이 지도에는 3개의 구역으로 나누어져 있음을 알 수 있습니다. 왕십리 보급소에 대해 좀 더 구체적으로 알 수 있는 자료가 있는데 서울특별시에서 제공하고 있는 1977년도의 항공사진입니다.

이 항공사진에 캠프 이즈벨(Camp Isbell)이라고 표기한 SP31은 현재 '성동구행정마을(성동구청)'이 위치한 곳이며, SP41은 동마중학교 북쪽의 현 SH빌아파트 및 동마중학교 동북쪽에 있는 현 금호어울림아파트의 위치임을 알 수 있습니다. 또한 한양사대부속고등학교 북쪽 지역에 포토샵 처리된 부분(한양사대부고 북측에 바로 접하고 있는 부분 및 현재 마장삼거리

▶ 1977년 왕십리 미군기지 주변 항공사진(출처: 서울특별시 항공사진 서비스)

남동쪽)이 있는데 해당 지역에 저유탱크가 있었습니다.

흥미로운 것은 SP31 북쪽면 부지 모양이 왕십리역으로 합류하는 곡선인데 그 이유는 과거 해당 부지 위쪽이 일제시대에 만들어진 기동차길이었기 때문입니다. 또한, 기동차길과 대칭 방향으로 왕십리역 동북쪽에 철길 지선이 하나 더 보입니다. 이는 SP41로 합류하는 철길이므로 미군 전용 철도로 추정이 됩니다.

▶ 도로로 변한 구 기동차길(왼쪽 곡선도로)　　▶ 벽산아파트에서 바라본 기동차길의 흔적

왕십리역에서 마장동 벽산아파트 인근에도 기동차길의 흔적이 남아있습니다. 기동차 궤도를 걷어낸 자리는 도로가 되었거나 그 위에 건물이 건축된 경우도 있습니다(기동차길의 흔적이 왕십리 인근에만 남아 있는 것은 아니지만 이 글에서는 과거 왕십리 미군부대 지역을 중심으로 작성하였으므로 추가 설명은 생략).

'벽산아파트에서 바라본 기동차길의 흔적' 사진은 벽산아파트에서 성동구청 쪽을 바라보고 촬영한 것입니다. 앞에 보이는 좁은 도로와 왼쪽 건물들 주변으로 기동차길이 있었습니다. 철길이 없어진 후 그 위에 집이 건축된 것입니다. 위성지도를 잘 보면 일련의 건물들이 현재의 성동구청(과거 미군31보급소) 방향으로 일렬로 쭉 연결되어 있음을 알 수 있습니다. 이 사진의 오른쪽 부분에는 현재 성동구보건소로 사용하고 있는 건물이 있습니다. 해당 건물은 1970년에 준공되어 경찰병원으로 사용되다가 경찰병원이 다른 지역으로 이전하면서 1995년 2월부터 성동구보건소로 사용되고 있습니다. 성동구보건소 부지에는 한국전쟁 당시 미군이 사용하던 창고가 있었다고 합니다. 아무래도 기동차가 지나다니고 인근에 기동차 마장역이 있었으니 성동구보건소 자리에 있던 건물은 창고로 사용하기 편리했을 것입니다.

다시 항공사진을 보면 캠프 이즈벨(SP31)에는 약 10개의 건물이 보이는데 모두 창고 건물이었다고 합니다. '1963년 캠프 이스벨 모습' 사진을 보면 캠프 이즈벨의 과거 모습을 좀 더 명확하게 알 수 있습니다. 사진 가운데 도로(현재의 고산자로)를 중심으로 우측에 건물들이 늘어서 있는데 바로 창고 건물임을 확인할 수 있습니다.

행당동 미군31보급창고(캠프 이스벨)는 미 국방부의 해외 주둔 미군기지 재조정 및 폐쇄 계획의 일환으로 1992년 8월 14일에 반환된 기지 중 하나입니다. 이렇게 반환받은 왕십리 미군시설은 한국정부에 반환이 된 후 한동안 주차장 부지로 사용되었고, 1997년 현상설계를 거쳐 2004년에

▶ 1963년 캠프 이스벨 모습(출처: 조면구 성동구의회 전 사무국장)

성동구 주민을 위한 성동종합행정마을로 재탄생하게 됩니다.

1992년에는 왕십리 캠프 이스벨 외에도 용산 미군골프장 부지(현재의 용산가족공원 및 국립중앙박물관)가 반환되었다고 합니다. 같은 해에 한국뿐 아니라 필리핀의 클라크와 수빅 만에 주둔하던 미군이 철수한 것 또한 익히 알려진 바입니다.

1989년 12월에 지중해 몰타에서 개최된 미·소 정상회담에서 미국 조지 부시 대통령과 구소련의 미하일 고르바초프 공산당 서기장이 '냉전 종식'을 선언하였습니다. 냉전이 종식되었다는 것은 해외 주둔 미군기지 축소를 위한 명분이 되었을 것입니다.

유공 왕십리 저유소와 미군 왕십리 저유소

상기 1977년 서울시 항공사진상 현재 왕십리역 동쪽에 있는 건물이나 시설들이 모두 철거되어 맨땅으로 보이는 곳(현재 동마중학교 및 주택, 상가 밀집 지역)은 과거 유공의 저유탱크가 있던 곳이라고 합니다. 이 지역이 철거가 된 이유는 당시 공기업이었던 대한석유공사(유공, 현 SK)의 서울 저유소가 왕십리에서 과천으로 이전하면서 시설을 철거하였기 때문입니다.

실제로 대한석유공사 연혁 자료에 따르면, 서울시민들에게 유류를 공급하기 위한 목적으로 1964년에 왕십리역 인근에 서울저유소가 최초로 개소되었다고 합니다. 그전까지는 국내에 정유시설이 없었기 때문에 외국으로부터 유류를 수입하여 사용하였다고 하는데 대한석유저장회사가 석유류 도입, 관리, 판매 등을 전담하고 있었다고 합니다. 1962년에 대한민국정부와 미국걸프석유회사의 합작으로 대한석유공사가 설립되어 1964년에 울산정유공장이 가동되었고, 같은 해 서울 지역의 유류저유소는 왕십리에 개소되었다고 합니다. 왕십리역 인근 현재의 동마중학교 북쪽 지역에 이미 미군 유류보급 기지(SP41)가 있었기 때문에 대한석유공사의 왕십리 서울 저유소 부지는 1964년에 미군 저유소 남쪽에 개소된 것 같습니다. 하지만 대한석유공사의 서울 저유소는 1974년에 왕십리에서 과천으로 이전하였다고 합니다. 즉, 대한석유공사가 설립된 후 처음에는 유공 서울 저유소가 미군 저유소 남쪽 지역에 있었으나, 10년 만에 유공 서울 저유소를 과천으로 이전한 것입니다.

개인적으로 대한석유공사 서울 저유소 부지를 왜 10년 만에 왕십리에서 과천으로 이전한 것인지 의문이 있었습니다. 그 실마리는 앞서 언급한 인천 지역의 미군 저유소가 포항으로 이전하며 건설한 한국종단송유관(TKP)에서 찾을 수 있습니다.

앞서 언급한 것처럼 미군은 1968년 무장공비 김신조 사건과 푸에블로호 납북 사건 발생 후 1969년부터 1970년대 초반까지 한국종단송유관(TKP)을 건설하였습니다. 이때까지만 하더라도 미군의 서울 저유소와 대한석유공사의 서울 저유소가 모두 왕십리에 있었으나 TKP가 건설된 지 약 3년 만에 유공 서울 저유소가 1974년에 과천으로 먼저 이전한 후, 미군은 1980년대 초에 과천에 TKP를 증설함으로써 1982년경 서울 왕십리 저유소(SP41) 부지를 한국정부에 완전히 반환한 것입니다. 이를 뒷받침하는 자료는 미군의 국방 연료 공급 센터(Defense Fuel Supply Center)에서 분기마다 발간하는 「연료 라인(Fuel Line)」이라는 간행물에 언급되어 있습니다. 「연료 라인(Fuel Line)」에 실린 '한국 내 미군 송유관 확장(Expending the Line)'이라는 기사에 따르면 강남과 퇴계원의 새로운 터미널 시설이 1980년 6월에 착공하여 1981년 6월에 완공되었다는 기록이 있습니다. 즉, 1970년대 초 TKP가 완공된 당시에는 강남(지금의 과천)에 미군 저유소가 없었는데 1974년에 유공 서울

▶ 미군 송유관(TKP) 배치도(출처: Fuel Line)

저유소가 강남(현재 과천)으로 이전하였고, 미군이 1981년 강남(현재 과천)에 유류 터미널 시설을 증설하면서 서울 왕십리 미군 저유소는 폐쇄된 것입니다.

서울항공사진을 보면 마장동 저유소(SP41)의 경우 1970년대 말부터 구역별로 점차 철거가 되기 시작합니다. SP41은 크게 3개 구역으로 구분되어 있었는데 현재의 동마중학교 동북쪽에 있는 저유탱크 지역, 한양대부속고등학교 북쪽의 저유탱크 지역, 마장 SH빌아파트가 있는 유류관리동 지역입니다. 이렇게 3개 지역으로 나누어진 이유는 일단 동마중학교 동북쪽 저유탱크 지역은 다른 지역보다 지대가 높아서 공간적으로 구분이 되며, 한양대 부속고등학교와 마장 SH빌아파트 지역은 사이에 도로를 두고 나누어져 있기 때문입니다.

서울항공사진을 확인한 결과 지금의 동마중학교 동북쪽에 있던 저유탱크 구역은 1970년대 말~1980년대 초 철거가 된 것으로 추정되고, 지금

의 SH빌아파트가 있는 저유소 관리동 지역은 1980년대 중후반에 철거가 된 것으로 추정됩니다.

저의 모교인 동마중학교는 1985년경 설립되었습니다. 미군 저유탱크가 1980년 이전에 철거된 후 그 자리에는 범우아파트가 건설되었고, 1985년경 아파트 옆에 동마중학교가 신설이 된 것입니다. 제가 동마중학교에 재학할 당시만 하더라도 학교의 역사가 성동구 내 다른 중학교에 비해 짧았습니다. 당시에는 학교의 역사가 짧은 것에 대해 무심코 넘어갔는데, 학교 바로 옆에 오랫동안 미군 저유소가 있었고, 그 저유소가 철거되면서 바로 옆에 동마중학교가 설립되었다는 사실을 뒤늦게 알게 된 후 흥미로웠습니다. 구 저유소 자리에 있던 범우아파트는 건축된 지 약 20년 만에 헐렸고 현재 그 자리에는 2006년경 준공된 금호아파트가 있습니다.

과거 SP41 미군 보급소 지역에 있던 저유탱크가 전부 철거되었음에도 불구하고, 저유소 부지 중 한 곳에는 과거 저유소 관련 시설 출입구로 추정되는 오래된 구축물이 2020년대 초반까지 남아 있었습니다.

한편, SP41의 행정 지역 및 과거 대성연탄 부지(현재 아파트단지) 사이에는 아직도 미군이 주둔하던 시절에 지어졌을 법한 오래된 단층의 민간 창고 건물이 남아 있습니다. 이곳은 현재 커피숍으로 용도가 변경되었는데, 마장동이 젊은이들에게 힙(hip)한 장소로 인식되는 계기가 된 장소 중의 하나입니다.

그리고 마장삼거리 남동쪽 인근에 있던 미군 저유탱크 지역 인근에는

▶ 과거 미군 철길은 이제 아파트단지 내 보행로가 되었다

▶ 마장동 저유소(현재 어울림아파트 터)가 철거된 후 옆에 들어선 동마중학교

▶ 미군 저유소 SP41의 마지막 흔적

▶ 힙한 장소로 변한 미군부대 북쪽 오래된 창고 지역

주거 지역이 있는데 이곳 곳곳에는 아직도 60년대의 풍경을 간직하고 있는 주택들이 적지 않게 남아 있습니다. 이 주거 지역에서 사근동 방향으로 조금만 더 이동하면 마장동 벽화마을이라고 불리는 곳까지 연결되어 있습니다. 이 2개의 마을에 살고 있는 어르신들 중에는 미군 보급소인 저유소를 기억하는 분들이 분명 계시지 않을까 하는 생각이 들었습니다.

지금까지 1969년~1970년대 초 한국종단송유관(TKP)이 건설되기 전까지 서울 지역 내에서 미군 저유소가 있던 왕십리 지역(행당동 및 마장동 포함)에 대해 알아보았습니다. 다음 글에서는 이 왕십리 저유소에 유류를 공급했던 인천 지역 미군 저유소에 대해 다루도록 하겠습니다.

3. 인천상륙작전과 인천 미군기지

항구, 철도 그리고 전쟁물자

한국전쟁 당시 유엔군과 한국군은 북한군에게 낙동강 방어선까지 밀리는 위기의 상황에 처했으나, 대한민국을 지키기 위해 필사적으로 저항하며 싸우고 있었습니다.

1950년 9월 15일 새벽 유엔군 사령관 더글라스 맥아더 장군은 전함 261척과 상륙군 미 해병 제1사단, 한국 해병 제1연대를 진두지휘하여 역사적인 인천상륙작전에 성공함으로써 위기에서 탈출할 수 있었습니다.

인천의 상륙지점은 3곳이었는데, 1단계 상륙지점은 미 해병 5연대 1개 대대가 상륙한 월미도의 녹색해안(Green Beach)이고, 2단계 상륙지점은 미 해병 5연대와 국군 해병 1연대 3대대가 상륙한 인천 중구 북성동의 적색해안(Red Beach)과 미 해병 1연대가 상륙한 인천 미추홀구 용현동의 청색해안(Blue Beach) 지역이었습니다.

해상에 대기 중이던 미7사단은 1950년 9월 17일부터 수원과 오산 방면으로 진출하였습니다. 인천상륙작전의 성공으로 국군과 유엔군이 서울을 탈환함으로써 낙동강 방어선을 지키며 전세를 역전할 수 있는 계기가 되었습니다. 인천상륙작전 10주년 되던 해인 1960년에 한국에 주둔하고

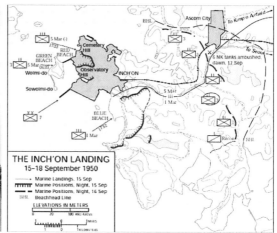

THE INCH'ON LANDING
15–18 September 1950

▶ 인천상륙작전의 지휘자인　▶ 인천상륙작전 지도(출처: 퇴역 미군 SNS)
　맥아더 장군 동상(인천 자유
　공원)

▶ 녹색해안(월미도) 소재 인천　▶ 적색해안 지역의 현재 모습　▶ 청색해안 지역의 종착지였던
　상륙 10주년 기념비　　　　　　　　　　　　　　　　　　문학산 정상의 현재 모습

▶ 문학산 정상(해발 217m)에 있는 문학산 역사관

있던 미7사단은 인천상륙 10주년 기념비를 월미도에 설치하였습니다.

문학산 정상에는 과거에 미군이 주둔하였고, 현재 문학산 정상에는 과거 미군 건물을 리모델링한 문학산역사관이 있습니다. 문학산 역사관에는 1960년대의 미군 군사지도가 전시되어 있습니다. 지금은 인천 지역이 많이 변화되었기 때문에 과거 미군이 작성한 지도를 통해 인천상륙작전 지역과 이 일대의 미군시설이 있던 곳을 살펴보면 '1960년대 미군 군사지도' 사진과 같습니다.

지도에 월미도라고 표기되어 있는 곳이 녹색해안이고, 밀리터리 해상수송 서비스라고 표기되어 있는 부분이 적색해안이며, 유마라고 표기되어 있는 곳 근처가 청색해안입니다. 한편, 이 군사지도를 보면 1960년대에

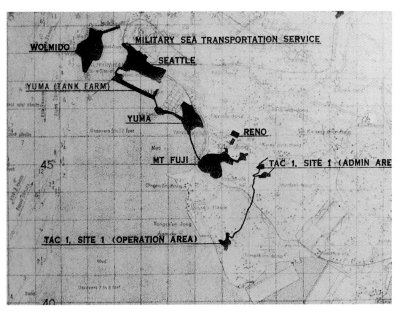

▶ 1960년대 미군 군사지도(출처: Ed Thelen's Nike Missile Web Site)

▶ 문학산 정상 관제소와 하단의 행정구역

▶ 문학산 정상에서 바라본 동춘동 미사일 발사대 기지의 과거와 현재

▶ 동춘동 미사일 발사대 지역의 과거와 현재

▶ 동춘터널 전망대, 봉재산 물놀이장 등 공원으로 변모한 봉재산

는 인천항으로부터 문학산까지 해안선을 따라 미군의 유류보급부대(캠프 유마, 캠프 레노)와 방공 미사일부대가 주둔하였다는 사실을 확인할 수 있습니다.

문학산 미사일 기지에는 행정 업무를 담당하는 행정 지역이 있었는데, 미군들은 이곳을 캠프 인터셉트(Camp Intercept)라고 불렀습니다. 캠프 인터셉트에는 1960년 말 미국 본토 텍사스에서 파병된 44포병여단 4대대 산하 6개 중대 중 하나인 폭스트롯 중대가 주둔한 것으로 알려져 있습니다. 이 부지는 1970년대 후반에 한국정부에 반환되었다고 하며, 해당 부대에 대한 기록이 부족하기 때문에 부대 명칭의 유래는 알기가 어렵습니다. 다만, 문학산이 인천상륙작전 당시 상륙지점 중 하나인 청색 해안의 마지막 종착점이었다는 점에 착안한다면, 인천상륙작전을 통해 인천을 되찾았다는 점에서 인터셉트라는 이름이 부여된 것이 아닐까 하고 개인적으로 추정하고 있습니다.

과거 미사일 기지의 레이더가 있던 관제소(IFC)였던 문학산 정상에서 서남쪽 방향을 바라보면 과거에 나이키 허큘리스 미사일 발사대 부지로 사용되었던 동춘동 봉재산이 보입니다. 또한 문학산 정상에서는 부대의 행정구역으로 사용되었던 과거 캠프 인터셉트 부지도 보입니다.

한편, 문학산 정상에서 북서쪽을 바라보면 과거의 미군 병참 유류 기지 터(캠프 유마, 캠프 레노 등)가 보입니다.

미군이 한국종단송유관(TKP)을 건설하기 전, 1960년대 말까지 사용하던 유류저유소(Tank Farm)인 캠프 유마(Camp Yuma)는 인천항에서 가까운 용현동에 있었다고 합니다. 현재 인천 SK스카이뷰아파트 자리가 바로 그곳입니다(이곳뿐 아니라 문학산에도 20여 개의 유류저장탱크가 있었다고 합니다). 3,971세대의 대단지 아파트인 인천 SK스카이뷰아파트가 들어설 수 있던 것은 해당 부지가 대규모 부지였기 때문입니다. 이곳에는 일제시대에 일본의 히타치(HITACHI)공장이 있었으나, 해방 후 일본이 떠나고 나서 미군이 유류저장소 부지로 사용한 것이라고 합니다. 미군은 1967년에 해당 부지를 한국정부에 반환하였고, 이 저유소는 유공(현 SK)의 관리하에 사용되었다고 합니다. 이렇게 용현동 저유소는 SK 저유소로 사용되다가, SK그룹에 의해 아파트로 재개발된 것입니다.

유류저유소인 용현동 캠프 유마를 관리하는 부대가 인천에 있었는데, 바로 이 부대가 캠프 르노(Camp Reno)였다고 합니다. 캠프 르노의 위치는 학익동 일대의 하이패션아울렛 건물과 그 주변의 주택가입니다. 캠프 르노는 캠프 유마가 한국정부에 반환된 후에도 몇 년간 주둔하다가 포항의 TKP 저유 관리부대인 캠프 리비(Camp Libby)로 이전한 것으로 알려져 있습니다.

한편, 캠프 유마의 저유시설을 관리하는 부대 외에도 저유시설을 보호하기 위한 부대가 인근에 있었는데, 그 부대는 현재 인천보훈병원 자리에 주둔했었다고 합니다. 실제 인천보훈병원에 가보면 지대가 높아서 과거 미군 저유소 캠프 유마가 있던 곳에 건설된 SK뷰아파트와 캠프 르노가 있던 하이패션아울렛 건물이 내려다보일 정도입니다.

6·25전쟁 후 한국에는 정유공장이 없었기 때문에 유류는 해외에서 직접 조달을 했을 것입니다. 인천항에는 미 항만사령부가 있었다고 하며,

▶ 문학산 정상에서 북서쪽으로 바라본 과거 캠프 레노와 유마 지역

▶ 미군으로부터 이관받아 사용한 유공 용현동 저유탱크 모습(출처: https://blog.naver.com/sonpd1985/221160873122)

▶ 과거 미군 저유소를 지키던 고지대 부대 터에 설립된 인천보훈병원

▶ 과거 캠프 유마를 지키던 부대 터에서 내려다본 인천 지역 미군 유류부대 지역

이를 통해 유류를 포함한 군수물자가 유입되었을 것입니다. 인천항을 통해 들어온 유류는 협궤열차(레일 간격이 762㎜로 일반열차의 절반 수준인 꼬마 열차)가 오갔던 수인선(일제시대에 서해안 염전 지대에서 생산된 소금 등의 물자 반출을 위해 1937년에 개통되었으며 이후 학생들의 통학 용도 즉, 여객 열차로 운행)을 따라 설치된 미군 송유관을 통해 미군 수원비행장까지 운반되었다고 합니다.

미군 송유관은 수원비행장 이외에도 곳곳에 있던 미군기지(예: 인천 미군 저유소 캠프 유마)에도 연결되었을 것입니다. 과거 수인선의 시발점이었던 남인천역(현재의 수인분당선 숭의역)에서 과거 미군 저유소(현 인천 SK뷰아파트)까지 있던 수인선 철길은 현재 '수인선 바람길 숲'이라는 공원길로 변화되었고, 이 공원에는 수인선 철길이 일부 남아 있습니다. 이를 통해 캠프 유마 미군 저유소에서 수원비행장까지 미군 송유관이 연결되어 있었다는 것을 간접적으로 알 수 있습니다.

수인선 바람길 숲 초입에는 남부역삼거리가 있습니다. 과거 수인선 남부역(또는 남인천신호소)이 있던 곳은 현재 기차 모형이 있는 공원이 되었습니다. 아마도 남인천 신호소를 기념하기 위한 조형물로 보입니다. 남인천 신호소가 있던 남부역 삼거리와 북쪽의 숭의로터리 사이 도로 양옆으로는 수십 년 정도 연식이 된 높은 건물들이 들어서 있습니다. 이 건물들이 모여 있는 곳은 과거 미군 및 영국군이 주둔한 것으로 알려진 캠프 에딘버러(Camp Edinburgh)라는 곳이었으며, 유엔군이 철수한 후 현재와 같이 민간의 많은 건물들이 건축되었습니다. 이곳에 주둔했던 부대 중에는 미군 공병중대(82nd Engineer Pipeline Company)가 알려져 있습니다.

▶ 수인선 남인천역의 과거 사진(출처: 수인분당선 숭의역)

▶ 수인선 바람길 숲(과거 수인선 철길)

▶ 남인천신호소와 캠프 에딘버러 터의 현재　▶ 수원에 있는 수인선세류공원
　모습

▶ 수인선세류공원 내 산책로가 된 과거의 수인선 철길

인천과 수원 간 52.8㎞를 운행하던 수인선은 1995년 말 마지막 운행을 하였고, 1996년 폐선되었습니다. 열차의 남쪽 종착지인 수원시 세류동에는 2006년에 조성된 수인선세류공원이 있어서 이곳에서도 수인선의 흔적을 찾아볼 수 있고 철도박물관에 가면 수인선을 운행하던 열차가 보관되어 있습니다. 참고로, 수인선의 출발역이었던 남인천역(현재 수인분당선 숭의역 인근)은 1973년에 운영이 중단되어, 인천 지역의 출발역은 송도역으로 바뀌었다고 합니다.

한편, 미군과 관련하여 인천에는 수인선 이외에 주인선이라는 철도도 있었다고 합니다. 주인선은 수인선과 함께 남인천역에서 출발하지만 중간에 북동쪽으로 방향을 틀어 주안역까지 연결된 약 3.8㎞ 길이의 철도였다고 합니다. 수인선이 일제시대에 건설된 것과 달리 주인선은 1950년대 후반에 미군에 의해 건설(1957년에 착공하여 1959년 2월에 완공)되었다고 합니다. 주인선은 1985년 11월 15일에 운행이 중단되었고 1994년에 폐선이 결정되었다고 합니다. 수인선 철길에 수인선 바람길 숲이 조성된 것과 비슷하게 주인선 철길(제물포역과 주안역 사이 철길은 제외)에는 현재 주인공원이 조성되어 있습니다. 과거에 남인천역에서 시작한 주인선은 다른 철도와 연결되어 부평 미군기지, 동두천 미군기지까지 미군용 화물을 운송하는 데 활용되었을 뿐 아니라 미군들을 이동시키는 데에도 사용되었다고 합니다.

대한민국 정유산업이 태동된 것은 1962년입니다. 한국정부는 미국 걸프사와 합작으로 국내 최초의 정유회사인 대한석유공사(유공, 현 SK이노베이션)를 1962년 10월 13일에 설립하였습니다. 회사 설립 후 1964년에 울산에 정유공장이 준공되었고 이는 대한민국 산업 역사에 기념비적인 일이

▶ 주인공원으로 변한 주인선 철길　　▶ 주인선의 흔적(철길 퓨전포차, 철길슈퍼)

▶ 주인선과 연계된 인천시 부평구 소재 캠프 마켓의 미군 철도

▶ 1964년 5월 7일 준공된 울산 정유공장 모습(출처: 용산 전쟁기념관)

라고 할 수 있습니다.

대한석유공사가 울산에서 정유공장 운영을 시작한 지 3년여가 지난 1967년에 캠프 유마가 한국정부에 반환되는데, 한국정부는 캠프 유마에 있던 유류 저장시설을 공기업이던 대한석유공사로 하여금 미군에 유류를 공급하도록 합니다.

특이한 점은 미군이 1967년에 캠프 유마를 한국정부에 반환한 후 1968년에 미군의 유류수급 관련 중요한 이벤트가 발생했다는 것입니다. 베트남전쟁이 한창이던 1968년 한국에는 북한의 무장공비 31인 잠입 사건(1968년 1월 21일의 김신조 사건)과 푸에블로호 납치사건(1968년 1월 23일)이 연달아 발생합니다. 즉, 1968년 1월 21일에 북한의 특수부대원 31명이 청와대에 습격하여 '박정희 대통령의 목을 따는 것'을 목적으로 휴전선을 넘어 서울 세검정까지 잠입했다가 청와대 바로 옆인 종로구 청운동에서 발견된 김신조 사건과, 1968년 1월 23일 미군의 첩보함 푸에블로호가 동해상을 이동하던 중 북한에 의해 납치된 사건입니다. 김신조 사건을 계기로 하여 한국군의 군복무기간은 2년 6개월에서 3년으로 늘어났고, 예비군이 창설된 것은 유명한 일화입니다. 그리고 인왕산에는 경찰 검문초소가 생겼습니다. 무엇보다도 북한 무장공비의 청와대 습격에 대한 보복을 위해 박정희 정부에서 1968년 4월에 '684부대'라는 특수부대를 창설했는데 사형수, 무기수 등을 상대로 주석궁에 침투해 '김일성의 목을 따오는 작전'을 성공할 경우 모든 형벌 취소와 전과 기록을 말소해주는 조건으로 부대원을 모집하였다고 합니다. 이를 배경으로 한 것이 영화 '실미도'입니다.

『1. 21사태』 무장공비 은신장소

이곳은 북한의 특수부대인 124부대 소속 31명이 사모바위 및 V자형동굴에서 청와대 습격과 정부요인 암살을 위해 무장을 점검하며 최종 은거한 장소입니다.

현위치

서울특별시지방경찰청

북한산국립공원사 BUKHANSAN NATIONAL

▶ 북한산국립공원 사모바위 인근 무장공비 마지막 은신장소

▶ 무장공비 침투를 저지하다 순직한 최
규식 경무관과 정종수 경사 기념비

▶ 무장공비 사건 이후 인왕산에 만들어진 경찰초소를
리모델링한 초소책방

김신조 사건과 푸에블로호 사건을 계기로 당시 한반도에는 전쟁이 일어
날 수 있다는 위기감이 고조되었다고 합니다. 이러한 한반도의 불안한
정세 속에 미군은 전쟁이 발발하더라도 전쟁 전략물자인 유류를 안전하
게 보급할 수 있는 방안으로 장거리 지하 송유관 건설을 적극적으로 추
진하였다고 합니다.

미군은 1969년경에 한국종단송유관(TKP: 포항부터 의정부까지 지하로 연결

된 송유관) 공사를 시작하게 됩니다. 캠프 유마를 관리하던 미군부대인 캠프 르노는 TKP가 준공된 후 1971년에 포항시 북구 장성동(Camp Libby)으로 이전하였다고 합니다.

TKP의 시발점인 포항 캠프 리비(Camp Libby)가 생기기 전 유류병참 기지였던 인천의 캠프 유마가 공식적으로는 1967년에 반환되었다 하더라도 캠프 유마에서 미군이 전부 철수했다고 보이지는 않고, 공식적인 관리 권한만 전문업체인 유공에 넘기고 미군은 계속 해당 시설을 사용할 수 있었습니다. 미군이 캠프 유마 반환 후에 바로 TKP 공사를 착공한 것은 아니었고, 1969년에 TKP 건설 공사가 개시된 것을 보았을 때 1968년의 2가지 사건은 TKP 설치의 중요한 시발점으로 볼 수 있습니다.

한편, 1980년대에 인천 캠프 유마 저유소를 관리하던 대한석유공사의 걸프사 지분을 선경이 인수하게 되면서 대한석유공사는 민영화가 되었습니다. 선경의 대한석유공사 인수는 현재의 SK로 성장하는 데 중요한 계기 중 하나로 받아들여지고 있습니다. SK는 2006년에 재무구조 건전성을 위해 인천 용현동 물류센터 부지(과거의 캠프 유마 저유소)를 매각하였고, 저유소 시설이 철거된 후 2016년 6월에 인천 SK스카이뷰아파트가 준공되면서 유류저유소는 역사의 뒤안길로 사라지게 되었습니다.

4. 닥터 스트레인지러브

냉전 그리고 미사일 기지

앞서 언급한 인천 문학산 미군기지인 캠프 인터셉트는 미사일 기지였습니다. 미사일 기지는 냉전시대의 산물이며, 냉전으로 인해 분단이 된 대한민국에도 미사일 기지가 생각보다 많이 있었습니다.

세계사적 관점에서 미사일 기지 관련 이슈가 제기되었던 사례 중 가장 유명한 사건은 아마도 1960년대 초반의 쿠바 미사일 위기일 것입니다. 냉전의 상징인 베를린 장벽이 독일에 건설된 다음 해인 1962년 10월 14일, 미군 정찰기가 공산권 국가인 쿠바 상공에서 항공사진 촬영을 하던 중 쿠바에 미사일 기지가 건설되고 있는 것이 포착되었습니다. 그리고 쿠바 미사일 기지 건설의 이면에는 소련(현재의 러시아)이 있었다고 합니다. 쿠바 미사일 기지가 건설되면 미국의 전역은 쿠바 미사일의 사정권에 들어서게 됩니다. 당시 이로 인해 미국뿐 아니라 전 세계에 핵전쟁 공포가 고조되었다고 합니다. 이것이 그 유명한 쿠바 미사일 위기입니다.

다행히 미국의 케네디 대통령과 소련의 흐루쇼프 서기관이 극적인 협상을 통해 소련의 쿠바 미사일 기지 건설은 없었던 일이 되었고, 이에 대한 반대급부로 미국은 터키에 있던 미사일을 철수시켰다고 합니다.

쿠바 미사일 사태는 영화의 소재로 자주 다루어지고 있습니다. 1964년에 개봉한 스탠리 큐브릭 감독의 '닥터 스트레인지러브', 2001년에 개봉한 로저 도날드슨 감독의 'D-13', 2021년에 개봉한 도미닉 쿡 감독의 '더 스파이'가 대표작들입니다.

▶ 쿠바 미사일 위기(워싱턴 D.C. 스미소니언 미국 역사박물관)

대부분의 주한미군기지들은 광복

▶ 쿠바 미사일 위기를 주제로 한 영화들의 포스터

▶ 호크(HAWK)와 나이키(NIKE) 미사일(다부동 전적기념관)

후 미군정기 또는 한국전쟁 이후 조성되었습니다. 하지만 1960년대 초에 조성된 미군기지들도 적지 않은데, 이 부대들의 공통점은 방공포부대였다는 것입니다. 쿠바 미사일 위기가 1962년 하반기에 발생했으므로, 이 방공포부대 확충은 냉전 상태하에서 독일 베를린 장벽 건설과 쿠바의 미사일 위기 등 세계대전 위협에 대한 대응책이었을 것이라는 생각이 들었습니다. 어쩌면 미군으로서는 적군으로부터의 공격과 전쟁의 위협으로부터 평화를 유지하고 창공을 수호하기 위해 방공포 기지의 확충은 불가피한 선택이었는지도 모르겠습니다.

한국에는 미군에 의해 호크 미사일과 나이키 허큘리스 미사일이 미군 방공 기지에 배치되었습니다. 호크(HAWK: Homing All the Way Killer)는 미국제(Raytheon사 제작)의 중거리 지대공미사일입니다. 레이더로 표적을 추적하면 표적에서 반사되는 전파를 미사일이 추적하는 반 능동 유도 방식이라고 합니다. 2013년부터는 국내에서 개발된 지대공미사일 천궁으로 대체되고 있다고 합니다.

나이키 허큘리스(Nike Hercules) 미사일은 미국제(Western Electric사 제작) 고고도 지대공미사일입니다. 레이더가 표적을 추적하면서 미사일에게 방향을 지령하는 방식이며, 필요시 지대지미사일로도 사용할 수 있다고 합니다. 나이키 유도탄 미사일은 우리나라의 백곰과 현무 개발의 모델이 된 미사일이라고 합니다. 이후 미국제 지대공미사일인 패트리어트(PAC-3)가 도입되면서 나이키 유도탄은 대체되었다고 합니다.

캠프 콜번(Camp Colbern), 통신 기지인 줄 알았더니 과거에는 미사일 기지였네!

경기도 하남시 하산곡동 동서울 톨게이트 동쪽에는 검단산이 있습니다. 그리고 검단산 자락에는 캠프 콜번(Camp Colbern)이라는 미군기지가 있었습니다. 부대명은 1차 세계대전, 2차 세계대전, 한국전쟁에 참전했던 윌리엄 콜번(William H. Colbern)을 기념하여 명명되었다고 합니다.

부대는 1964년경 조성되었고 2005년 11월에 폐쇄되었으며, 2008년에 대한민국정부에 반환되었다고 합니다. 2008년 부대가 한국정부에 반환된 이후 이곳은 대학교 캠퍼스로 사용될 예정이었다고 합니다. 하지만 진행이 지지부진해져서 결국 없던 일이 되었다고 합니다.

캠프 콜번이 조성된 후에는 부지 내에 방공포부대가 주둔하였지만, 폐쇄 전에는 통신부대(304통신대대)가 주둔하였다고 합니다. 알고 지내던 후배가 2004년 경 카투사로 입대하였는데, 캠프 콜번에서 복무했습니다. 그래서 저도 이곳이 통신부대였던 것으로 알고 있었습니다. 하지만 퇴역 미군들이 공유한 자료를 토대로 이곳이 방공포부대였다는 것을 알게 되었습니다. 아마도 다른 주한미군기지의 방공포부대들처럼 1980년대에 방공포부대들이 철수했던 것 같습니다. 그 이후 이곳에 미군 통신부대가 주둔하였을 것으로 추정됩니다. 캠프 콜번의 규모는 약 7만 6천 평이라고 합니다. 퇴역 미군들에 의하면 캠프 콜번이 다른 미군기지에 비해 비교적 규모가 작았기 때문에 부대원 전원이 서로의 이름을 알고 있고 같은 기억들을 공유하고 있다고 합니다.

이 부대와 관련된 슬픈 에피소드가 하나 있습니다. 1998년 8월 8일에 경기도 성남시 수정구 상적동 청계산 정상 부근에서 집중호우로 인해 산사태가 발생했다고 합니다. 당시 청계산에서 훈련 중이던 미군 통신부대 장병 텐트에 흙더미가 덮치며 2명이 사망하고 12명이 부상을 입는 사고가 발생하였다고 합니다. 이 미군들은 다름 아닌 미8군 1통신여단의 304통신대대 소속으로서 경기도 하남시 소재 캠프 콜번에 주둔하던 병사들이었다고 합니다. 추후 캠프 콜번에서는 당시 사망한 미군 2명을 기념하기 위해 부대 내 식당 이름을 워너-패터슨 식당(Warner-Patterson D-FAC)으로 불렀다고 하며 기념주화도 발행하였다고 합니다. 의미가 있는 건물이므로 이 식당 건물을 철거하지 않고 리모델링하여 부지 역사관 같은 건물로 사용했다면 좋았을 것 같은데, 아마도 그러한 사연을 모르고 철거된 것 같아 아쉬웠습니다.

부지가 반환된 지 10년이 훨씬 지났음에도 불구하고 아직도 부지는 다른 용도로 개발이 진행되지 않고 빈 땅으로 남아 있습니다. 부대 정문에 가서 보니 부대 내부에 있던 건물과 시설들은 모두 철거된 것으로 보였으나, 부대 주위는 미군기지로 사용되던 때의 철조망으로 둘러싸여 있어 내부로 들어갈 수가 없었습니다. 이곳에 주둔하던 미군들에 의하면 미군이 주둔하던 시절에는 부대 내 시설들이 매우 깨끗하게 잘 관리되었는데, 그런 건물들이 철거된 것에 대해 낭비라고 생각하고 아쉽다는 반응이 있었습니다.

하지만 건물이 철거된 이유는 심각한 토양오염 때문이었다고 합니다. 미군이 떠난 후 한국정부는 토양오염 조사를 실시하였고 2008년부터 2011년까지 약 3년에 걸쳐 약 92억 원의 비용을 들여 토양오염 정화 작업이 완료되었다고 합니다. 정화 작업 과정에서 부대 내에 있던 미군이 사용하던 건물과 시설들이 철거된 채 현재까지 개발이 진행되지 않고 나대지로 남아 있게 된 것입니다.

토양이 유류와 중금속으로 오염이 된 이상 토양오염 정화 작업을 위해 철거는 불가피한 상황이었던 것 같습니다. 어쨌든 이곳에 대한 좋은 기억을 갖고 있는 미군들은 그들의 마음의 고향이라고 할 수 있는 캠프 콜번에 있던 모든 것들이 흔적 없이 사라진 것에 대해 안타까움을 표현하였습니다. 다시 한번 찾아와 보고 싶다고 이야기하는 미군이 있는 한편, 어차피 아무 것도 남지 않았기에 다시 찾아오는 것은 시간과 돈 낭비일 뿐이라는 미군도 있었습니다. 자신들이 젊은 시절을 보낸 한국에 대해 좋은 기억을 갖고 있고, 그리워하고 있는 미군들이 참 많았습니다.

개인적으로는 반환된 미군기지의 시설을 상황상 불가피하게 철거하더라도, 철거 전에 시설을 사진으로 촬영하고 기록화하는 아카이빙 작업은 이곳에 주둔하며 자유와 평화를 지키고자 헌신했던 미군들과 카투사들에 대한 선물이 될 수 있다는 생각이 들었습니다. 또한 이러한 작업은 이 지역에 대한 있는 그대로의 역사를 기록함으로써, 이곳의 과거를 기억할 수 있는 작업으로도 의미가 있을 것입니다.

더 이상 군사시설이 아님에도 불구하고, 캠프 콜번 정문 삼거리 앞 CCTV 설치 안내문에는 군부대 앞 삼거리 주변이라고 기재되어 있어서 이곳이 과거에 군부대였다는 흔적이 남아 있습니다. 또한 하남시 하산곡동에는 부대앞이라는 지명이 남아 있기도 합니다.

비록 미군으로부터 반환된 땅이지만 캠프 콜번 부지는 여전히 밟을 수가 없으니 주변 마을에 가보았습니다. 지명이 부대앞이라 그런지 몰라도 부대 서쪽 경계 철책과 접하고 있는 하산곡동마을은 시간이 멈춰버린 듯 1960년대의 풍경을 그대로 간직하고 있었습니다.

미군들에 의하면 정문에서 오른쪽으로 가면 클럽 거리가 있었다고 합니다. 즉, 미군부대 정문 근처에 미군 전용 클럽들이 약 10개 정도 있었다고 합니다. 미군들이 떠나자 과거의 클럽들은 모두 문을 닫았고 기존의 건물을 철거한 후 신축된 건물들이 많기 때문에 무심코 지나가면 과거에 이곳이 기지촌이었는지 알기가 어렵습니다. 하지만 자세히 살펴보면 60년대에 상업용 건물로 쓰였을 법한 건물들 일부가 화석처럼 남아 있습니다.

미군들에 의하면 다른 미군기지촌들과 달리 지자체에서 단속을 해서 하산곡동 미군 클럽들은 일찌감치 자취를 감추었다고 합니다. 따라서 이곳에 주둔하던 미군들은 휴일에 서울 용산 이태원 클럽에 가서 시간을 보내는 경우가 있었다고 합니다.

클럽 거리를 답사하던 중 발견한 'KING' 문구의 간판이 붙어 있는 건물 사진을 퇴역 미군 사이트에 공유하고 이 건물에 대해 아는 것이 있는지 문의해보았습니다. 이곳이 '킹 클럽(King Club)'이었던 것 같다고 답변을 한 미군이 있었지만 확실치 않은 느낌이었습니다. 그러던 중 여기가 양복점(Taylor Shop)이어서 옷을 맞춘 적이 있다는 답변을 한 미군이 몇 명 있었고 건물의 규모로 보아 과거 이곳이 클럽보다는 양복점으로 사용되지 않았을까 하는 생각이 들었습니다.

▶ 미군이 떠난 후 캠프 콜번 정문 앞

▶ 캠프 콜번 부지 서북쪽 하산곡동 주택가 모습

▶ 현재 건자재 판매소로 사용 중인 과거 미군 클럽(파라   ▶ 과거 클럽 거리에 있는 영문 간판
　 다이스 클럽) 건물　　　　　　　　　　　　　　　　　 건물

한편, 캠프 콜번 기지촌에서 한때 음악 활동을 한 가수가 있다고 합니다. '하얀 나비(1983년)'라는 곡으로 유명한 김정호입니다. 바로 황동혁 감독의 영화 '수상한 그녀(2014년)'에서 심은경이 부른 '하얀 나비'의 원곡을 부른 가수입니다. 하남문화예술회관에서는 영화 '수상한 그녀'가 개봉한 2014년에 'Again 하얀나비 김정호 추억하기'라는 이름의 콘서트를 개최하였습니다. 아마도 하남시 입장에서는 캠프 콜번 기지촌에서 활동한 김정호가 하남시의 자랑이었을 것입니다.

▶ 영화 '수상한 그녀' 및 콘서트 '김정호 추억하기' 포스터

미군이 떠난 후 반환되었으나 아직도 밟지 못하는 캠프 콜번 부지를 어떻게 개발해야 할지 하남시에서 계속 검토 중이라고 합니다. 하남시에서는 부지 주변에 자족적인 기능이 부족한 점을 고려하여 교육연구시설, 업무시설 등을 유치할 계획이라고 합니다. 이러한 시설들이 유치될 플랫폼이 이 부지에 개발되어 하산곡동 주변이 더 활기찬 곳이 되길 바랍니다. 또한 이 반환공여지가 얼른 개발되어 다음번에 방문할 땐 과거의 하남 캠프 콜번 땅을 밟아보게 되길 기대합니다.

캠프 페이지(Camp Page)

북한과 가장 가까운 미군기지 중 한 곳이 강원도 춘천의 캠프 페이지였습니다. 1953년에 휴전협정이 체결되었지만 북한군과 중공군을 견제하기 위해 미군은 한반도에 계속 주둔하였다고 합니다. 그리고 전방 중동부의 핵심 지역이 바로 춘천이었습니다. 춘천 근화동에 자리 잡은 이 미군기지는 한국전쟁 중인 1951년에 군사적 목적으로 미군에 의해 건설된 비행장을 기초로 휴전 후 중요한 주한미군기지로 건설된 곳입니다. 퇴역 미군들에 의하면 캠프 페이지에는 한국을 수호하기 위한 미사일 기지가 주둔했었다고 합니다. 상기 언급한 바와 같이 한국전쟁 이후 이곳에 미군들이 주둔하였지만 본격적으로 주둔한 것은 1958년경 미군부대시설들이 준공되면서였다고 합니다.

대학교 2학년 때 춘천역에 간 적이 있는데, 춘천역 주변에 헬리콥터가 날아다니는 것을 보았습니다. 나중에 알고 보니 캠프 페이지에는 미 육군에 항공기를 지원해주는 비행대, 유지보수부대, 의료부대 등이 주둔하였다고 합니다.

캠프 페이지는 2007년에 반환이 되었고, 2008년에 부대 공개 행사가 있었습니다. 당시 일정이 맞지 않아 가보진 못했으나 신문기사를 통해 많은 인파가 몰린 것을 확인할 수 있었습니다. 이후 춘천에 갈 때마다 잠깐 들르곤 했는데, 계속 조금씩 변화되는 모습을 볼 수 있었습니다. 처음에는 반환된 부대 공터 일부가 주차장 부지로 활용되었으나 점차 계획이 구체화되면서 2021년 초에는 부지 전반적으로 공사가 진행되고 있었습니다.

▶ 존치 시설인 급수탑과 미군기지 건물

▶ 본격적으로 공사가 진행 중인 춘천 캠프 페이지 부지(2021년)

부대 반환 후 토양오염 정화 과정에서 대부분의 미군시설이 철거되고 랜드마크 역할을 하던 급수탑과 건물 1개동이 존치되었는데, 존치 건물의 경우 처음에는 미군부대 시절의 갈색 색상이 유지되었으나 최근에는 녹색으로 도색이 되어 있었습니다.

춘천시는 구 캠프 페이지 터를 시민공원으로 탈바꿈하기 위한 마스터플랜을 공모한 결과 당선작으로는 오픈 더 미라클 페이지(Open the Miracle Page)라는 공모작이 선정되었다고 합니다. 이곳에는 가까운 미래에 공원과 공공시설이 들어설 예정이라고 하는데, 2022년에 춘천 하중도에 개장한 레고랜드와 함께 춘천의 유명 관광지로 변화될 것으로 예상됩니다.

오래된 미군 미사일 기지

2000년대 초반에 반환된 캠프 콜번과 캠프 페이지에 대해서는 언론을 통해 정보를 파악할 수 있지만 그 이전에 반환된 기지들에 대해서는 알려진 바가 거의 없습니다. 다만, 퇴역 미군들의 커뮤니티를 통해 부대의 존재를 알 수 있을 뿐입니다.

미군은 한국에 주둔하고 있는 미군기지와 한국을 수호하기 위한 방공 미사일 기지를 1960년대 초부터 주둔시켰고, 가장 유명한 것이 미국 텍사스의 포트 블리스에서 파병된 44포병여단 예하 6개의 미사일 중대들입니다.

알파(Alpha)중대(Site 1), 진천 소재 캠프 엘 파소(Camp El Paso)

퇴역 미군들에 의하면 충북 진천에 미군 미사일부대인 44포병여단 4대대 알파중대가 주둔했었다고 합니다. 이 미군기지의 이름은 캠프 엘 파소였습니다.

엘 파소는 미국 텍사스주 서부에 있는 도시이므로, 부대의 명칭이 미국 도시의 명칭을 따서 명명된 것임을 알 수 있습니다. 이 부대는 1960년 후반 미국 텍사스 소재 미군기지인 포트 블리스에서 파병된 44포병여단 예하 6개 미사일 중대 중 알파중대이기 때문에 엘 파소라고 명명한 것으로 추정됩니다. 엘 파소 타임즈(El Paso Times)에 따르면, 캠프 엘 파소 주변 마을에는 미군을 상대하는 후아레스 클럽이라는 나이트 클럽이 있었다고 합니다. 미군들은 캠프 엘 파소에 1977년 5월 말까지 주둔하다 떠났다고 합니다.

▶ 석박마을 표시석

소설가 김가경에 의하면 그녀의 고향은 충북 진천 사석리로 유명한 미군부대 마을이었다고 합니다. 사석리는 흑백 인종의 미군, 양공주, 서씨 집안 집성촌 사람들 등 온갖 군상들이 복잡하게 얽혀 흥청망청 사는 곳이었다고 합니다. 소설가의 아버지는 미군부대에서 근무했다고 합니다. 그녀가 언급한 미군부대 마을이 바로 캠프 엘 파소 주변의 기지촌이었습니다.

미군이 진천 사석리를 떠난 지 40여 년이 지났기 때문에 사석리에서는 더 이상 미군기지의 흔적을 찾기 어렵습니다. 다만, 소설가 김가경이 말한 대로 돌이 많은 석박마을, 서씨 집안 집성촌의 흔적을 찾을 수는 있었습니다. 또한 동네 이름 때문에 그런지 석갈비를 판매하는 식당이 유독 눈에 띄었습니다.

브라보(Bravo)중대(Site 2), 대천 소재 캠프 홀리데이(Camp Holiday)

충남 보령시 신흑동 소재 대천 해수욕장은 일제강점기가 끝나고 미군이 주둔하던 곳으로 유명합니다. 대천 해수욕장은 과거 한국의 3대 해수욕장으로 꼽히던 곳입니다. 학교, 기업체의 연수원 건물들이 많이 모여 있다는 것도 이곳이 휴양지로 유명한 곳이었음을 간접적으로 알려주고 있습니다. 지금은 대한민국 곳곳에 해수욕장이 발달이 되면서 대천 해수욕장의 명성이 예전보다는 못하지만 여전히 주말이나 여름 휴가철에는 많은 사람들이 찾는 곳입니다. 바다 곳곳의 풍광뿐 아니라 서핑을 할 수 있을 정도의 충분한 파도, 잘 발달된 모래사장, 여름철에 열리고 외국인들에게도 잘 알려진 보령머드축제는 사람들의 발걸음을 끊이지 않게 합니다. 더욱이 2021년 12월에 대천항과 원산도를 잇는 보령해저터널이 개통되면서 대천 해수욕장을 찾는 사람들이 더 많아질 것으로 예상됩니다.

퇴역 미군들에 의하면 대천 지역 서해 바닷가는 과거에 바다 사격장(Sea Range)이라고 불렸는데, 이곳의 정식 부대 이름은 캠프 홀리데이였다고 합니다.

찰리(Charlie)중대, 태안읍 소재 캠프 사라피(Camp Sarafi)

태안읍에는 백화산이라는 명산이 있습니다. 태안읍 어디서나 잘 보이는 이 백화산에 과거 미44포병여단 2대대 찰리중대가 주둔하였는데 부대 이름은 캠프 사라피였다고 합니다.

퇴역 미군 사이트에서 공유가 된 캠프 사라피 앨범 표지를 보면 미7사단 소속의 미사일 기지였음이 확인됩니다.

▶ 대천 해수욕장 전경

▶ 태안읍 어디서나 잘 보이는 백화산

▶ 캠프 사라피 기념앨범
　(출처: 퇴역 미군 사이트)

▶ 기지촌의 흔적이 일부 남아 있는 삭선리마을

다른 곳과 마찬가지로 이곳에도 미군이 떠난 지 오래되었기 때문에 더이상 미군기지의 흔적을 찾을 수는 없습니다. 다만, 인근 태안읍 삭선리에 남아 있는 오래된 1층 상가 건물에서 희미하지만 과거 기지촌의 흔적을 찾을 수는 있습니다.

44포병여단 2대대 델타(Delta)중대(Site 4), 경기도 여주 소재 캠프 허스톤 (Camp Huston)

경기도 여주에는 1958년경부터 1978년경까지 미군 델타중대가 주둔하였다고 합니다. 미군이 떠난 지 오래되었기 때문에 미군의 흔적을 더 이상 찾을 수는 없습니다. 다만, 주변 오래된 상가 건물에는 기지촌 상가의 흔적이 희미하게 남아 있었습니다. 미군은 캠프 허스톤을 떠났지만 그 후에도 이천 지역에서 '팀 스피릿' 훈련을 했다고 합니다.

에코(Echo)중대(Site 6), 전북 김제 소재 캠프 에코 힐(Camp Echo Hill)

전북 김제시 황산면 덕조마을에는 1961년경부터 1976년경까지 캠프 에코 힐이라는 미군 나이키 미사일 기지가 주둔했었다고 합니다. 김제 하면 '지평선'이 가장 먼저 떠오르는 평야 지대인지라 140m 높이의 비교적 낮은 산인 '황산'이 이곳에서는 높은 곳입니다. 바로 이 황산 정상에 미군 레이더 기지가 있었다고 합니다.

농사를 짓는 조용하고 평화로운 마을의 이미지인 김제에 약 15년간 미군

▶ 오래된 상업용 건물

▶ 황산 중턱의 문수사에서 바라본 김제평야

▶ 과거 나이키 미사일 발사대 지역에서 바라본 황산과 덕조마을

의 미사일 기지가 주둔했었다고 하니 놀라웠습니다. 황산 정상은 미군의 레이더장비가 있는 작전 지역이었고, 산 중턱은 보급·수송 등 지원조직이 있는 행정 지역이었다고 합니다.

미 육군에 패트리어트 미사일이 도입됨에 따라 역사 속으로 사라진 무기인 나이키 미사일과 발사대는 마을 건너편 평지에 있었다고 합니다. 과거 미군기지 지역에서는 모든 군사시설이 철거된 상황이지만 미군이 매설한 지뢰가 남아 있을 수 있어서 안전상의 이유로 출입이 금지된 상태입니다.

어느 미군기지나 마찬가지겠지만 퇴역 미군의 이야기에 의하면 이곳에 미군이 주둔하던 시절에 마을에는 미군을 상대로 영업을 하는 클럽과 미군을 상대로 일하는 여성들, 양장점 등 상가 건물이 많이 있었다고 합니다. 현재는 마을 앞에 도로 공사가 진행되면서 60년대 기지촌 상가 건물들 상당수가 철거되긴 하였으나 아직도 당시의 흔적을 보여주는 건물들이 적지 않게 남아 있습니다. 이 오래된 건물들을 보며 마치 수십 년 전의 과거로 시간여행을 온 듯한 느낌이 들었습니다. 미군이 떠난 후 미군들을 상대로 영업을 했던 상권이 침체되면서 방치된 쇠락한 건물들을 보며 쓸쓸함이 느껴졌습니다. 이와는 대조적으로 생명력을 뿜고 있는 푸르른 나무들을 보며 자연의 위대함을 느끼게 되었습니다. 마을 초입에는 과거 미군 클럽으로 사용되었다가 떡공장으로 사용된 후 현재는 공실 상태인 건물이 화석처럼 남아 있습니다.

황산의 행정 지역과 작전 지역 근처에는 채석장이 있습니다. 미군들에게 채석장은 황산에 있는 문수사, 영천사와 함께 랜드마크와 같은 역할을 하

▶ 마을 주변 도로에 있는 60년대 상업용 건물들

▶ 과거 오아시스 유엔 클럽(Oasis UN Club) 건물   ▶ 황산 중턱의 채석장

였습니다. 왜냐하면 이 채석장을 지나 미군기지로 진입했기 때문입니다.

당진시 고대면 미군 미사일 기지

충남 당진은 김대건 신부가 태어난 솔뫼성지를 비롯해 많은 천주교 성지가 있는 곳입니다. 소나무가 많아 아름다운 풍경을 간직한 당진시에도 과거에 미군 미사일 기지가 있었다고 합니다. 퇴역 미군들의 말에 의하면, 충남 당진시 고대면 장항리에는 1963년부터 1980년대까지 미44포병여단 1대대(1-44 ADA) 2포대 찰리 배터리가 주둔했다고 합니다. 한편 장항2리 앞에는 마을비가 있는데 비석에 의하면 미38여단 소속의 포대 병력이 주둔하여 인근에 기지촌이 형성되어 이 고장의 문화와 경제에 큰 영향을 가져왔다고 기재되어 있습니다. 다른 곳과 마찬가지로 이곳 또한 한때 기지촌으로 들썩이던 곳이었으나 미군이 떠난 후 한적한 마을이 되었을 것입니다.

장항리만 놓고 보면 시골 마을 느낌이고, 건물들은 60년대에 지어진 오래된 마을로 한적한 상황입니다. 하지만 마을에서 조금만 벗어나면 인근에 대형 주택단지가 있는 신시가지가 형성되어 있고, 무엇보다도 석문 국가산업단지도 있어 활기가 느껴지는 도시입니다.

지금은 아담한 마을이 되어버렸지만, 장항리에 미군이 주둔하던 시절에는 지금과 달리 큰 마을이었던 것 같습니다. 인근에 있는 고산초등학교에 한때 20학급 1,150명이 재학했다는 사실을 보아도 작지 않은 마을이었던 것 같습니다. 고산초등학교는 1944년 3월 31일에 설립되어 약 80년 역사를 지녔다고 합니다. 장항리마을 유래비에 의하면, 고산초등학교의 전신은 1939년에 설립된 고산강습소(고산서당)라고 합니다.

비인면 델타 배터리

미44포병여단 1대대(1-44 ADA) 5포대 행정 지역이 1963년부터 1980년까지 충남 서천군 비인면 성내리에 주둔하였다고 합니다. 미군들은 이곳을 Site 43이라고 불렀고 비인면을 'Piin'이라고 표기하였습니다. 퇴역 미군이 올린 1970년대 중반의 부대 정문 사진을 보면 "Welcome To BTRY 'D' 1st BN. 44th ADA"라고 되어 있어 부대명이 델타 배터리라

▶ 오래된 느낌의 장항2리 풍경　　　　▶ 장항2리 유래비

▶ 비인향교에서 바라본 서해와 마을 건물에 그려진 벽화

▶ 비인향교 및 월명산　　　　▶ 1954년 7월에 설립된 비인중학교

▶ 비인면마을 건물들

고 불린 것 같습니다.

비인면에는 해발 298.3m의 월명산이 있고, 월명산 입구에는 1407년경에 세워진 후 여러 차례 고쳐 지은 것으로 짐작되는 비인향교가 있습니다. 또한, 마을에서 약 2㎞ 서쪽으로는 바닷가가 있어 청정하고 아름다운 곳이라는 느낌을 받게 됩니다. 미군도 그것을 안 것인지 부대 간판 사진을 보면 '고요한 아침의 나라를 수호한다(Defending the Land of the Morning Calm)'라고 쓰여 있었습니다.

미군은 비인중학교 바로 옆에 주둔하기 시작하였다고 합니다. 이 작은 마을에 사는 학생들은 미군들이 들락날락하는 기지촌의 모습을 볼 수밖에 없었을 것입니다. 미군이 약 17년간 주둔 후 떠난 자리를 한국군이 인수하여 주둔한 후 2021년 상반기에 한국군도 철수했다고 합니다.

비인면마을에 오랫동안 군부대가 있다 보니 60년대 이후로 최근까지도 개발행위에 제한이 있었을 것입니다. 그래서 그런지 이곳을 거니는 동안 마치 60년대로 시간여행을 하는 듯한 느낌을 받았습니다. 이뿐 아니라 비인면 사람들은 거리에서 만나면 서로 인사하고 안부를 묻는 정겨운 곳이었습니다.

벽계마을 르노 힐(Reno Hill)

충남 홍성군 광천읍 벽계리 지기산에는 레이더 시설을 갖춘 미군 호크 미사일 기지가 있었는데, 미군들은 이곳에 1964년부터 1980년까지 주둔하였었다고 합니다. 이곳에서 복무를 했던 퇴역 미군인 짐 오글(Jim Ogle)씨가 2011년 이곳을 방문하였는데 마을은 많이 변한 모습이었고, 화장실과 르노 클럽(Reno Club) 건물만 남아 있다고 합니다. 실제로 벽계 마을은 일부 건물을 제외하고는 새로 지어진 건물들이 많아서 다른 과거 기지촌 마을과 비교한다면 산뜻한 분위기였습니다. 반면, 도로변과 부대 입구 주변에 오래된 건물이 남아 있었는데, 건물 형태로 보아 짐 오글 씨가 말한 르노 클럽 건물과 화장실이 아닐까 추정이 되었습니다.

벽계마을 옆에는 오래된 출입구가 보였는데, 출입구 글씨가 지워져 흐릿하게 보였습니다. 지도상에 지기산 오토 캠핑장이라고 쓰여 있어서 대조해보니 캠핑장 환영 문구가 쓰여 있는 것 같았습니다.

출입문에서 조금 올라가보니 군사시설의 외형을 하고 있는 방치된 시설들이 보였습니다. 알아보니 미군 방공포대의 행정 지역으로 사용하던 시설을 인계받아 한국군이 사용한 후 폐쇄된 것을 개인이 매입하여 2010년대 중반에 오토 캠핑장으로 개장하였다고 합니다. 하지만, 현재 캠핑장은 운영을 하지 않고 있습니다.

이곳이 캠핑장으로 운영되던 시절에는 이곳을 베이스 캠프로 하여 해발 324m의 지기산 정상까지 트래킹을 하였던 것 같습니다. 저도 가벼운 마음으로 정상까지 가보았습니다. 정상으로 걸어가는 중 옆을 보니 아름다운 풍경이 보였습니다.

중간에 헬기장 이정표가 보여 가보니 이제는 사용하지 않으나 아직 지워지지 않은 헬리포트 문양이 바닥에 남아 있었습니다. 미군들은 이곳을

▶ 과거 미군 방공 기지 행정 지역 옆에
있는 벽계마을

▶ 벽계마을의 오래된 상업용 건물(가운데: 과거 미군
클럽 추정)

▶ 벽계마을 옆에 있는 과거 군부대 정문

▶ 부대 정문 근처에 있는 오래된 건물

▶ 오토 캠핑장으로 변화된 과거 미군기지 행정구역

▶ 옛 르노 힐 헬기장

르노 힐 헬리포트(Reno Hill Heliport) 또는 H-504라고 불렀습니다. 헬기장에서 잠시 숨을 돌린 후 지기산 정상 방향으로 방향을 바꾸었습니다.

지기산 정상으로 가는 길은 경사가 가파르기 때문에 다소 힘들었지만 거리가 짧기 때문에 금방 오를 수 있었습니다. 아직 제거가 되지 않은 지뢰가 있을지도 몰라 안전상의 이유로 산 정상은 출입이 금지된 상황이 었습니다. 지뢰가 얼른 제거되고 정상이 개방되어 주변 지역의 아름다운 풍경을 볼 수 있는 날이 찾아오길 바랍니다.

영인산 미군기지

충남 아산시에 있는 영인산에는 과거에 미군이 주둔하였다고 합니다. 이곳은 363.6m의 비교적 높지 않은 산임에도 불구하고 인근 저수지 및 서해 바다의 영향으로 실제 높이보다 훨씬 높아 보입니다. 산 중턱의 자연 휴양림까지 임도로 연결되어 있어서 접근성이 상당히 좋은 편입니다.

영인산 정상에 오르면 서해안 일대와 경기도 남단 지역을 조망할 수 있기 때문에 과거부터 지리적 요충지였다고 합니다. 영인산에 한국전쟁 이후 1970년대까지 약 20여 년간 미군이 주둔하다 떠난 후 1970년대 중반부터 한국군이 주둔하며 1980년대 후반까지 출입이 통제된 곳이었다고 합니다.

군부대가 다른 곳으로 이전하면서 등산로가 개방되었고, 영인산 중턱에 자연휴양림, 식물원, 박물관 등이 조성되었습니다. 특히 자연휴양림에는

▶ 영인저수지에서 바라본 영인산

▶ 영인산 최고봉인 신선봉 전망대

▶ 영인산 중턱의 휴양시설

▶ 깃대봉에 있는 대공포 탄약창고

▶ 미군 대공포시설이 있었던 깃대봉

▶ 신선봉 기슭의 미군초소, 콘크리트 계단
그리고 나무 전봇대

▶ 미군 막사 및 신선봉 전망대

야영장, 숲속의 집, 산림욕장, 수영장, 눈썰매장 등의 휴양시설이 잘 조성되어 있습니다. 이곳 휴양시설 중 일부는 미군이 사용하던 막사를 개조했다고 합니다. 휴양시설의 규모로 보아 과거에 미군이 주둔하던 시절 이곳은 미군기지의 행정병들이 주둔하던 행정 지역이었을 것으로 추정이 됩니다.

산 초입부터 정상까지 등산로가 잘 조성되어 있어서 일부 경사가 있는 구간을 제외한다면 남녀노소 모두 편하게 산책을 할 수 있습니다. 특히 자연휴양림에서 조금만 올라가면 잔디 광장이 나오는데, 산 중턱에 예상치 못한 드넓은 광장을 목도하게 되면서 탄성을 자아내게 됩니다.

영인산에는 미군이 사용했던 대포 발사대, 탄약고, 막사, 초소, 나무 전봇대 및 콘크리트 계단 등의 군사시설이 아직 남아 있어 이색적입니다. 새로 설치된 콘크리트 전봇대를 사용하기에 나무 전봇대는 더 이상 사용되지 않고 있지만 역사적인 가치가 있어서인지 철거하지 않고 보존되어 있습니다. 콘크리트 계단은 대포 발사대가 있었던 깃대봉과 영인산의 최고봉인 신선봉 사이에 이어져 있어서 군사용으로 설치되었음을 알 수 있습니다.

화성 남양 캠프 호카이(Camp Hawkeye)

화성시 남양에는 미군의 호크 유도탄 부대가 주둔했었다고 합니다. 호크(Hawk)는 매를 뜻하는 영어 단어인데, 호크 미사일 부대가 주둔했다 하여 예리한 눈이라는 뜻의 호카이(Hawkeye)를 부대명으로 정하여 홍미롭습니다. 한편으로는 영화 'M.A.S.H.'의 주인공 호카이가 떠오르기도 합니다.

캠프 호카이에서 복무했던 퇴역 미군들에 의하면 휴일에 남양시장에 자주 방문하였다고 합니다. 미군이 떠난 후 현재의 전통시장에 가보면 다양한 외국어 간판을 볼 수 있습니다. 이곳 사람들에게 문의해보니 화성 지역의 산업단지에서 일하는 외국인 노동자들과 다문화 가정의 영향이라고 합니다.

캠프 호카이 말고도 과거에 미군의 미사일 기지였던 곳으로는 캠프 멤피스, 캠프 브레이, 캠프 힐 등 더 있으나 이 정도로 글을 마칩니다. 다음 글에서는 다소 엉뚱하겠지만 저의 의식의 흐름에 따라 호카이라는 주인공이 나온 영화인 'M.A.S.H.'의 실제 배경이 되었던 경기도 양주의 반환 미군기지 캠프 모지어(Camp Mosier)에 대해 살펴보고자 합니다.

5. 야전외과병원

병원부대 M.A.S.H.

M.A.S.H. Medic Help!

이번에는 칸영화제 황금종려상에 빛나는 'M.A.S.H.'의 배경지 경기도 양주 병원부대 캠프 모지어(Camp Mosier)에 대한 이야기를 시작으로 부산 UN의료지원단, 그리고 인근에 위치한 부산 캠프 하야리아(Camp Hiale-ah)에 대한 이야기를 다루고자 합니다.

캠프 모지어(Camp Mosier)

경기도 양주시 남방동에는 해랑마을이라는 아담한 마을이 있습니다. 해랑마을 주변을 한 바퀴 걸어보면 한적하게 걷기 좋은 마을임을 알 수 있습니다. 도로를 지나는 차량도 그다지 많지 않고, 마을 내 골목길과 건물 벽에는 동화 같은 벽화가 그려져 있습니다.

사실 마을이 이러한 분위기로 바뀐 것은 최근의 일로, 그 배경에는 주민들의 숨은 노력들이 있었다고 합니다. 단순히 벽화만을 그려 분위기를 바꾸는 데 그치는 것이 아니라 마을협동조합을 통해 제과 사업도 하고 있어서 경제적으로도 자립하기 위한 노력을 하고 있습니다.

해랑마을에는 1970년대 초반까지 캠프 모지어(Camp Mosier)라는 미군기지가 있었다고 합니다. 당시의 캠프 모지어 및 해랑마을의 모습을 확인할 수 있는 사진이 해랑마을 버스 정류장에 붙어 있습니다.

'해랑마을 버스 정류장의 과거 마을 항공뷰' 사진에서 가운데의 약간 높게 조성된 작은 부지가 헬리콥터가 착륙하는 장소였고, 맞은편 직사각형 모양의 큰 부지가 캠프 모지어 본진이었다고 합니다. 한국전쟁 당시 미군 의무병으로 복무했던 빌리 모지어(Billy Mosier) 상병을 기념하기 위해 부대명이 지어졌다고 합니다. 해랑마을 한 건물에 그려진 병원부대 캠프 모지어를 기억하는 벽화를 보면 한국전쟁 이후에는 당시 이 부대가 주민들을 위한 병원 역할을 한 것 같습니다. 실제로 캠프 모지어에는 한국전쟁 당시부터 전쟁 부상자들을 치료하던 미군 43병원부대(43rd Mobile Army Surgical Hospital)가 주둔하였다고 합니다.

이곳은 미군이 주둔하던 시절에는 양주의 명동이라고 불릴 정도로 호황을 누렸던 핫플레이스였다고 합니다. 다른 곳에서는 접하기 어려운 커피, 초콜릿, 통조림, 콜라 등의 미제 식품이 미군부대로부터 흘러나왔기 때문에 어찌 보면 상대적으로 시대를 앞서간 곳이었을 것 같습니다. 마을에는 택시가 줄을 이어 서 있었다고 합니다. 지금은 없어졌지만 로즈바(Rose Bar)라는 곳도 있었다고 합니다. 캠프 모지어 인근에 캠프 네세서리(Camp Necessary)라는 미군기지가 있었기 때문에 이 지역은 미군들의 발길이 많이 닿는 곳이었을 것 같습니다.

▶ 해랑마을 입구

▶ 해랑마을 버스 정류장의 과거 마을 항공뷰(1973년 항공뷰로 본 남방2통 해랑마을)

▶ 마을 건물에 그려진 캠프 모지어 벽화

▶ 미제 물품 예시(부산시민공원 역사관)

▶ 병원부대 주둔 시절 해랑마을 사진 1

▶ 해랑마을 입구에 붙어 있는
로즈 바(Rose Bar)와 마을 사진

▶ 병원부대 주둔 시절 해랑마을 사진 2

▶ 병원부대 주둔 시절 해랑마을 사진 3

해랑마을에 가면 벽화 외에도 오래된 흑백사진들이 붙어 있습니다. 이 사진들은 1970년대 초에 캠프 모지어에서 복무했던 미군들이 SNS에 올린 사진이라고 합니다.

닉슨 대통령의 결정으로 1970년대에 캠프 모지어가 한국정부에 반환된 이후로는 다른 기지촌과 마찬가지로 해랑마을도 지역경제가 점점 쇠락해갔다고 합니다. 교통이 편리한 것도 아니고 편의시설이나 문화시설이 풍부한 것도 아니고, 오직 미군에 의존하던 경제 생태계는 미군이 떠나며 자연스럽게 쇠락의 길을 걸었던 듯합니다. 해랑마을에는 여타 미군기지촌에서 볼 수 있는 오래된 단층 상업용 건물이 아직도 남아 있습니다. 그 이유는 이 마을 주변이 그린벨트로 묶여서 개발행위가 제한되어 있기 때문이라고 합니다.

캠프 모지어에 주둔했던 병원부대는 미국인들에게 매우 유명한 부대라고 합니다. 미국의 국방일보인 「Stars and Stripes」 2004년 10월 18일자 세스 롭슨(Seth Robson)의 기사(Budget constraints could be the downfall of historic MASH unit's Korea home)에 의하면, 캠프 모지어가 있던 자리는 미국의 소설(『MASH』, Richard Hooker), 영화, TV시리즈 'M.A.S.H.(Mobile Army Surgery Hospital)'에 영감을 준 부대가 주둔한 곳이라고 하며, 이 부대에 대한 이야기를 전달하고 있습니다. M.A.S.H. 병원으로 사용되었던 퀸셋 건물(Quonset hut)은 기사가 작성된 2004년 당시에도 여전히 존재하고 있다고 합니다. 하지만 미군기지 시절의 병원 건물 용도가 아닌, 오래된 장비를 보관하는 창고로 사용되고 있다고 합니다. 주한미군 미2사단 박물관(2ID Museum)에서는 해당 퀸셋 건물을 가져오고자 하였으나 예산의 제약 때문에 이루어지지 않았다고 합니다. 미군들이 보기에는 해당 시설이 컬렉션으로서 의미가 있다고 여기는 것 같습니다. 그도 그럴 것이, 'M.A.S.H.'는 우리나라 사람들에게는 생소하지만 미국인들에 겐 선풍적인 인기를 끈 소재이기 때문입니다. 이 영화는 칸영화제에서 황금종려상을 받았고, TV시리즈는 기록적인 시청률로 미국인들에게 많은 사랑을 받았다고 합니다. 우리나라 봉준호 감독의 영화 '기생충'이 칸 영화제에서 황금종려상을 받아 세계적인 쾌거라고 평가를 받았는데, 'M.A.S.H.'도 오래전에 세계적인 주목을 받았던 것입니다.

영화 'M.A.S.H.'가 인기가 있다는 것은 미군 의무병들(Medic)이 매년 시험을 치르는 EFMB(Expert Field Medical Badge: 우수 야전 의무병 뱃지) 시험을 통해 확인할 수 있습니다. 제가 군복무를 하던 당시에는 파주에 있는

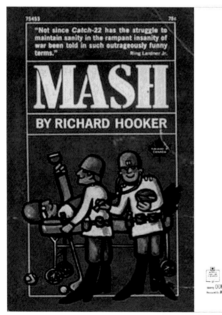

▶ 소설 『MASH』와 영화 'M.A.S.H.'

'워리어 베이스(Warrior Base)'라는
미군기지에서 의무병 보직의 미군
과 카투사들이 매년 EFMB 시험
을 치렀습니다. 이 시험을 통과하
여 뱃지 수여식을 할 때 영화
'M.A.S.H.'의 주제곡 'Suicide Is
Painless'가 흘러나왔다고 합니다.

▶ 우수야전의무병 뱃지(출처: 위키피디아)

'M.A.S.H.'는 병사들의 치료와 재활을 담당한 군의관들의 이야기입니다.
영화 오프닝 장면을 보면 부상자를 태운 헬리콥터가 착륙하는 작은 언
덕이 나옵니다. 영화 촬영장소가 실제 부대의 헬리패드인지 세트인지는
알 수 없으나 미군이 촬영한 부대 사진과 비교해보면 영화에 나온 장소
가 사진과 비슷한 모습입니다. 미국인들에게는 이 영화가 상당히 인기
있는 영화였지만 개인적으로는 상당히 불편하였습니다. 영화 속 한국인
들이 베트남 사람들이 착용하는 고깔 모양 모자를 쓰고 다니는 장면이
있는데, 아마도 미국인들은 한국인과 베트남인에 대한 이해가 부족하여
동양인이라는 카테고리로 묶어서 본 듯합니다. 더욱이 이 영화가 제작
된 시기는 한국전쟁이 아닌 베트남전쟁이 한창이던 때인 1970년이라서
미국인들은 베트남인을 기준으로 한국인을 바라봤을 수도 있습니다. 마
치 어린이들이 서양 사람들은 모두 미국 사람인 것처럼 착각하는 것과
흡사한 것 같습니다. 영화에는 '호준'이라는 하우스보이가 나옵니다. 호
준은 한국인이라는 설정에도 불구하고 외모를 보면 베트남인으로 추정
됩니다. 하우스보이는 미군부대 내에서 미군을 위해 식당 일, 심부름,
빨래, 청소 등을 하고 군화를 닦는 등 허드렛일을 하며 생계를 이어가던
사람을 지칭합니다. 하우스보이는 공식적으로는 미군부대 출입이 인가

된 자가 아니어서 부대 내에 출입이 금지되어야 하나, 헌병들이 비공식적으로 출입을 눈감아주었다고 합니다.

이 영화는 베트남전쟁에 대한 반발로 미국 내에서 반전 시위가 일어나던 시기에 제작되어서인지 다른 군대 영화와 달리 군인정신을 희화화하고 주인공인 군인들의 일탈적인 모습들을 코믹하게 그리는 등 시종일관 군대와 군인에 대한 부정적인 모습을 담고 있습니다. 풍기문란하고 군인정신이 없는 동료 장교를 못마땅하게 여기며 워싱턴에 이를 보고하려던, 군인정신을 강조하던 여자 간호장교가 있는데 그녀는 오히려 기독교를 믿고 매일 기도하며 자기는 거룩한 것처럼 행동하던 남자 장교와 본능에 굴복하는 장면이 나오는 등 위선적인 군인정신에 대해 코미디로 풍자하며 반전 메시지를 드러내는 것 같습니다.

그런 것들이 당시 미국 내 분위기와 맞아떨어지며 미국인들에게 어필한 것 같지만, 한국인의 정서 및 문화와 안 맞기도 하고 한국전쟁당시 부상자들을 치료하고 재활을 돕던 군인들의 모습을 너무 가볍게 그린 것 같아 아쉽다는 생각이 들었습니다. 더욱이 진지하게 군복무를 하는 미군들도 적지 않은데, 군대 자체를 희화화한다는 것 자체가 불편하게 보였습니다. 다른 군대 영화도 많지만 1970년에 제작된 'M.A.S.H.'를 보면서 제 군복무 시절이 생각났습니다. 실제로 놀기 좋아하고 음란하고 욕설을 잘하는 미군들이 있었던 것은 사실이지만 모든 군인이 그런 것은 아니었습니다. 야전부대의 군인들 중에는 모범이 될 만한 정신으로 무장하고 각이 잡힌 군인과 젠틀하고 멋있는 군인들도 적지 않았기 때문입니다.

한국에서 종군기자로 활동한 존 리치는 『컬러로 보는 한국전쟁(Korean

War in Color)』이라는 책에서, 미국에서 유명한 드라마 'M.A.S.H.'와 달리 그가 경험한 실제 MASH는 매우 달랐다고 증언합니다. 드라마에서는 군인들이 희화화되었지만, 실제 존 리치가 경험한 미군들은 전투 중 팔이 잘린 후 후송되어 치료를 받는 상황에서도 군인으로서의 기개를 갖추었다고 합니다.

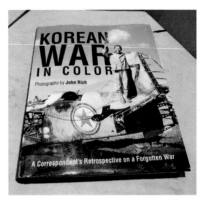
▶ 『컬러로 보는 한국전쟁』

한편, 캠프 모지어에 대한 더 자세한 내용을 알 수 있는 총 4권 분량의 회고록인 『코리아 캠프 모지어(KOREA CAMP MOSIER)』가 캠프 모지어에서 복무했던 미국인 닉 비크너에 의해 완성되었습니다. 아쉽게도 그는 회고록을 완성한 직후 같은 해인 2021년 6월 25일에 작고하였고, 이 회고록은 2021년 12월에 발간되었습니다.

UN 의료지원단

부산 영도구 동삼동에는 의료지원단 참전 기념비가 있습니다. 유엔의 결의와 적십자정신에 따라 한국전쟁 시 한국에 의료지원단을 파견하여 유엔군과 한국군을 치료하고 난민을 구호한 덴마크, 인도, 이탈리아, 노르웨이, 스웨덴, 독일의 숭고한 정신을 기념하고자 비를 세웠다고 합니다.

의료지원단 참전국 중 스칸디나비아 3국(스웨덴, 덴마크, 노르웨이)은 서울 을지로에 있는 국립중앙의료원을 설립하는 데 기여하였다고 합니다. 1953년 한국전쟁 휴전 후에도 의료시설이 절대적으로 부족했기에 정부는 3국 의료단이 잔류해주길 요청하였고, 스칸디나비아 3국의 지원으로 1958년 11월에 메디컬센터가 개원한 후 1968년 10월에 한국정부에 이양되었다고 합니다. 좀 늦은 감이 있지만 국립중앙의료원은 원내 행정동 건물을 활용하여 2015년 4월에 스칸디나비아 기념관을 개관하였습니다.

롯데호텔 부산 인근에는 서면 메디컬스트리트라고 불리는 거리가 있습니다. 롯데호텔 맞은편에는 다양한 병원들이 모여 있습니다. 롯데호텔 부산 북동측 모퉁이에 가면 스웨덴 참전 기념비가 있는데, 이 기념비에 의하면 이 자리에 1950년 9월 23일에 유엔군사령부 산하 스웨덴 야전병원이 주둔했었다고 합니다. 이 기념비를 통해 이 지역에 왜 병원들이 밀집해 있는지를 간접적으로 알 수 있습니다.

롯데호텔 북동쪽 방향으로 고층 건물들에 가려서 보이지는 않으나 부산시민공원(과거 캠프 하야리아)이 위치해 있습니다. 부산시민공원 근처에는 삼한골든뷰센트럴파크아파트라는 고층 건물이 있는데, 이 건물은 롯데호텔에서 잘 보입니다. 삼한골든뷰센트럴파크아파트는 캠프 하야리아에 주둔하던 군인들을 상대하던 집창촌이 있던 곳이라고 하며, 부산시민공원이 조성된 후 집창촌 지역을 재개발하여 아파트가 들어섰다고 합니다. 그래서 그런지 이 아파트 고층 거실에서는 부산시민공원을 훤히 내려다볼 수 있다고 합니다. 과거 미군기지촌이었던 곳이, 이제는 역사적인 시민공원을 앞마당처럼 누릴 수 있는 입지의 아파트가 되었다는 것이 신기할 따름입니다.

▶ 의료지원단 참전 기념비

▶ 서면 메디컬스트리트(과거 스웨덴 야전병원이
  있던 곳)

▶ 스웨덴 참전 기념비

▶ 서면 메디컬스트리트 전경

캠프 하야리아(Camp Hialeah)

상기 언급한 것처럼 스웨덴 야전병원 북동쪽에는 캠프 하야리아라 불린 미군기지가 있었습니다. 하야리아는 인디언 언어로 '아름다운 초원'이라는 의미를 갖고 있다고 합니다. 이곳의 초대 사령관의 고향 마을(플로리다 하야리아) 이름이기도 하고, 실제로도 부대는 평평한 대지에 위치하여 초원 같은 이미지를 일부 갖고 있기도 합니다. 이곳은 일제강점기에는 1930년부터 1941년까지 경마장(부산경마구락부)으로 태평양전쟁이 당시인 1942년부터 1945년까지는 육군 부산서면 임시군속 훈련소로 쓰이던 곳이었는데, 해방 후에 미군이 주둔하기 시작했다고 합니다. 한국전쟁기에는 재배치 보충 기지, 병기창 등으로 사용되었다고 합니다. 이후 미군이 오랫동안 주둔하다 2006년에 부대가 폐쇄된 후 2010년에 반환되었습니다.

반환 당시 캠프 하야리아의 부지 모습을 보면 마치 말의 형상을 띠고 있습니다. 이것이 의도된 것인지 우연의 일치인지는 알 수 없으나 부지 모습을 볼 때마다 경마장이 연상됩니다. 참고로, 서울 동대문구 신설동에도 일제시대 경마장으로 사용되다가 한국전쟁 시 미 공군비행장으로 쓰이던 곳이 있습니다. 현재 서울풍물시장이 바로 그곳입니다. 동대문 경마장은 제주도 어미 말에서 태어난 레크리스 병장(Sgt. Reckless)이라는 말이 태어난 곳으로도 알려져 있습니다. 이 말은 한국전쟁 당시 전쟁물자를 운반하여 아군에 큰 도움이 된 것으로 유명하며, 경기도 연천 소재 고랑포구역사공원에 가면 레크리스 병장의 동상을 볼 수 있습니다.

경기도 파주 소재 미군기지인 캠프 그리브스의 미2사단 506보병대대 찰리중대에서 복무한 퇴역 미군 앤서니 파에즈는 자신이 미국 플로리다 하야리아 출신이기에 한국에서 군복무 당시 부산의 주한미군기지인 캠프 하야리아에 가보고 싶었다고 합니다. 하지만 캠프 하야리아가 위치한 부산은 파주로부터 너무 멀리 떨어져 있었기에 가볼 기회가 없었다고 합니다. 더욱이 외박에 제한이 있는 최전방 전투부대에서 약 1년간의 짧은 복무기간 중 미군 혼자서 별도로 시간을 내서 부산의 미군기지까지 방문한다는 것은 현실적으로 어려운 일이었을 것입니다. 저도 군복무를 마친 후 사회생활을 하던 중 캠프 하야리아가 반환되어 부지 개방 행사(2010년 4월 24일부터 9월 30일까지)를 한다는 소식을 듣고서야 2010년 7월에 연차휴가를 내서 방문하였고, 부산시민공원으로 조성된 후 2015년 12월 말에 다시 방문하였습니다.

미군들은 부대 내에 있던 마권 판매소로 사용되던 건물을 미군 장교 클럽으로 사용하였는데, 이 건물은 현재 시민공원역사관으로 사용되고 있습니다. 또한, 마권 판매소 건물 주변의 도로는 과거 경마트랙으로 쓰이던 것을 부대 내부 도로로 전환한 것인데 위성사진으로 보면 경마트랙의 형상이 남아 있습니다. 이 공원역사관에 가면 캠프 하야리아의 과거에 대해 전시가 되어 있고, 주한미군기지에 대한 정보도 얻을 수 있습니다. 캠프 하야리아는 현재 부산시민공원으로 조성되었기에 기존 미군기지 시설물 중 일부 시설을 제외하고는 대부분 철거가 된 상황입니다. 다행히 사진가 문진우가 2014년에 발간한 사진집인 『하야리아』를 통해서 부지 반환 후 미군이 떠나고 텅 빈 캠프 하야리아의 다양한 모습을 기록하였기 때문에 관심이 있는 분들은 사진집을 구해서 보시면 도움이 될 것 같습니다.

부대 반환 후 부지 공개 시 촬영한 사진 몇 장과 부산시민공원이 조성된 후 촬영한 사진 몇 장을 함께 싣습니다.

▶ 마치 말처럼 보이는 캠프 하야리아의 부지 형상　▶ 레크리스 병장 동상

▶ 부대 반환 후 개방 행사 당시의 캠프 하야리아 정문

▶ 일제시대 마권 판매소의 변화(좌: 미군 장교 클럽, 우: 시민공원역사관)

▶ 캠프 하야리아 극장

▶ 캠프 하야리아 실내 체육관

▶ 캠프 하야리아 교회

▶ 캠프 하야리아 사병 숙소

▶ 캠프 하야리아 관사

▶ 부산시민공원 예술촌으로 변한 관사 건물

▶ 부산시민공원 편의점으로 리모델링된 막사 건물

▶ 캠프 하야리아 후문

▶ 하야리아 부대 후문의 기지촌 상권(2010년 7월)

캠프 네이보스 및 인근의 휴양시설

앞서 야전병원 부대인 경기도 양주 소재 캠프 모지어와 부산의 UN군 야전 병원부대에 대해 알아보았습니다. 이번 글에서는 병원부대가 주둔했던 서울시 광진구의 캠프 네이보스(Camp Nabors)와 그 인근의 미군 휴양시설에 대해 알아보도록 하겠습니다. 캠프 네이보스의 위치는 미2사단 재향군인회에서 공유한 지도('캠프 네이보스 위치' 사진)를 통해 확인할 수 있습니다.

서울시 성동구와 광진구에 살았던 사람들이라면, 이 지도에서 캠프 네이보스의 위치가 어디인지 대략 알 수 있습니다. 지도 왼쪽 상부에 있는 SP31과 41은 왕십리역 좌우에 위치해 있었음을 앞에서 언급하였습니다. 캠프 네이보스의 위치는 기동차길을 사이로 과거 서울골프장(현재의 어린

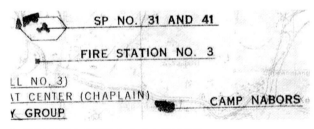

▶ 캠프 네이보스 위치(출처: 미2사단 재향군인회)

이대공원)을 마주 보고 있음을 알 수 있습니다. 그리고 캠프 네이보스의 서쪽에는 건국대학교가 위치합니다.

현재 캠프 네이보스 자리에는 2022년 1월 입주한 730세대 규모의 e편한 세상광진그랜드파크라는 신축 아파트가 자리하고 있습니다. 북향쪽이 긴 하지만 어린이대공원을 마주하고 있는 단지라서 그랜드파크라는 명칭을 아파트명에 넣은 것 같습니다. 어린이대공원 내에서도 해당 아파트 단지가 잘 보입니다. '과거 서울골프장 클럽하우스에서 바라본 캠프 네이보스 부지의 현재 모습' 사진은 어린이대공원 내 꿈마루(1970년에 건축가 나상진에 의해 설계되어 건축된 골프장 클럽하우스였다가 리모델링된 건물)에서 촬영하였는데, 가운데에 아파트단지가 높게 솟아 있습니다.

서울에 재개발로 730세대 정도의 신축 아파트단지가 들어서려면 부지의 크기가 일정 규모 이상이 되어야 합니다. 이 부지가 아파트단지로 재개발이 되기 전 해당 부지에는 자동차운전학원과 '파크뷰웨딩홀'이 있었습니다. 그리고 자동차학원이 들어서기 전에는 캠프 네이보스라는 미군 의료부대가 1955년에 조성된 후 1970년대 초반까지 주둔하였었다고 합니다.

지도('캠프 네이보스' 사진)상에 KSC병원보충부라고 되어 있는 곳이 캠프 네이보스가 있던 곳입니다.

캠프 네이보스 맞은편에는 서울컨트리클럽이라는 골프장이 보이는데, 이 골프장이 현재의 어린이대공원입니다. 이 골프장은 일제시대인 1929년 6월에 경성골프구락부라는 이름으로 개장한 국내 최초 18홀 골프장

▶ 과거 서울골프장 클럽하우스에서 바라본 캠프 네이보스 부지의 현재 모습(아파트)

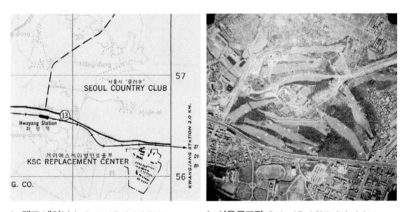

▶ 캠프 네이보스(출처: 서울역사박물관) ▶ 서울골프장(출처: 서울시 항공사진 서비스)

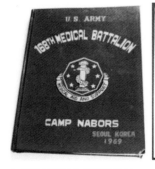

▶ 캠프 네이보스 연감(출처: ebay.com)

이라고 합니다. 일제시대 말기에 전쟁으로 인해 폐쇄되었으나 해방 직후 이승만 대통령에 의해 다시 골프장이 열렸다고 합니다. 하지만 6·25전쟁으로 인해 손해를 입었다고 합니다.

전쟁 직후 주한미군을 위한 적당한 휴양지가 한국에 부족하다 보니 미군들은 주말이나 휴가철에 일본으로 휴양을 떠나는 경우가 꽤 있었고, 안보 공백을 우려한 한국정부에서는 1954년에 신속하게 서울골프장을 재건하였다고 합니다. 이를 볼 때 서울골프장은 군사 목적을 위해 재건된 골프장이었다 해도 과언이 아닐 것입니다.

상기에 언급한 것처럼 서울골프장과 지금의 건국대학교 후문 사이에는 일제시대부터 1960년대까지 운영한 기동차길이 있었다고 합니다. 아차산 인근 광장동역(현재의 5호선 광나루역 주변)을 종점으로 하는 기동차의 중간역인 모진역(현재의 화양동은 과거에 모진동이라고 불렸다고 합니다)이 골프장 근처에 있었기 때문에 캠프 네이보스가 위치했던 지역은 기동차가 지나던 곳입니다. 참고로, 부대가 조성된 다음 해인 1956년에 건국대학교 서울캠퍼스가 미군부대 옆으로 이전해 왔다고 합니다.

캠프 네이보스에 대해서는 알려진 바가 많지는 않으나, 캠프 네이보스에서 군복무를 했던 호머 윌리암스(Homer Williams)라는 퇴역 미군이 SNS 계정을 통해 당시 캠프 네이보스에 대해 공유하고 있어서 당시 부대에 대해 간접적으로 알 수 있습니다. 또한, 제이 완리스 사우스윅(J. Wan-less Southwick) 박사가 개설한 인터넷 페이지를 보면 당시 부대에 의료연구소가 있었던 것 같습니다. 그리고 인터넷 쇼핑몰에서 앞의 사진과 같은 미군부대 앨범(미군 각 부대들이 매년 발행하는 기념앨범)을 판매하고 있는데, 이를 통해 캠프 네이보스에 병원부대가 주둔했던 것을 확인할 수 있습니다.

부대 연감으로 보아 적어도 1970년까지는 캠프 네이보스에 미군이 주둔했던 것 같습니다. 언제 부대가 반환되었는지는 정확히 알기 어려우나 1972년 서울시 항공사진을 보면 해당 부지 내 미군부대 건물이 철거되어 있는 점, 미군 휴양소로 조성이 되었던 워커힐 리조트가 1970년 7월에 폐쇄되고 이후부터 일반인도 리조트 이용이 가능하게 된 점을 보아 캠프 네이보스는 닉슨 독트린에 따라 반환된 다른 미군시설들과 마찬가지로 1970년대 초반에 반환된 것으로 추정이 됩니다. 또한, 1972년 11월에 서울골프장 부지에 어린이대공원 조성 공사가 시작된 것으로 보아 캠프 네이보스, 워커힐 리조트, 서울골프장 모두 비슷한 시점에 변화가 생긴 것이 아닐까 추정됩니다.

예전에 서울에서 어린 시절을 보낸 사람이라면 학창 시절에 어린이대공원에 소풍을 가서 대통령 비석을 배경으로 단체사진 촬영을 한 경험이 있을 것입니다. 이 비석은 1973년 5월 5일 어린이날을 기념하여 제작이 되었습니다. 이곳에 자주 방문했음에도 불구하고 비석에 새겨진 날짜에 대해 관심이 없었지만, 이제 와 생각해보면 1973년 5월 5일은 어린이대공원이 조성된 후 처음 맞는 어린이날이자 어린이대공원을 개원한 날입니다.

어린이대공원 후문 근처에 가면 '존 비 코울터 장군상'이 있는데, 어린이대공원에 미군의 동상이 왜 있지 하는 의문이 있을 수 있습니다. 하지만 어린이대공원의 전신인 서울골프장은 미군의 휴양과 관련이 깊었다는

▶ 어린이대공원의 대통령 비석

▶ 어린이대공원 후문에 있는 존
비 코올터 장군상

▶ 골프장의 흔적이 남아 있는 서울어린이대공원

점을 고려한다면 전혀 엉뚱한 상황은 아닐 것입니다. 국방부에서는 한국
의 자유에 기여한 장군의 공적을 기려 1959년에 서울 용산구 이태원동
로터리에 동상을 건립하였으나 남산3호터널 건설로 인해 1977년 9월 7

일에 동상을 어린이대공원으로 옮겼다고 합니다.

캠프 네이보스 부지가 반환되면서, 이곳에 주둔하던 의료부대는 부평 미군기지로 배치되었다가 다시 용산으로 재배치되었다고 합니다. 반환된 미군기지 터에는 앞서 언급한 바와 같이 자동차운전전문학원과 '어린이대공원이 보이는' 파크뷰웨딩홀이 운영되다가 2022년에 아파트가 들어서게 된 것입니다.

앞서 언급한 바와 같이 안보 공백에 대한 우려로 한국정부는 1954년에 골프장을 긴급히 재건하였을 뿐 아니라 1963년에는 서울골프장 인근 현재의 워커힐 호텔 자리에 미군 휴양소 워커힐 리조트를 조성하였습니다. 이 리조트는 주한 미8군 초대 사령관으로서 6·25전쟁 당시 공을 세운 워커 장군을 기념하고자 워커힐이라 명명되었다고 합니다. 워커힐 리조트 정상에는 힐탑바라는 W자 모양의 건물이 있는데 워커힐 장군 이름의 이니셜을 따서 건축가 김수근이 W자 모양으로 설계한 것으로 유명합니다.

1960년대 중반에 약 1년간 사병으로 복무한 한 퇴역 미군의 책을 보면 1965년 당시의 워커힐 리조트 모습과 워커힐 리조트에서 바라본 아름다운 서울의 전경이 사진으로 담겨 있는 것으로 보아 장교뿐만 아니라 일반 병사들도 워커힐 리조트에 여행을 왔던 것으로 보입니다. 1970년 7월에 미군 휴양소인 워커힐 리조트가 폐쇄되어 일반인들도 이용이 가능해졌다고 합니다.

현재의 워커힐 호텔은 SK그룹에서 운영하고 있으며, 과거의 모습과 많이 달라졌지만 호텔 건물에 워커힐이라는 이름이 남아 있고, 무엇보다도 워커 장군 추모비가 조성되어 있습니다.

서울에 있는 휴양지에 워커 장군의 이름이 붙은 것은 처음에 미군들을 위한 휴양지로 조성되었기 때문이고, 일반인들에게 공개된 이후에도 워커힐이라는 이름을 유지한 것은 6·25전쟁 초반 한국의 낙동강 방어선이 무너질 위기에서 굴하지 않고 끝까지 싸워 한국을 구한 지휘관인 워커힐 장군을 잊지 않기 위함일 것입니다. 워커힐 장군을 기억하는 역사적인 장소가 부산의 부경대학교에도 있습니다. 현재는 부경대학교박물관으로 사용 중인 '워커하우스'가 바로 그곳입니다.

워커하우스는 6·25전쟁 당시 미8군사령부와 유엔군 지휘 본부로서 워커 중장과 그 참모들이 머물면서 낙동강 방어선인 워커라인을 지휘하였던 곳이라고 합니다. 1950년 8월 인민군의 대공세에 밀려 9월 초 낙동강 방어선이 거의 붕괴 직전까지 몰렸는데, 당시 망명정부 수립이 거론될 정도로 위기 상황이었다고 합니다. 9월 15일 연합군의 인천상륙작전으로 전세가 역전되기 전까지 이곳에서 한국전쟁 초기 위급한 때에 미 육군 대장 월튼 해리스 워커는 낙동강전선을 총지휘하며 잘 버텨주었다고 합니다. 비록 워커하우스 건물은 18일간의 짧은 기간 동안 지휘 본부 역할을 하였지만 이곳에서 낙동강전선을 지휘하며 잘 버텨주었기에 인천 상륙작전의 전기를 마련할 수 있었으므로 워커하우스는 역사적인 의미가 있는 장소라고 할 수 있습니다.

워커 장군은 안타깝게도 1950년 12월 23일 서울 도봉구에서 이동 중 교통사고로 숨졌습니다. 워커 장군을 기념하기 위해 도봉구 곳곳에는 워

▶ 현재의 워커힐 모습

▶ 워커 장군의 이니셜 W자 모양의 피자힐 건물
  (과거 힐탑바)

▶ 워커힐에서 내려다본 한강과 서울의 모습

▶ 워커 장군 추모비 앞에서

▶ 부경대학교 워커하우스

▶ 지휘관으로서 워커 장군의 모습

▶ 서울시 도봉구 도봉동 워커 대장 전사지에 있는 워커 대장 기념판

▶ 도봉역 인근 럭키아파트 인도 옆에 설치된 워커 기념비석

커 장군 기념관과 기념비석이 설치되어 있습니다.

그 외 워커 장군을 기억하고 있는 가장 유명한 장소는, 대구 사람들이라면 다들 알고 있는 미군기지인 캠프 워커(Camp Walker)가 있으며, 평택 캠프 험프리즈 주한미8군사령부 본부 건물 외부에 워커 장군의 동상이 있습니다. 그리고 용산 미군기지 사우스 포스트에는 다른 주한미군기지에서 용산 미군기지에 방문한 군인들에게 저렴한 숙박비로 숙박시설과 휴게시설을 제공하는 워커 센터(Walker Center)라는 곳이 있었습니다. 또한, 전국 방방곡곡의 전쟁 관련 기념관이나 박물관에 가도 워커 장군을 만날 수 있습니다.

7. 레크리에이션 센터(Recreation Center)

MWR

일상생활 속에서 일만 하고 적절한 취미생활과 휴식을 취하지 않는다면 삶의 질이 크게 떨어질 것입니다. 군대의 경우에는 군인들이 훈련만 한다면 사기가 저하될 것입니다.

UN군의 일원으로 6·25전쟁에 참전한 캐나다 참전용사들은 조국에 대한 그리움을 달래고, 전의를 불태우기 위해 캐나다 국방부의 허락하에 한국전쟁 중 임진강 일대에서 아이스하키 경기를 펼쳤다고 합니다.

여기서는 파주 지역 미군들을 위한 휴양소인 RC(Recreation Center), 미군방송인 AFKN, 한국전쟁 중 서울의 중심에 있던 미군 PX, 사교 클럽인 서울하우스, 제주도 휴양소, 용산골프장, 성남골프장, 미군 호텔 등에 대해 살펴보도록 하겠습니다.

지금은 미군기지 내에 극장, 당구장, 도서관, 수영장, 스낵바 등 다양한 어메니티 및 휴양시설이 있지만, 수십 년 전만 해도 전방부대인 파주시 소재 미군기지 내에는 그런 시설이 없었다고 합니다. 텐트 건물, 가건물 내에서 생활해야 하는 상황에서 문화시설이나 휴양시설을 기대한다는 것은 무리일 것입니다. 평소 훈련이 없더라도 부대에 있는 것이 야전에 있는 것과 환경적인 면에서는 큰 차이가 없었을 것 같습니다.

부대 어메니티가 부족한 경우라도 기지 주변 마을이 미군의 어메니티에 대한 수요를 충족시켰으며 기지촌이 형성되는 경우도 있었습니다. 그러함에도 불구하고 미군만을 위한 별도의 휴양시설이 필요했고, 이러한 시설을 갖춘 4개의 휴양소(Recreation Center)가 군사 접경 지역인 파주 지역에 있었다고 합니다. 미군들은 장기간의 훈련을 마치면 부여되는 휴가기간 또는 정기휴일에는 파주에 있는 휴양소에서 시간을 보낼 수 있었다고 합니다.

- RC#1: 용주골 크로스로드 서비스 클럽(Crossroads Service Club)
- RC#2: 웅담리 카멜롯 홀 서비스 클럽(Camelot Hall Service Club)
- RC#3: 동파리 프론트라인 서비스 클럽(Frontline Service Club)
- RC#4: 선유리 초기 인 서비스 클럽(Chogi Inn Service Club)

제가 군복무를 하던 2000년대에는 최전방 기지 내에도 별도의 레크리에이션 센터가 있을 정도로 미군기지 내 시설들이 개선된 상태였습니다. 정확한 시점은 알기 어려우나 상기 네 개의 레크리에이션 센터는 이미 수십 년 전에 역할을 다하여 다른 용도로 사용되거나, 한국정부에 반환된 상태였습니다. 즉, 미군위문협회(USO: United Service Organization) 주관하에 밥 호프처럼 미국인들에게 유명한 배우들이 한국의 레크리에이션 센터에서 위문공연을 하였고 이 공연을 보기 위해 각지의 미군들은 레크리에이션 센터에 모이는 경우가 있었으나 제가 군복무를 하던 당시에는 부대 내 시설 개선으로 각각의 부대에서 공연을 할 수 있는 여건이 조성되어 있었습니다. 개인적으로도 캠프 그리브스에서 미군위문협회

주관하에 열리는 클럽 공연을 즐기거나, 경기도 의정부시 소재의 캠프 스탠리 같은 다른 미군기지에 가서 유명 가수의 콘서트를 관람한 기억이 남아 있습니다.

미군은 휴양시설 외에 주한미군들과 가족들을 위해 라디오와 TV 방송을 송출하는 AFKN을 운영하였습니다. 지금은 TV를 켜면 24시간 방송을 볼 수 있고, 꼭 TV가 아니더라도 다양한 동영상 플랫폼을 통해 언제든 원하는 방송을 접할 수 있지만 1980년대까지만 하더라도 평일 낮 시간대에는 TV 방송을 보기 어려운 환경이었습니다. 그래서 집에 비디오 플레이어가 있는 친구는 인기가 많았고, 방학 기간에는 비디오대여점에서 영화나 만화 비디오테이프를 대여해서 보곤 했습니다.

그런 시절에도 주한미군 채널이었던 2번을 틀면 낮 시간에도 AFKN 방송을 볼 수 있었습니다. 낮 시간대 유일한 방송이었던 AFKN은 미군뿐 아니라 한국인에게도 많은 영향을 주었습니다. 1980~1990년대 초에 학창 시절을 보낸 사람들은 집에 오면 여가 시간에 AFKN을 통해 NBA 농구경기나 메이저리그 야구경기를 보는 경우가 많았습니다. 일주일에 한 번 발표되는 빌보드차트를 기다리는 경우도 있었다고 합니다. 저는 AFKN을 통해 록 음악을 들을 수 있어서 좋았습니다.

어린이들은 WWF 레슬링을 즐겨 보았습니다. 영어를 알아듣지 못하고 게임의 규칙을 잘 몰라도 레슬링을 시청하는 데에 큰 지장이 없기 때문에 레슬링은 어린이들에게 최고의 엔터테인먼트였습니다. 당시 왕성하게 활동했던 레슬러는 얼티밋 워리어, 헐크 호건, 마쵸맨, 홍키통키맨, 빅보스 맨, 밀리언 달러맨, 브렛 힛맨 하트, 숀 마이클스, 브리티시 불독,

미스터 퍼펙트, 헥소 짐 더간 등이었고, 동네 서점에 가면 WWF 잡지를 판매하고 있었습니다.

그 외에 AFKN에서 방영하는 세사미 스트리트(SESAME STREET), 심슨 가족(The SIMPSONS) 같은 프로그램도 어린이들에게 인기가 많았습니다.

▶ 경기도 연천 고랑포구의 임진클래식 발상지

▶ 세사미 스트리트(워싱턴 D.C.   ▶ 철거 직전의 파주 AFKN 중계소
   스미소니언 미국 역사박물관)

경기도 파주시 선유리에 있던 미군기지인 캠프 게리 오웬 북동쪽에는 AFKN 중계시설(일명 찰리 블록 중계소)이 있었습니다. 2009년 가을에 이 곳을 지나던 중 한국정부에서 이 시설들을 철거하기 시작했다는 것을 우연히 알게 되었고 사진 한 장을 남겼습니다. 건물 뒷편에 높게 솟아 있는 중계시설이 눈에 띕니다.

퇴역 미군들에 의하면 파주 선유리에 있는 AFKN 중계소 외에 AFKN 방송시설이 있던 곳 중의 하나는 1호선 의정부역 동쪽에 있던 미군기지인 캠프 폴링 워터(Camp Falling Water)였다고 합니다. 부대 명칭이 특이한데, 명칭의 유래에 대해서는 부대가 반환된 후 조성된 역전근린공원과 무한상상시민공원에 설명이 되어 있습니다. 안내판에는 의정부역에서 한때 증기열차에 물을 공급했던 급수탑에서 부대명이 유래했다고 되어 있어서 다소 의아했습니다. 왜냐하면 부대의 동남쪽 방향에 있는 수락산(水落山)에서 부대의 명칭이 유래한 것으로 알고 있었기 때문입니다. 따라서 캠프 폴링 워터의 부대 명칭이 정확히 어디서 유래했는지는 단정하기 어렵다는 생각에 이르렀습니다. 혹시 이 부대의 지휘관이 그 유명한 미국 건축가 프랭크 로이드 라이트를 좋아해서 건축가의 대표작 '폴링 워터(1939년)'에 착안하여 부대명을 지었을지도 모르는 일입니다.

캠프 폴링 워터는 한국전쟁 중인 1951년에 건설되어 처음에는 미군 보급지원대, 1953년부터는 공병대대가 주둔하다가 2005년 9월 30일에 폐쇄 후 2007년 5월 31일 한국정부에 반환되었다고 합니다. 공원안내판에 설명이 되어 있지는 않지만 앞서 언급한 바와 같이 이곳에 AFKN 중계시설이 있었다고 합니다.

▶ **캠프 폴링 워터**(좌: 1960년대, 우: 2007년 반환 후 철거 전. 출처: 의정부역전근린공원)

의정부 지역에 자대 배치를 받은 카투사들 중에는 이곳에 방문할 일이 혹시 있었을지 모르겠지만, 그 외의 지역에서 근무했던 카투사들에게 이 부대는 거의 알려지지 않은 곳이었습니다.

개인적으로는 대학교 1학년 때 동아리 활동차 의정부역에 온 적이 있었고 그 당시에는 이곳에 미군부대가 있는지도 모르고 지나쳤습니다. 의정부 전철역에서 하차한 후 버스로 환승하러 가는 길은 지상철 플랫폼에서 지하보도를 거쳐 다시 지상으로 나왔기 때문에 동선이 상당히 불편하였습니다. 밖으로 나와 보니 높고 긴 시멘트블록 담장과 철조망이 의정부역의 동편을 남북으로 둘러싸고 있었습니다. 그 당시 기억으로는 상당히 칙칙하고 우중충한 느낌이었는데 그것이 미군부대 담장이라는 것을 당시에는 잘 몰랐습니다.

2000년대 중후반부터 수도권에 있던 미군기지가 대거 반환되기 시작하면서 토양오염 정화 문제가 사회적으로 큰 이슈가 된 적이 있습니다. 당시 의정부역 인근 지하차도에 미군기지로부터 기름이 유출된 적이 있었다는 신문기사를 보고 의정부역에 미군기지가 있었다는 것을 처음 인지하게 되었습니다. 그러던 중 2011년에 업무차 의정부역 근처에 올 일이 있어서 의정부역에서 내렸는데 역 앞에는 과거의 미군기지 건물과 시설이 하나도 남김없이 모두 철거된 채로 넓은 공터만 남아 있었습니다.

2007년 반환된 캠프 폴링 워터 부지는 과거, 현재, 미래를 상징하는 테마공원으로 조성되어 2017년에 시민들에게 개방되었습니다. 과거 미군기지로 사용되던 때 방문했을 때에는 높은 담장으로 둘러싸인 폐쇄적인 공간이었으나 이제는 탁 트여 개방된 공간이 되었습니다.

의정부역 동쪽 출구로 나오면 좌측에는 평화를 테마로 조성된 역전근린공원이 있고 우측에는 자연과 예술을 테마로 조성된 무한상상시민정원이 위치하고 있습니다. 과거에는 금단의 땅이었던 곳에 공원과 정원이 조성되어 누구나 평화롭게 산책할 수 있다는 것에 격세지감이 느껴졌습니다. 지역주민이 아니라면 일부러 의정부역까지 찾아오기에는 다소 부담이 될 수 있으나, 의정부역에 올 일이 있다면 여유를 갖고 둘러볼 가치는 있는 것 같습니다.

캠프 폴링 워터의 북측에는 홍선지하도가 있는데, 지하도 인근에 캠프 폴링 워터의 담벼락이 있었고 담벼락 가운데쯤 폴링 워터의 출입문이 있었습니다. 의정부시에서는 홍선지하도 쪽에 있던 미군부대 담장 일부를 보존함으로써 미군기지의 흔적을 남겨두었습니다.

무한상상시민정원 한편에는 반세기 동안 미군기지였던 캠프 폴링 워터를 문화예술로 창의롭게 살린다는 취지로 '의정부 아트캠프'라 명명한 공간이 있습니다. 이곳은 예술가들의 작업을 지원하는 한편 청소년들과 시민들의 문화 활동과 창의성을 꽃피우는 문화예술플랫폼을 지향한다

▶ 공원으로 변화된 캠프 폴링 워터 부지

▶ 역전근린공원의 한미우호 상징 조형물(좌) 및 베를린 장벽(우)

▶ 캠프 폴링 워터 미군기지 담장의 흔적

고 합니다. 캠프 폴링 워터는 전쟁의 기억을 갖고 있는 땅을 문화예술공
간으로 변화시켰습니다.

신세계백화점 명품관(한국전쟁 당시 미군 PX)

남대문시장 근처에는 신세계백화점 명품관이 있습니다. 이 건물의 입면
은 르네상스 양식으로 고풍스럽습니다. 신세계백화점 명품관 건물은 일
제시대 때인 1930년에 건설되어 일본자본에 의해 설립된 미쓰코시백화
점의 경성지점으로 사용되었다고 합니다. 2016년 8월에 일본에 방문했
을 때 도쿄 긴자에 있는 미쓰코시백화점에 방문한 적이 있는데, 서울 명
동에 있는 신세계백화점 명품관과 외관이 비슷한 것을 확인하였습니다.
광복 후 국내 민간자본이 미쓰코시백화점을 인수하여 동화백화점이 되
었으나, 이곳은 한국전쟁 이후 몇 년간 미군 PX로 사용되었다고 합니다.
그 후 1955년 2월 20일에 동화백화점으로 재개장하였다고 하며, 1963년
부터는 삼성그룹이 동화백화점을 인수하여 신세계백화점으로 개장한
것이 현재에 이르고 있습니다.

일본 제국주의 백화점으로 건설되어, 전쟁 중에는 선망의 대상인 미제
물건을 판매하는 미군 PX로 사용되고, 이제는 고가의 명품 브랜드를 판
매하는 백화점 명품관으로 변화되었습니다. 주인은 변화되었지만 화려
한 소비를 상징하는 '멋진 신세계'의 이미지는 그대로 유지되고 있는 공
간이라 할 수 있습니다.

신세계백화점 명품관이 한국전쟁 중 미군 PX로 사용되었다는 것은 서

▶ 연말연시 신세계백화점 명품관의 모습

▶ 신세계백화점 명품관 옥상의 과거(1930년대. 사진가 미상)와 현재

울시립대박물관에 소장되어 있는, PX로 사용되던 당시의 건물 외관 사진을 통해 확인할 수 있습니다. 사진을 보면 건물 중앙에 미8군 마크와 PX 표기가 되어 있습니다. 사실 전쟁 중에 미군의 PX가 있었다는 사실이 낯설게 느껴지고, 그 안에서 무슨 일이 일어났었는지 알기는 어려운 일이었지만 박완서 작가의 다음 글을 통해 간접적으로 알 수 있습니다.

PX(Post Exchange)

우리가 일찍이 경험해보지 못한 이런 이국적인 활기와, 정신을 혼미하게 하는 천박의 근원지가 바로 피엑스였다. 피엑스를 중심으로 남대문시장 쪽의 번영과 화려가 오직 피엑스에서 흘러나온 미제 물건을 주로 취급하는 양키시장 덕이라면, 그 반대쪽에 줄행랑처럼 즐비한 가건물마다 들어선 한국 토산품이 한국 사람에게도 낯선 온갖 잡화와 조잡한 수예품들을 미친년 키질하듯 덮어놓고 휘둘러대며 달러를 만져볼 수 있는 것은, 피엑스를 드나드는 외국 군인들 때문이었다. 양구, 포천, 철원, 문산 등지에서 휴가 나온 사병들은 피엑스에서 필요한 물건을 사고 남은 달러를 토산품 가게를 기웃대며 야금야금 날렸다. 자기가 속한 사단이나 군단 마크를 수놓은 인조견 스카프를 사서 목에 걸어보기도 하고, 길다란 장죽을 사서 입에 물고 사진을 찍는가 하면, 똥통을 메거나 지게를 진 목각 인형을 사서 고향에 부치려고 길바닥에 내놓은 걸상에 앉아 편지를 쓰기도 하면서, 남의 나라 전쟁의 초연에서 잠시 멀어진 해방감을 느긋하게 음미하려 들었다.

※ 출처: 『그 산이 정말 거기 있었을까』 - 박완서, 웅진지식하우스

한편, 박완서 작가의 데뷔작(1970년 등단)이기도 한 소설 『나목』의 배경으로 미군 PX가 나오는데 그곳이 바로 서울 신세계백화점 명품관이며, 이를 통해 전쟁 당시의 상황과 미군 PX 내에서의 인간 군상들의 모습을 조금이나마 이해할 수 있습니다.

또한, 박수근 미술관에는 박수근 화백이 미군 PX에서 일하던 시절의 사진 1장이 전시되어 있어서 당시의 모습을 확인할 수 있습니다. '미군 PX 초상화부 시절 사진' 왼쪽 첫 번째가 도예가 황종례, 세 번째가 박수근 화백입니다. 다 같이 힘들던 초상화부 시절에 생활비를 벌기 위해 이 예술가들은 미군들을 위해 초상화를 그리고 막걸리를 함께 마셨다고 합니다.

소설가 박완서는 PX를 방문한 미군들에게 초상화를 그리고 갈 것을 권하는 영업을 하는 PX걸이었다고 하며, 박수근은 미군 CID 환경미화 일

▶ 박완서와 박수근의 사연이
  서려 있는, 남대문 미군 PX
  를 배경으로 한 『나목』

▶ 미군 PX 초상화부 시절 사진(출처: 박수근미술관)

▶ 박수근 창신동 집터

▶ 박수근 화백의 그림이 그려진 양구 소재 아파트

을 잠시 하다가 1951년 PX 내 초상화부에서 묵묵히 초상화를 그렸다고 합니다. 사실 박수근이 그리고 싶었던 그림은 미군들을 위한 초상화가 아니었지만 전시 상황에서 생계를 위해서는 어쩔 수 없었을 것입니다. 박수근은 이렇게 초상화를 그려주고 벌게 된 수입으로 1952년에 종로구 창신동(393-1번지)에 18평 한옥을 마련하였고 이곳에서 1963년까지 12년간 살았다고 합니다. 박수근 창신동 집터에 가보면 당시의 건물은 남아 있지 않으나 집터였다는 것을 알리는 안내표지와 사진이 남아 있습니다.

박수근은 강원도 양구군 농가의 장남으로 태어났다고 합니다. 강원도 양구에 가면 박수근미술관과 동상이 있고, 한 아파트에는 박수근의 그림이 벽화로 그려져 있습니다. 박수근이 주로 그렸던 평범한 여인들과 나목들을 보면 당시 우리나라의 생활상을 알 수 있습니다.

박수근 화백은 1945년 광복이 되기 전까지 평양에 살았었다고 합니다. 서울 창신동 박수근 집터에 가보면 박수근이 어떻게 서울에 왔는지 알 수 있는 다음과 같은 내용의 메모가 남겨져 있습니다.

> 1944년 미군의 폭격이 평양에 미치게 되어 부녀자와 노약자의 소개령이 내려졌고 박수근의 아내 김복순은 자녀 성소와 인숙을 데리고 금성으로 갔습니다. 박수근은 한국전쟁 발발 후 가족과 헤어져 1950년 홀로 남하하였다가 1951년 10월에 자녀들을 데리고 남하한 아내 김복순과 창신동에서 상봉하였습니다.

창신동은 박수근 화백의 인생에 있어 의미가 있는 장소일 것입니다. 창신동 박수근 화백 집터에 방문한 저는 충무로에 있는 미군 PX까지 약 4

㎞의 거리를 걸어서 다녔을 박수근 화백의 모습을 상상해보았습니다.

미군 초상화를 그리는 곳은 서울 남대문시장 근처의 미군 PX에만 있지는 않았고, 용산 미군기지 근방에도 있었다고 합니다. 그래서 그런지 삼각지역 주변에 가면 오래된 화랑들을 발견할 수 있습니다. 비록 영화이긴 하지만 '수취인불명'을 보면 미군기지 맞은편에 초상화 전문점이 위치해 있고 '지흠' 역할을 맡은 배우 '김영민'은 그곳에서 종업원으로 일합니다.

서울하우스(Seoul House)

퇴역 미군들에 의하면, 서울 서대문구 충정로에는 미군 장교들을 위한 사교 클럽인 서울하우스가 있었다고 합니다. 미군들은 이곳에 모여 손님들에게 맛있는 음식을 대접하고 술잔을 기울였다고 합니다. 대한민국 경제가 IMF 구제금융으로 어려웠던 시절 서울하우스 역시 경영이 어려워지면서 1998년경 영업을 중단하였고, 이후 전시관 등 다른 용도로 사용되었다고 합니다. 2010년대 초반에 기존의 건물들이 철거된 후 인근 경기대학교의 부속 시설인 서울하우스 실습동이 들어서 있습니다.

서울의 집 관련 미군들이 촬영한 사진을 구할 수가 없어서 이곳은 저에게 한동안 미스터리로 남겨져 있었습니다. 다행히 지도 서비스에서 제공하는 거리 사진 서비스를 통해 과거 모습을 확인할 수 있었는데, 건물이 노후화되어 철거를 결정할 수밖에 없었겠다는 생각이 들었습니다. 서울하우스는 정원과 작은 규모의 건물들로 구성되어 있었다고 합니다.

▶ 서울하우스 부지의 현재 모습   ▶ 서울하우스 건물(출처: 카카오지도)

과거 서울하우스 시설은 모두 철거되었지만 정원에 있던 나무는 현재도
남아 있습니다. 나무는 과거를 기억하지 못할 수도 있겠지만, 혹시라도
이곳에 방문했던 그 누군가가 서울하우스 터에 남아 있는 나무를 본다
면 과거를 회상할 수 있을지도 모릅니다.

제주도 휴양소(Cheju-Do Recreation Area)

제주도 서귀포시 대정읍에는 캠프 맥나브(캠프 맥냅)라는 미군기지가 있
었습니다. 미군들은 이곳을 제주도 훈련소(Cheju-Do Training Center)라고

▶ 맥냅 컴파운드 비석   ▶ 제주도 산방산 인근 황우치 해변과 항만대

불렀는데 부대 내에 유격훈련 시설이 있었기 때문이라고 합니다. 1990년대 중반부터는 제주도 휴양소(Cheju-Do Recreation Area)라 불리기도 하였습니다.

캠프 맥나브가 대정읍에 위치했던 이유는 일제시대에 조성된 알뜨르비행장이 가까운 곳에 있었고, 광복 후 일본이 떠난 이 비행장과 연계하여 미군이 대정읍에 주둔한 것으로 알려져 있습니다. 캠프 맥나브는 조성된 후 약 50여 년이 경과한 2005년에 반환되어 이제 더 이상 맥나브라는 이름을 찾아볼 수는 없습니다. 하지만, '맥나브촌'이라고 번역된 '맥나브 컴파운드' 기념비석이 서울 용산 전쟁기념관 서측 기념품점 옆 조경수 사이 바닥으로 이전되어 한국전쟁의 기념비로 남아 있습니다. 아쉽지만 기념비석 문구의 좌우 일부가 파손되었고, 하부에 있던 국문번역본은 부대명을 제외하고는 모두 파손되었습니다.

비석 문구의 내용을 번역하면 대략 다음과 같습니다.

> 맥나브 촌 1953년 6월 1일
> 1952년 1월부터 1953년 4월 간 한국 육군훈련소의 모체인 제1신병훈련소의 수석 고문관 '알렉산더 제이 맥나브' 대령은 훈련과 보급 문제를 상당히 개선하였습니다. 이 기념비를 이 노병에게 헌정합니다.

이곳은 한국전쟁 당시 한국 육군훈련소로 사용되었는데, 이곳에서 맥나브 대령이 수석 고문관이었던 것을 알 수 있습니다. 이를 기념하기 위해 1953년 6월 1일에 기념비를 세운 것입니다. 추후 캠프 맥나브(MacNab)라 이름이 변경되었습니다. 제가 군복무를 하던 2000년대 초에 선임병들로부터 제주도에 미군 휴양소가 있다고 들었는데, 나중에 알고 보니 그곳이 바로 캠프 맥나브였습니다.

퇴역 미군들의 인터넷 커뮤니티에서 미군들이 제주도 훈련소에서 유격훈련, 레펠훈련, 바닷가에서 훈련하는 사진을 본 적이 있습니다. 미군들은 캠프 맥나브뿐 아니라 산방산, 화순 해수욕장 등에서 훈련을 하고 훈련한 만큼의 기간만큼 나머지 기간을 제주도에서 여유롭게 휴양을 보냈다고 합니다. 산방산 남쪽에는 황우치 해변이 있고 이곳에 항만대라는 곳이 있는데, 6·25전쟁 당시 항만대를 통해 군수물자를 캠프 맥나브에 운송하였기 때문에 붙여진 이름이라고 합니다. 항만대 가는 길에는 『하멜 표류기』로 유명한 하멜 기념비가 있어서 이색적입니다.

용산가족공원이 된 용산 미군기지 골프장

미군들은 골프를 참 좋아하는 것 같습니다. 일정 규모 이상의 미군부대에는 체력단련 목적의 골프장이 구비되어 있습니다. 비록 규모가 작지만 UN군 최전방 기지인 캠프 보니파스(Camp Bonifas)에 '세계에서 가장 위험한 골프장'이라는 별명을 가진 '1홀 골프장'이 있다는 것은 미군들 사이에서 꽤나 유명합니다. 광진구에 있는 서울골프장이 1970년대 초에 폐쇄되었다 하더라도 용산 미군기지 사우스 포스트에는 1991년 상반기까지도 골프장이 있었습니다. 용산가족공원 종합안내도에 보면 이를 확인할 수 있는데, 골프장이 다른 곳으로 이전한 후 1992년에 임시공원이 개장되었고 1997년 11월에는 국립중앙박물관 건립에 따라 공원 규모가 축소되었다고 합니다.

▶ 용산가족공원 종합안내도　　　　　　　▶ 용산가족공원

용산골프장은 이승만 대통령의 재가에 의해 1950년대 말에 조성되어 김
영삼 대통령 시절인 1991년 5월 말에 폐쇄되기까지 약 33년간 사용되었
고 이후 현재의 용산가족공원과 국립중앙박물관이 조성된 것입니다. 한
국정부 및 대우건설에 의해 대체 골프장인 성남미군골프장이 1991년 6
월 1일에 준공(현재의 위례신도시 내 위례초등학교 앞에 위치)되면서 미군은
같은 해 6월 1일에 용산골프장을 반환한 것입니다. 위례신도시가 개발되
고 평택 미군기지가 확장되면서 성남미군골프장은 2018년 말에 운영을
종료하고 한국정부에 반환되었습니다.

미군 호텔

워커힐 리조트 외에도 미군 휴양 목적으로 제공된 호텔은 여러 곳이 있
었습니다. 퇴역 미군들에 의하면 서울 경복궁 인근에 내자 호텔(Naeja
Hotel)이라는 곳이 있었다고 합니다. 미군이 작성한 지도를 확인해보면
경복궁 남서쪽에 내자 호텔을 발견할 수 있습니다.

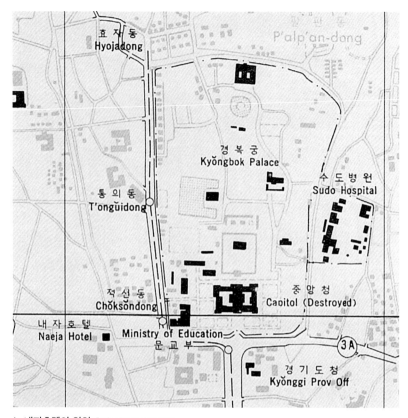

▶ 내자호텔의 위치(출처: 서울역사박물관)

미군은 일본이 항복한 후 한국 내 일본의 재산인 '적산(적의 재산)'을 접수
하였습니다. 내자호텔도 일제시대에 지어진 일본 소유의 아파트였다고
합니다. 이 건물은 1935년에 미쿠니 석탄회사 사원아파트로 건립이 되었
는데, 1945년 해방 후 미군에게 무상 공여되어 미군들을 위한 숙소 및
여가, 휴양시설로 사용되면서 내자호텔이라 불렸다고 합니다. 미군이 촬
영한 사진을 보면 호텔 내에는 극장도 있었던 것 같습니다.

1990년에 용산 미군기지 사우스 포스트(South Post) 내에 드래곤 힐 라지

(Dragon Hill Lodge) 호텔이 건립되면서 같은 해에 내자호텔은 폐쇄되었다고 하며, 현재 내자호텔 터에는 서울경찰청 건물이 들어서 있습니다. 카투사로 군복무 당시 드래곤 힐 라지 호텔에 들어가본 적이 있는데, 군복무 당시에는 드래곤 힐 라지 호텔이 내자호텔의 대체 호텔로 건설되었다는 것까지는 몰랐습니다.

1945년 8월 15일 광복 후 한국에 들어온 미군의 하지 중장은 1945년 9월

▶ 내자호텔 사진(출처: 퇴역 미군 Mike Barth의 웹페이지)

▶ 내자호텔의 대체 호텔로 건설된 용산 드래곤 힐 라지 호텔

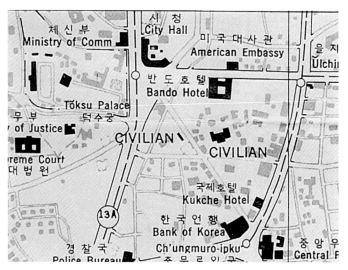

▶ 반도호텔의 위치(현재 서울 롯데호텔)

부터 조선호텔에 머물며 미군정을 이끌었다고 하며, 조선호텔은 하지 중 장 외에도 미군 장교들의 숙소로 사용되었다고 합니다. 당시 4개층 규모 였던 조선호텔 건물은 철거되고 1970년에 20층 규모의 건물로 재건축되 어 오늘에 이르고 있습니다. 또한 하지 중장은 조선호텔 근처에 있는 반 도호텔에도 머물렀다고 하는데, 반도호텔 또한 철거되었고 그 자리에는 현재 서울롯데호텔이 자리 잡고 있습니다.

지금까지 과거 미군의 다양한 휴양시설에 대해 알아보았습니다. 다음 장 에서는 이역만리에서 온 미군들에게 고향의 맛을 제공했던 시설에 대해 알아보도록 하겠습니다.

8. 퍼펙트 센스

식당(Dining Facility)

군복무 당시 용산 미군기지 사우스 포스트(South Post)를 좋아하였습니다. 왜냐하면, 이 공간에 들어서는 순간 색다른 공간으로 들어서는 듯한 느낌이 들었기 때문입니다.

미국 시골 마을에 와 있는 듯 낮은 높이의 건물들이 여유롭게 배치되어 있고 미국 본토의 음식점들이 보였고 마치 부대 바깥세상과 공기마저도 다르게 느껴졌습니다. 아마도 부대 내부의 음식점들에서 나오는 음식의 냄새가 후각을 자극했던 것 같습니다.

인생의 즐거움은 먹는 것에 있다고 할 수 있습니다. 영화 '퍼펙트 센스'는 정체불명의 바이러스로 인해 감각이 상실될 때마다 난폭해지는 사람들의 모습을 그리고 있는데, 그중에서 미각을 상실한 사람들의 모습을 보며 미각의 중요성에 대해 생각하게 됩니다.

한국 사람들이 외국에 나가면 김치가 생각나는 것처럼 미국인들도 한국에 오면 치즈가 생각날 것입니다. 미군 당국은 한국 땅에 주둔하는 미군들을 위해 고향의 맛을 느낄 수 있도록 하였습니다.

저 개인적으로는 고향의 맛은 아니지만 이국의 맛을 경험하기 위해 여러 미군기지에 방문하였습니다. 최근 tvN에서 방영하고 있는 '백패커'에 평택 캠프 험프리즈 식당이 나온 것처럼 미군기지 내에는 디팩(D-FAC: Dining Facility의 약자)이라는 미군 식당이 있습니다. 제가 속한 캠프 그리브스 디팩의 음식 맛 이외에 다른 미군기지 디팩의 음식 맛은 어떨까 궁금하여 주말에 외출할 기회가 생길 경우 군대 동기와 또는 저 혼자 다른 미군기지 디팩 투어를 다니곤 했습니다. 즉, 용산 미군기지 메인 포스트, 경기도 파주 캠프 하우즈 및 캠프 게리 오웬 등에 방문하였습니다. 용산 미군기지 메인 포스트 디팩의 음식은 소문대로 맛이 별로였으나 일요일에 용산 미군기지 도서관에서 시간을 보내다가 점심시간이 되면 배를 채우기 위해 방문하였고, 캠프 그리브스에 복귀하는 길에는 파주 선유리에 있는 캠프 게리 오웬 디팩에서 가끔 저녁을 먹었습니다. 특히 캠프 게리 오웬에는 매주 일요일 저녁마다 스테이크가 나와서 인상적이었습니다.

이번에는 음식의 관점으로 반환 미군부대를 간략히 살펴보도록 하겠습니다.

영등포 맥주공장 및 우유공장

전철 1호선 영등포역 남서쪽 영등포동과 도림동에는 2,462세대 대단지 아파트인 푸르지오아파트와 대우미래사랑오피스텔 등이 위치하고 있습니다.

영등포역과 인접하여 교통의 요지라고 할 수 있는 이곳에 아파트가 건설되기 전에는 캠프 베이커(Camp Baker)라는 미군기지가 있었던 곳이라고 합니다. 캠프 베이커는 한국전쟁이 한창이던 1952년에 조성되어 1985년까지 미군이 주둔했었다고 합니다. 이곳에는 미군 304통신대가 주둔하기도 하였지만 흥미로운 점은 이곳에 미군들을 위한 우유공장이 있었다는 것입니다.

과거 캠프 베이커 부지의 항공사진을 보면 군부대라기보다는 공장처럼 보입니다. 이곳은 사실 일본자본에 의해 1933년에 우리나라 최초의 맥주공장으로 설립된 조선맥주(현재 하이트맥주) 공장이었고, 1945년 해방 후 적산으로 미군정 관리하에 있었는데 1952년에 민간자본에 넘겼다고 합니다. 미군은 조선맥주공장 내에 우유공장과 아이스크림 공장을 운영하였다고 하는데, 1985년에 성남에 대체 우유공장이 생기면서 캠프 베이커 부지를 한국정부에 반환하였다고 합니다.

과거 캠프 베이커 부지였던 현재 영등포 푸르지오 아파트에 있는 '대한민국 맥주의 시초 기념물'에 의하면 영등포 지역은 예로부터 물이 깨끗하고 좋기로 유명하였다고 하므로 맥주공장, 우유공장 등이 자리 잡을 수 있는 입지를 갖추었음을 알 수 있습니다.

미군들은 왜 한국에서 직접 우유공장을 운영했을까요? 제 생각에는 2가지 이유가 있는데, 첫째는 맛이고 둘째는 위생인 듯합니다.

오감 중 가장 중요한 것 중의 하나가 미각이라 할 수 있습니다. 미군들은 언어가 통하지 않고 이질감이 느껴지는 한국에 왔을 때 단절감과 외

▶ 과거 미군부대 부지의 현재 모습

▶ 1985년 캠프 베이커(출처: 서울시 항공사진 서비스)

▶ 푸르지오아파트 내 '대한민국 맥주의 시초 ▶ 미군기지 디팩의 우유 코너
　기념물'

로움을 느꼈을 것입니다. 이들에게 고향 땅 미국의 집 같은 느낌을 주기 위해 여러 가지 복지를 제공하는데, 그중의 하나가 미국 현지에서 맛볼 수 있는 음식을 그대로 재현해주는 것일 겁니다. 미각과 후각을 통해 미국을 느낌으로써 타국에서도 편안함을 느낄 수 있는 것입니다. 또한 음식을 통해 동료 병사들과 유대감을 쌓았을 것입니다.

미각뿐 아니라 미군들은 기본적으로 보건·위생상 품질이 확인되지 않은 현지의 음식 섭취를 권장하지 않아서, 식자재나 음식을 자국으로부터 직접 조달하거나 자체적으로 생산하는 것을 원칙으로 하고 있습니다. 미군기지에는 식당(Dining Facility, Mess hall이나 Chow Hall 등으로 불리기도 했습니다)이 있는데, 식자재 대부분이 미국 현지에서 조달되다 보니 이곳에서 식사를 하면 마치 미국 현지에서 식사를 하는 듯한 느낌을 받게 됩니다. 심지어 사과 같은 과일마저도 미국 본토에서 조달합니다.

미군부대에는 이러한 미군 관리하에 운영되는 식당 이외에 한국인 사업자에 의해 운영이 되는 카투사 스낵바(김치볶음밥 같은 한식이나 분식류 판매)가 있습니다. 카투사 스낵바 입구에는 한국 음식 섭취 시 주의하라는 다음과 같은 문구가 적혀 있었습니다.

Food sold and served from this Facility was procured from unapproved local Korean sources. Patrons are eating at their own risk.

카투사 스낵바에서 판매 및 제공되는 음식은 미국이 아닌 한국 현지에서 조달된 식자재로 만들어진 것이기 때문에 미군 측으로부터 공식적으로 인증을 받지 않았으므로 각자 자기 책임하에 음식을 섭취하라는 것입니다.

이런 미군들의 기준으로 보았을 때 당연히 우유마저도 직접 조달을 했던 것입니다. 그래서 그런지 미군부대에서 마신 우유 맛은 그동안 자라오면서 마신 국내 우유맛과 확실히 달랐습니다.

캠프 베이커 인근에는 서울 여의도공항(지금의 여의도)이 있었는데, 이 공항이 경기도 성남으로 이전하고 성남공항 내 새로운 우유공장이 생기면서 캠프 베이커는 1985년에 폐쇄되었다고 합니다.

이처럼 미군 우유공장이 조선맥주공장 부지 내에 있었는데, 조선맥주공장 인근에는 다른 맥주공장이 하나 더 있었다고 합니다. 즉, 1933년부터 맥주를 생산한 기린맥주(나중에 동양맥주, OB맥주로 변경)공장입니다.

이곳은 해방 후 적산기업으로 미군정에 잠시 귀속되었다가 조선맥주처

▶ OB맥주 서울공장 모습(출처: 영등포공원)

럼 민간에 불하됩니다. 미군이 작성
한 영등포 지역 지도를 보았을 때,
미군들은 OB맥주공장을 미군정 당
시에는 캠프 블랙(Camp Black)이라
고 부른 것 같습니다.

영등포 지역에 시민들의 휴식공간이
부족한 점을 고려하여, 서울시는
OB맥주 영등포공장이 1997년에 이
천으로 이전한 후 과거의 OB맥주

▶ 영등포공원에 남아 있는 OB맥주 서울
공장 담금솥

부지를 공원으로 조성하였다고 합니다. 영등포공원에 가보면 맥주를 만
들던 대형 담금솥이 남아 있습니다. 담금솥이란 맥아와 홉을 끓이는 데
사용되는 대형 솥이라고 합니다.

부평 미군부대 내 빵공장

부평에 있는 미군기지인 캠프 마켓(Camp Market)에는 빵공장이 있었는
데, 전국에 있는 미군기지에 빵을 공급하고 있었습니다. 캠프 마켓 내부
의 다른 시설들은 일찌감치 반환이 되었으나 빵공장 이전이 지연됨에
따라 부평 미군기지 반환이 전반적으로 지연되었습니다. 결국 2021년
말이 되어서야 평택 미군기지에 빵공장이 신설되면서 부평미군기지 반
환이 좀 더 순조로워지게 되었다고 합니다. 캠프 마켓이 반환되었다는
소식에 한 퇴역 미군은 저에게 자신이 빵공장에서 복무하던 시절이 그
립다며 캠프 마켓에 방문해서 빵공장 간판의 현재 모습을 촬영해주면

안 되겠냐고 부탁을 하며 다음과 같이 본인이 촬영한 빵공장 간판 사진을 공유해주었습니다.

캠프 마켓에 대해 조금 더 알아보면, 빵공장 외에도 폐품처리시설(DRMO)이 있었는데, 반환 후 토양오염이 심각하여 토양오염 정화 작업을 진행하였습니다.

캠프 마켓은 애스컴(ASCOM)이라는 대규모 미군부대 집단의 하나였습니다. 부평구는 한국 속에 있는 거대한 미군 도시였던 것입니다. 그래서 이곳은 애스컴 시티(ASCOM City)라고 불렸습니다. 1960년대까지만 해도 김포공항(Kimpo Air Base)을 거쳐 입국한 주한미군들이 가장 먼저 머무르는 곳이 애스컴 시티였습니다. 신상옥 감독의 영화 '지옥화'를 보면 미군기지가 나오는데 이 영화 속 미군기지가 애스컴(ASCOM) 시티라고 합니다.

애스컴 시티가 번성하던 시절 인근 기지촌엔 미군을 상대하는 클럽이 성황을 이루었다고 하며, 서울 이태원보다도 클럽이 많았었다고 합니다. 물론, 지금은 클럽 건물들이 대부분 철거가 되었고 그나마 '드림 보트(Dream Boat)'라는 클럽 건물로 사용되던 건물이 자리를 지키고 있었다고 하는데, 그마저도 재개발 과정에서 결국 철거되었다고 합니다. 그나마 애스컴 시티 주변 미군 클럽의 역사를 고려한 음악 페스티벌인 애스컴 시티 뮤직아트페어가 있어서 애스텀 시티 클럽에 대한 기억이 유지되고 있습니다.

애스컴 시티 내 다른 부대들(Harrison, Taylor, Hayes, Grant, Tyler, Adams)

▶ 캠프 마켓 빵공장 간판

▶ 시민들에게 반환된 캠프 마켓 정문에 남아 있는 미군기지 시절의 경고문

▶ 애스컴 시티 뮤직아트페어

▶ 인천도시역사관에서 열렸던 '조병창' 전시회 포스터

▶ 미군이 증축한 과거 조병창 본부 터에 있는 건물

은 모두 일찍이 반환되었는데, 캠프 마켓 인근에 있는 동아아파트, 현대아파트 등이 과거 애스컴 시티의 반환부지 터에 건설되었습니다. 애스컴 시티의 중심 기지였던 캠프 마켓이 2021년에 와서야 반환이 되었고 이 장소를 어떻게 개발할지에 대한 논의가 이루어지고 있습니다.

캠프 마켓은 미군기지로 사용되기 전인 일제강점기에는 일본 육군 조병창, 즉 일본군 무기 제조공장이 있던 장소였다고 합니다. 조병창은 1939년 일본군이 중국 침략을 위해 조선인 1만여 명을 강제 동원하여 총, 칼 등을 만들었던 곳으로 캠프마켓 남쪽에 있는 1780번 건물 및 캠프마켓 북측에 공장 3곳이 남아 있다고 합니다. 조병창 건물 중 하나는 미군이 주둔한 후 건축물을 증축하여 연회장, 사무공간 등으로 이용한 것으로 보고 있다고 합니다. 그 중 1780번 건물은 조병창 본부 건물로 추정되고 있으며, 조병창 근로자 병원으로 이용되었다는 설도 있다고 합니다.

일반인들도 출입 가능한 미군기지 내 식당

서울 용산 캠프 킴 내에는 미군 USO(United Service Organizations) 건물이 있었습니다. 이곳에는 일반인들도 출입이 가능한 캔틴(canteen)이라는 레스토랑이 있었으나, 용산 미군기지 반환이 결정되면서 영업을 종료하게 되었습니다. 그 후 USO 건물은 몇 년 동안 '용산공원갤러리'라는 장소로 운영이 되었으며, 코로나19 사태 이후 폐쇄된 상태입니다.

캠프 킴 내 일반인이 출입할 수 있는 레스토랑이 없어진 것에 대한 아쉬움을 달래줄 수 있는 곳이 부산에 있습니다. 부산8부두에 가면 미연합선원봉사단(United Seamen's Service)이 운영하는 식당이 있습니다. 이곳은 한국에 와 있는 미국인들에게 고향의 맛을 느끼게 해주기 위해 만들어진 공간입니다. 모든 식자재는 미국 본토에서 수입이 된 것을 사용하여 준비됩니다. 스테이크 소스와 케첩, 휴지까지 모두 미국산입니다. 또한 음식뿐만 아니라 갖가지 미국산 물품을 판매하기도 합니다.

사실 미군기지 주변에 가보면 미군들을 상대로 영업을 하는, 미국 본토의 맛을 내는 식당들을 쉽게 찾을 수 있기 때문에 접근성이 떨어지고 출입도 까다로운 미연합선원봉사단까지 굳이 방문할 이유가 없다고 생각할 수 있습니다. 하지만 식자재를 포함한 대부분의 물품이 미국산이기 때문에 다른 식당과 달리 한국에 있지만 마치 미국에 와 있는 기분을 느낄 수 있기에 이러한 독특한 점이 이 공간을 찾게 만드는 것 같습니다. 또한 결제할 때 팁을 주는 것에서 미국식 문화를 체험할 수 있습니다. 부산의 미연합선원봉사단처럼 군산 미군기지 내에도 민간인들이 출

▶ 민간인도 출입이 가능했던 캠프 킴의　▶ 미연합선원봉사단 식당 모습
　USO시설 (2011년 1월 촬영)

입할 수 있는 식당(The Tavern)이 있습니다.

지금까지 미국 음식 이야기를 하였지만, 그 반대의 경우로 주한미군으로 복무했던 퇴역 미군들이 젊은 시절 한국에서의 생활을 그리워하며 추억에 잠겨 김치, 라면, 볶음밥, 불고기 등 한국 음식에 대해 이야기하거나 한식 인증샷을 공유하는 경우도 있습니다. 한국 음식이 퇴역 미군들에게 제2의 고향의 맛이 된 것입니다.

지금까지 음식 이야기를 하였으니 다음 장에서는 외인주택 같은 미군 주거에 대한 이야기를 하도록 하겠습니다.

9. 마음이 머무는 곳이 고향이다
(Home is Where the Heart is)

외인주택과 고문관

외인주택

미군들은 해외 주둔 미군기지 중 한국에서 근무하는 것을 가장 기피한다는 조사 결과가 있다고 합니다. 이러한 결과가 나온 가장 큰 이유는, 다른 나라와 달리 주한미군기지에는 기혼자들의 가족들이 함께 거주할 주택이 부족하기 때문이라고 합니다.

일반적으로 미군부대 내에 있는 숙소는 주로 막사(Barracks)라고 불리며 독신자 숙소의 형태입니다. 막사에는 일반 사병들 1~3인이 1개의 방을 사용하며, 1개 층에 데이룸(Day Room)이라 불리는 공동 휴게실 1개를 제외하고는 거주 단위별로 주방이나 거실이 없기 때문에 일상적인 생활 공간으로는 불편하다고 할 수 있습니다. 아무래도 기혼자 입장에서는 가족과 함께 살아가려면 주방, 거실, 세탁실 등이 필요한데 용산 미군기지처럼 일부의 대규모 부대나 특수한 경우를 제외하고는 가족 단위로 생활할 만한 주거공간은 부내 내에는 사실상 없다고 할 수 있습니다. 따라서 부대 내에 있는 숙소보다는 부대 외부에 있는 일반 주택을 구해야 하며, 이 과정에서 언어적인 면뿐만 아니라 부동산 거래에 관한 이해가 부족한 데서 오는 어려움을 겪을 수밖에 없습니다.

그렇기 때문에 불가피하게 가족들과 떨어져 살거나, 한국에 같이 오더라도 부대에서 거리가 있는 곳에 주택을 구해야 해서 생활이 불편할 수밖에 없습니다. 따라서 미군들 중 주로 기혼자들 입장에서는 가족들과 함께 거주할 공간이 열악하다고 느낄 것입니다.

사실 미군들 주거 문제를 걱정하기에는 당장 우리나라 국민들의 주거 문제가 더 큰 사회적인 문제입니다. 그러함에도 불구하고 국방부 입장에서는 국가의 안보를 강화하기 위해 미군기지에서 멀지 않은 곳에 외인주택단지를 조성할 필요가 있었을 것입니다. 이에 따라 정부에서는 주한미군들을 위한 주택단지를 조성하였는데, 이것이 바로 외인주택단지입니다.

서울 서초동에는 삼풍이 1974년에 조성한 외인주택단지(주한미군 가족주택으로 주로 장교들을 위한 숙소로 사용됨)가 있었다고 합니다. 서초동 외인주택단지는 조성된 지 약 10년밖에 지나지 않은 1980년대 중반까지 사용된 후 철거되었다고 하며, 그 자리에는 1986년에 분양 후 1988년에 준공된 삼풍아파트가 건설되었다고 합니다. 서초동 외인주택이 철거될 수 있었던 것은 이를 대체할 만한 장소가 생겼기 때문입니다. 바로 용산구 한남동 외인주택(1980년대 초 준공)과 서빙고 장교숙소5단지(1985년 하반기 준공) 등 대체 주택지가 준공되면서 서초동 외인주택단지가 철거된 것입니다. 한남동 외인주택단지(한남외인주택, Hannam Village)는 대한주택공사에 의해 1980년대 초에 준공되었습니다.

용산 미군 병력 대부분이 평택으로 이전하게 되면서 한남외인주택은

2014년까지 사용된 후 폐쇄되었고, 현재 그 자리에는 한남나인원이라는 고급주택단지가 들어서 있습니다.

외인주택단지는 주로 장교 가족들을 위한 공간이므로 카투사는 이곳 출입문의 경비 업무를 보는 경우를 제외하고는 단지 내에 출입을 할 일이 없습니다. 이곳 출입문 경비 업무는 한국인 경비원 및 용산 미군기지 소속의 미군 또는 카투사 헌병들이 담당하였습니다. 이곳에서 복무한 카투사들은 인근 남산 기슭에 있는 미군 종교 휴양소 내에 있는 디팩(미군식당)에 가서 식사를 하였다고 합니다.

제가 군복무를 하던 시절 용산 미군기지 사우스 포스트를 방문했을 때 용산 미군기지의 지리를 잘 몰라 사우스 포스트 쪽 일반 출입구가 아닌 장교숙소5단지 출입구로 들어간 적이 있습니다.

사복을 입은 채 장교숙소단지 내 차도를 서성거리며 걷고 있는 카투사를 보자, 자가용을 운전하여 이동하던 한 미군 장교가 창문을 열고 어디 가냐며 태워주겠다고 했습니다. 제가 도서관을 찾고 있다고 하니 걸어서 가기 힘들 것이라고 하며 차에 타라고 했습니다. 저는 그 장교에게 고맙다고 말하며 조수석에 앉았고, 메인 포스트에 있는 도서관으로 가는 길에 이런저런 대화를 나누었습니다. 미군 장교는 제게 어디에서 근무하고 보직은 무엇이냐고 물어보았고, 제가 경기도 파주의 캠프 그리브스에 주둔 중인 506보병 수색소대의 소총병으로 복무한다고 하였더니 제가 자랑스럽다며 칭찬을 하였습니다. 전투부대에서 경험한 터프한 장교들과 달리 그는 상당히 젠틀한 군인이었습니다.

▶ 미군들을 대상으로 하는 주택 매물 안내문

▶ 주한미군을 위한 주택건설 사업 개요, 1979년 4월(출처: 국가기록원)

▶ 한남외인주택 정문 모습

▶ 과거 한남외인주택의 모습(현재 한남나인원 자리)

▶ 2021년에 일반에 공개되어 핫플레이스가 된 용산장교숙소5단지

2021년에 용산 미군기지 장교숙소5단지가 개방을 하게 되어 약 20년 만에 다시 장교숙소5단지를 방문하게 되었습니다. 장교숙소 내 개방 건물에는 한 미군 장교 자녀의 이야기가 전시되어 있었습니다. 이 아이에 의하면 옆집에 사는 사람들이 6개월에서 2년마다 바뀌어 아쉽다는 내용이 있었는데, 주한미군의 특성상 한곳에 오래 주둔하기 어렵기 때문에 이웃이 자주 바뀔 수밖에 없었을 것입니다. 또한 장교숙소단지 담벼락 너머 세상이 두렵다는 내용도 있었는데, 장교숙소 내부와 달리 외부는 언어와 문화가 상이한 한국 사람들이 살고 있기 때문일 것입니다. 미군기지 외부에 있는 사람들이 보기에는 미군기지의 높은 담벼락에 답답함을 느끼지만, 그 안에 살고 있는 사람들 또한 외부와 단절된 채 고립되어 있고 이웃들도 정들려고 하면 떠나기 때문에 외로움을 많이 느꼈을 것 같다는 생각이 들었습니다.

한편, 앞서 언급한 한남외인주택 부지는 과거에 캠프 니블로(Camp Niblo) 또는 니블로 배럭(Niblo Barracks)이라고도 불렸습니다. 니블로 배럭(Nible Barracks)은 미군 준장 어바노 니블로(Brigadier General Urbano Niblo)를 기념해서 니블로 배럭이라 명명된 것으로 알려져 있습니다. 어바노 니블로는 군수품장교(Ordnance officer)로 한국전에 참전했다고 합니다. 니블로 배럭 부대 연감을 보면 병참부대, 미사일부대라고 되어 있던 것으로 보아 이곳이 외인주택으로 개발되기 전까지는 군사기지로 사용되었음을 짐작할 수 있습니다.

한남빌리지(한남외인주택)가 1980년대 초반에 조성되면서 니블로 배럭은 기존 군사시설로서의 성격은 약화되고 주거지의 성격을 띤 시설이 된 것 같습니다. 경제성장에 따라 계속 확장되고 있는 서울 한복판에 미사일

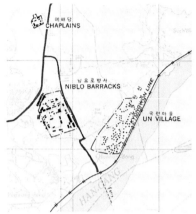

▶ 캠프 니블로(출처: 서울역사박물관)

▶ 니블로 배럭의 철거 전 모습(한남공원 vs 주택개발)

▶ 니블로 배럭 내 운동장(야구장, 농구장 등) 부지

부대가 주둔하기는 쉽지 않았을 것이고, 미사일기술의 발달로 인해 군이 서울 한복판에 주둔할 필요성도 없어졌을 것입니다. 한남빌리지는 한남나인원으로 재개발되었고, 한남빌리지 남측 잔여 부지인 니블로 배럭은 한 건설회사에 매각이 되었음에도 불구하고 주택개발과 공원개발을 놓고 갑론을박 중이라 미군부대 시절의 모습이 그대로 남아 있다가 2023년 1월에 철거되었습니다.

영등포 소재 미군정시대 주택과 고문관 민병갈 박사 이야기

서울 문래동에 가면 문래창작촌이 있습니다. 문래창작촌이 생기기 전에는 철공소들이 모여 있던 곳이었으나 산업이 쇠퇴하면서 예술가들과 젊은이들이 모여들며 문래창작촌이 되었다고 합니다. 창작촌 입구에 철제 조각작품이 있어서 과거 철공소가 문화촌으로 변경되었음을 알 수 있습니다.

사실 문래창작촌에 철공소가 존재하기 전에는 캠프 로버츠(Camp Roberts)라는 미군시설이 있었다고 합니다. 이곳은 1949년에 미 군사고문단 가족 및 미국의 일반 시민 근로자들을 위한 주거지로 사용되었다고 합니다. 이후 1960년대에는 미 육군공병 가족들이 거주하다가 1970년에 폐쇄되었다고 합니다. 캠프 로버츠에 대한 기록은 찾기가 어려우나 서울시에서 제공하는 항공사진과 미군 전우회 사진을 통해 간접적으로 확인할 수 있습니다.

'영등포 지역 미군시설' 지도 좌측 중간에 로벗트스(ROBERTS)라고 되어있는 곳이 캠프 로버츠입니다. 이 지도만 봐서는 캠프 로버츠의 모습을 구체적으로 알 수 없으나 서울항공사진('캠프 로버츠' 사진)을 보면 과거 모습을 좀 더 명확히 알 수 있습니다.

캠프 로버츠 항공사진을 보면 주변의 건물들은 다닥다닥 붙어 있는데 반해 캠프 로버츠만 이격거리가 충분하고 건물 주변으로 나무들이 심어져 있어서 고급스러워 보이고 상대적으로 돋보입니다. 이곳에서 미군 헌병으로 복무했던 댄 캐쉬(Dan Kashey)가 미군 전우회에 공유한 1966년

~1967년 부대 연감을 보면 다음과 같이 과거 캠프 로버츠의 모습이 담긴 사진이 있습니다. 사진을 보면 용산 미군기지 장교숙소 건물과 유사함을 알 수 있습니다.

상기 언급한 것처럼 캠프 로버츠에는 초창기에 미군 고문단 및 가족들이 살았었다고 합니다. 군대에서 사용하는 말 중에 어수룩한 사람을 빗대어 놀림조로 고문관이라고 부르는데, 그 연유는 미군 고문관에서 유래했다고 합니다. 이는 미군정이 실시되던 때에 미군사고문단(Advisor)이 한국말을 잘 알아듣지 못하여 한국 사람들이 보기에 그 모습이 상당히 어수룩했기 때문이라고 합니다.

미군정시대는 1945년 일본이 미국과의 전쟁에서 항복한 후 38도선 이남 지역에서 1945년 9월 8일부터 1948년 8월 15일 남한 단독정부 수립 전까지 미군이 통치하던 시기를 말합니다. 미군정시대에 한국에 온 미군 중 한국과 가장 인연이 깊다고 할 수 있는 사람은 민병갈 박사입니다. 그는 미군정이 시작된 1945년 9월 8일에 미군 해군 소속 일본어 통역장교(미군정보장교) 신분으로 인천 월미도를 통해 한국에 첫발을 디뎠다고 합니다. 그에게는 한국의 모든 것이 편안하게 느껴져서 자신이 전생에 한국인이 아니었을까 생각했다고 합니다. 민병갈은 1946년 7월 2일에 제대를 하며 미국으로 돌아갔으나 1947년 1월 주한미군 총사령부 사법부 정책고문관으로 한국에 돌아왔고 1948년 8월 대한민국정부 수립으로 퇴직하며 다시 미국으로 돌아갔다고 합니다. 1949년 7월에는 미국 국무부 관할의 해외 원조기관인 ECA(원조협조처) 근무로 한국에 다시 돌아왔으나 6·25전쟁 발발로 1950년 6월 27일에 일본 오키나와로 탈출하였다가 1951년 6월 미국 극동군사사령부 산하 한국민사원조단 일원으로 부산

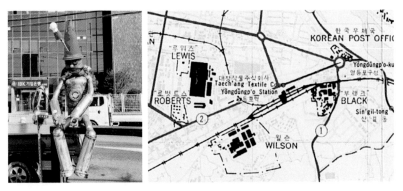

▶ 문래창작촌 입구에 있는 조각품 ▶ 영등포 지역 미군시설(출처: 역사박물관)

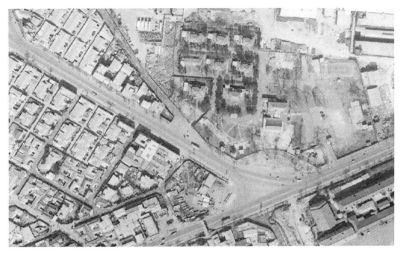

▶ 캠프 로버츠(출처: 1974년 3월에 촬영된 서울항공사진)

▶ 캠프 로버츠의 과거 모습
　(출처: 캠프 로버츠 부대 연감 1966~1967년)

▶ 천리포 수목원 중심에 있는
　민병갈 박사 동상

을 통해 한국에 돌아왔다고 합니다. 이후 1952년 8월에 한국은행 고문의 보좌관으로 취직하였고 1953년 12월에 학업을 위해 미국으로 귀국한 후 1954년 6월에 한국은행 고문으로 취직하게 되어 입국하며 한국에 정착하였다고 합니다. 그는 한국에 정착 후 한국은행 총재인 민병도씨의 이름과 자신의 본명(Carl Ferris Miller)을 혼합하여 자기 이름을 민병갈이라고 지었다고 합니다.

민병갈 박사가 유명해진 것은 충남 태안 천리포 해변 인근 땅을 매입하여 조성한 식물원 때문입니다. 이곳이 바로 세계적으로도 유명한 천리포 수목원입니다. 군인에서 금융맨이 된 후에도 틈틈이 자연과 식물에 대해 공부하며 한국 땅에 아름다운 수목원을 조성한 그는 2002년 수목원이 있는 태안에서 영면하였는데, 수목장을 통해 자연으로 돌아갔다고 합니다. 영등포 외인주택인 캠프 로버츠 이야기를 하였고, 이곳에 거주했던 고문단 이야기를 하다 보니 자연스레 민병갈 박사님에 대한 이야기로 넘어갔습니다.

한국 사회에는 주한미군이 주둔하며 여러 가지 이슈가 발생하여 이로 인해 반미감정이 심한 부분이 있습니다. 하지만 민병갈 박사님을 비롯해 적지 않은 미군들이 선한 영향력을 행사하기도 하였습니다. 다음 장에서는 미군과 유엔군의 원조 활동에 대해 알아보도록 하겠습니다.

10. 아리랑 다리

전쟁 이후 재건과 유엔의 원조

한국전쟁 직후 한국 전역은 곳곳이 폭격으로 인해 파괴되어 폐허 상태였습니다. 유엔 민간원조사령부 및 미군들은 물심양면으로 전후 복구 작업을 지원하였고 각종 원조 활동을 하였다고 합니다. 양곡, 가축, 식량 원조, 물자지원, 의료지원뿐 아니라 구호주택 건설, 재건학교 건설, 고아원 건설, 교회 건설, 다리 건설, 건물 건설 등 다양한 지원을 제공하였습니다. 1960년대 초까지만 해도 경기도 동두천시에 있는 신천은 다리가 없어서 나룻배 없이는 건널 수 없었다고 합니다. 당시 동두천에 주둔하던 미7사단은 신천에 아리랑 다리(현재 안흥교 자리)를 건설하였고, 이를 기념해 1964년에 '아리랑 다리'라는 영화가 제작되기도 하였습니다.

이번 장에서는 유엔으로부터 제공받은 원조 중 일부에 대해, 그리고 이와 관련된 미군기지에 대해 살펴보고자 합니다.

전쟁 이후 재건과 유엔의 원조

서울시 영등포에 있던 미군기지인 캠프 스페이드에는 미508육군보안국 그룹이 주둔하였습니다. 이들은 영등포뿐만 아니라 국내 여러 곳에 주둔하였습니다. 508육군보안국 그룹의 A중대는 경기도 파주시 용주골에 있는 캠프 뷰몬트에 주둔하였습니다.

한편, 508육군보안국 그룹의 하부 운영 조직 중 하나인 330육군보안국 작전중대 본부가 1950년대에 서울시 성북구 미아동에 주둔하였으나, 서울이 확장되는 과정에서 미군기지 입지로 부적합하여 1960년대 초에 다른 지역의 미군기지로 이전하였다고 합니다. 이들이 주둔하던 당시 주둔지의 지명은 미아동이 아닌 미아리였기 때문에 부대 명칭은 미아리 부대라고 불렸다고 합니다. 미아리고개는 서울의 북부 지역인 경기도 의정부와 서울 중심부 사이에 위치하여 한국전쟁 당시 서울 진출입의 중요한 길목이었으므로 이 지역에 미군이 주둔했던 것입니다.

전쟁 관련 대중가요 중 1956년에 발표된 이해연의 '단장의 미아리고개'라는 곡을 통해서도 미아리가 한국전쟁과 관련된 장소임을 알 수 있습니다. 미아리고개 성곽에 있는 미아리예술극장 앞에는 '단장의 미아리고개' 노래비와 미아리고개공원 사적비가 있습니다.

한편, 상기 미 육군보안국 관련 부대로 177 미 육군보안국이 강원도 속초에 주둔하였었다고 합니다. '속초리 지역사령부(SOKCHO RI AREA COMMAND)' 또는 '8206부대'라고 불리던 미군 항만통신사령부가 현재 농협은행 속초시지부 건물이 있는 곳에 주둔하였었다고 합니다. 현재 이 부지 앞에는 고층아파트가 들어서 있어 시야가 가려져 있기는 하나 과거에는 부대 앞으로 속초 앞바다가 눈앞에 보이는 입지였을 것입니다.

1950년대에 속초에서 복무했던 미군들은 당시 속초의 풍경을 담은 사진들을 촬영하였고, 수십 년이 지난 후 이 사진들을 속초시에 기증하였다고 합니다. 속초시는 미군들이 제공한 사진을 토대로 속초시립박물관에서 사진을 전시하고 도록을 발간하기도 하였습니다.

속초리 미군부대 사진을 자세히 보면 항만통신사령부 뒤편 약간 지대가 높은 곳에도 미군 관련 시설(감시초소 등)이 보입니다. 실제로 농협은행 속초시지부에 가보면 농협은행 건물 뒤편은 지대가 높게 형성되어 있습니다. 농협은행 뒤편 높은 언덕에는 오래된 주택 건물들이 빼곡하게 모여 있으며, 이곳 도로명 주소가 수복길로 되어 있어 미군의 도움으로 수복된 곳이라는 역사성이 주소에 반영되어 있습니다.

속초는 북위 38선 이북 지역이라 광복 후 6·25전쟁이 발발하기 전까지는 북한 지역이었습니다. 6·25전쟁 중 아군이 이곳을 수복하게 되면서, 미국 입장에서는 처음으로 과거의 공산주의 국가 영토였던 지역에 발을 들여놓은 것이며, 이곳을 자본주의 지역으로 전환하기 위한 실험장으로 삼아 미군정을 실시한 것으로 보는 의견이 있다고 합니다.

미군정의 흔적은 이곳 이외에도 속초 곳곳에 일부 남아 있는데, 가장 유명한 곳이 동명동성당인 듯합니다. 이 성당은 1952년경 속초에 주둔했던 미군정 사령부의 도움을 받아 지어졌다고 합니다. 동명동성당 내부에 들어가보면 1954년과 2017년의 동명동성당을 비교한 사진이 걸려 있습니다. 60여 년이 흐르는 동안 속초에 많은 변화가 있었지만, 1954년 당시와 비교하여 현재 남아 있는 건물은 동명동성당이 유일한 듯합니다.

참고로, 속초 지역은 아니지만 경기도 파주시에도 미군에 의해 설립된

▶ 미아리고개공원 사적비 및 '단장의 미아리고개' 노래비

▶ 속초리 미군부대 사진(출처: 속초시립박물관)

▶ 미군정 당시 속초 사진(출처: 속초시립박물관)

▶ 높은 지대에서 내려다본 속초리 미군기지 터(사진 가운데 우측 노란색 건물)

▶ 동명동성당의 어제와 오늘

갈곡리성당이 있습니다. 갈곡리성당은 한국 해병대 김다두 신부의 협조 아래 미 해병대 군종신부인 에드워드에 의하여 설립되었다고 합니다.

한편, 속초 영랑 해안에는 미군정 시절에 사용했을 법한 건물들이 아직도 적지 않게 남아 있어서 이색적인 분위기를 자아냅니다. 이들 건물 중에는 일제시대에 일본인들이 건설하였으나 미국이 접수하여 사용했다고 하는, 적산 건물처럼 보이는 것도 있습니다.

강원도 속초시뿐만 아니라 강원도 인제군도 광복 이후부터 6·25전쟁 전까지 공산치하에 있던 곳으로, 6·25전쟁 이후에 수복한 후 1954년에 잠시 미군정을 실시했었다고 합니다. 6·25전쟁 중 인제군을 수복하면서 인제군 남면 관대리에 미10군단 본부가 들어섰고, 남면 신남리에도 미10군단이 주둔했었다고 합니다. 하지만 소양강 댐을 조성(1967년 착공, 1973년 완공)할 때 댐의 상류 지역인 춘천시, 양구군, 인제군 등이 수몰되었는데 이때 미10군단 본부 터는 모두 수몰되었다고 합니다.

미10군단은 한국군 제3군단에 고문(Advisor) 역할을 한 것으로 알려져 있습니다. 1957년 7월에 제3군단 미 수석 고문관인 킨 대령이 난민(허만욱)에게 인제읍 남북리 소재 가옥을 기증하였는데, 이 사실을 영구히 기념하기 위해 집터 앞에 기념비를 세운 것으로 알려져 있습니다.

인제읍 상동리에는 1954년 2월에 인제에 주둔하고 있는 미군들을 위해 마릴린 먼로가 위문공연을 한 것으로 알려진 인제성당이 있습니다. 공연 당시 사진을 보면 한국전쟁 중 포격으로 성당 상부 구조물이 거의 파괴된 상태임을 알 수 있습니다. 이후 인제성당은 미군의 원조로 재건되

▶ 경기도 파주시 법원읍 갈곡리성당 전경 및 사은비

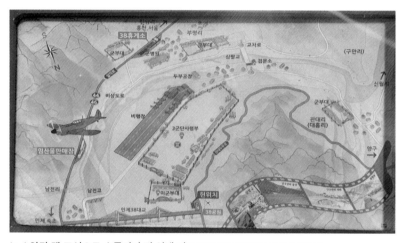

▶ 소양강 댐 조성으로 수몰되기 전 인제 지도(미군부대의 위치가 표기되어 있다)

▶ 소양강 댐 조성으로 수몰되기 전 인제 지도(미10군단 주둔)

▶ 소양강 댐 완공 전까지 관대리에 주둔했던 제3군단사령부

▶ 과거 제3군단사령부와 미10군단 본부가 주둔했던 곳의 수몰된 모습

▶ 미10군단의 103한국노무사단에 대한 위령비 ▶ 킨 대령의 집 소개 비석

▶ 인제성당 전경 및 미국의 원조 명판

▶ 인제읍 소양강변에 있는 미국 배우 마릴린 먼로 기념 동상

었다고 하며, 2019년 2월 14일에 문화재로 등록되었다고 합니다.

인제시는 마릴린 먼로의 위문 공연이 인제에서 있었다는 역사적 사실을 기념하기 위해 남북리 소양강변에 마릴린 먼로 기념 동상을 건립하였습니다. 소양강에 소양강 처녀 동상이 아닌 외국 배우의 동상이 건립되었다는 사실이 생뚱맞은데다가 동상의 완성도가 다소 떨어진다는 반응이 있다고 합니다. 하지만 인제군에 혈맹인 미군이 주둔했었고 마릴린 먼로가 이곳에 위문공연을 왔었다는 역사적 사실을 알려준다는 점에서는 의미가 있다고 할 수 있습니다.

신망리(New Hope Town)

▶ 신망리마을박물관

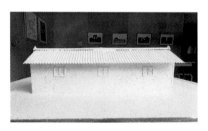

▶ 신망리마을박물관 내 전시되어 있는 신망리 구호주택 모형

경기도 연천읍에는 UN군 소속 미군 7사단의 원조로 조성된 피난민 정착촌인 신망리라는 마을이 신망리역 서쪽에 있었다고 합니다. 신망리는 미군이 이름을 붙인 'New Hope Town'에서 유래하였다고 합니다. 미군은 전쟁 직후 폐허 상태에서 살아가고 있던 한국인들에게 희망을 주기 위해 원조를 제공하였다고 합니다. 이에 따라 당시 미군이 100호의 집들을 건설하였다고 합니다. 경기도

연천읍 상리 145번지에 가보면 DMZ에코뮤지엄 사업의 일환으로 신망리마을박물관이 조성되어 신망리마을에 대한 기록화 작업이 되어 있습니다.

▶ '커피전파사' 내 신망리마을 굿즈

신망리는 다방거리로도 유명했다고 하는데 명성과 달리 현재는 쇠락한 상황입니다. 신망리마을박물관 건너편에 있는 '커피전파사'라는 커피숍에 들어가보면 신망리마을 굿즈가 전시되어 있는데, 판매용이 아니라 구경만 할 수 있습니다.

교하면사무소

경기도 파주시의 구 교하면사무소 건물(현재 교하동 행정복지센터)은 1957년에 건립된 건물이며 이후 수차례에 걸쳐 증축이 되어 현재에 이르고 있다고 합니다. 당시 교하면 일대에는 미군으로부터 물자 및 기술 지원을 받아 건설된 건물들이 있었다고 하나, 교하면사무소 건물이 유일하게 남아 있어 보존 가치가 있다고 합니다. 외벽만 보면 석조 건물로 보이지만 사실은 철근 콘크리트 구조이며 외벽 마감을 석재로 한 것입니다. 이러한 건축

▶ 구 교하면사무소 건물

양식은 이 건물이 건축될 당시의 건축적 특징이므로 문화적 가치가 있어서 문화재(국가등록문화재 제729호)로 등록되어 있습니다.

미8군 기념 흉곽병원(세브란스병원)

▶ 신촌 세브란스병원 내에 있는 미8군 기념 흉곽병원 기념비

현재 세브란스병원은 연세대 서울캠퍼스에 자리 잡고 있습니다. 하지만 원래 세브란스병원은 서울역 앞에 있는 연세재단 세브란스빌딩이 있는 곳에 자리 잡았었다고 합니다. 그러다가 미8군 사령관 테일러 장군과 의무참모 로빈슨 장군 등이 6·25전쟁에서 산화한 미군 장병들을 기리기 위한 기념 사업을 구상하던 중 세브란스병원의 의료봉사와 선교사 스트루터스 박사의 항결핵 사업에 감동을 받아 신촌에 기념흉곽병원을 건립하였다고 합니다. 기념흉곽병원이 1962년에 봉헌된 후 세브란스병원이 서울역에서 신촌으로 이전하는 계기가 되었으며 국내 최대 의료기관으로 발전하는 기반이 되었다고 합니다.

가평 가이사중학원(가평고등학교)

6·25전쟁이 한창이던 1952년 가평에 있던 어린이들은 마땅한 학교가 없

어서 천막을 치고 공부를 하고 있었다고 합니다. 당시 미40보병사단에서는 1인당 2달러씩 성금을 모으고 직접 건자재를 운반하며 가평에 학교를 지어주었다고 합니다. 이 학교가 미40사단의 첫 전사자인 19세 카이저(Kenneth Kaiser Jr.) 하사의 이름을 따라 설립된 가이사중학원(현재 가평고등학교)이라고 합니다. 당시 한국에서는 카이저를 가이사라고 발음하였기 때문에 카이저중학원이 아닌 가이사중학원이 된 것입니다. 학교명은 1972년 3월 1일에 가평가이사중고등학교에서 가평중고등학교로 변경되었다고 합니다. 학교 내에 있는 건립 기념비에는 이 학교가 대한민국 미래의 리더를 위해 미40보병사단 장병들에 의해 바쳐졌다고 기재되어 있으며, 좌측 상단에 미40사단의 마크가 함께 새겨져 있습니다.

가평고등학교에는 클리랜드홀, 가이사 체육관, 플로렌스홀, 희망탑, 가이사 역사관 등이 있습니다. 참전용사들에 대한 감사의 마음을 기리기 위해 학교 설립 당시 이름을 딴 가이사 역사관과 체육관이 있어 눈에 띕니다. 가이사 역사관에 가면 설립 당시의 학교 모습이 전시되어 있다고 합니다.

가평고등학교 졸업식에는 매년 생존해 있는 퇴역 미군들이 학교에 방문하여 학생들에게 장학금을 지급하는 등 교류를 이어가고 있다고 합니다. 교명이 가이사고등학교에서 가평고등학교로 변경됨으로써 미40사단의 최초 전사자 카이저가 잊히는 것을 아쉬워한 한국전쟁맹방국용사선양사업회의 최승성 회장은 가평군에 있는 절골길을 카이저길로 변경할 것을 가평군에 요청하였고 이를 검토한 가평군이 기존 절골길의 명칭을 카이저길로 새롭게 부여하였다고 합니다. 카이저길 인근에는 최승성 회장이 사비를 들여 2016년 2월 4일에 조성한 한국전쟁 미군 참전 기념비

▶ 가평고등학교 내 희망탑, 가이사 체육관, 가이사 역사관

▶ 가이사중학원 건립 기념비

▶ 희망탑에 새겨진 클리랜드 장군과 카이저 하사의 모습

▶ 경기도 가평군 북면 카이저길 소재 한국전쟁 미군 참전 기념비 ▶ 미군 참전 기념비 앞 미40사단 기념석

▶ 가평 전투에 참전한 213포병대대를 기념하기 위한 공간

가 있습니다. 이 기념비는 언뜻 보면 미국 국기인 성조기만 보이지만 성조기 바닥에는 태극기가 새겨져 있다고 합니다. 최승성 회장에 의하면 한미동맹을 강조하기 위한 의미라고 합니다.

한국전쟁 미군 참전 기념비에는 현재 한국에 주둔하고 있는 미2사단 기념석뿐만 아니라 카이저 하사가 속했던 미40사단 기념석이 있습니다. 또한, 한국전쟁 당시 가평군 북면 화악리 일원에서 치러진 가평 전투에 참전했던 미 제213야전포병대대를 기리기 위한 참전용사 기념동상과 213 야전포병대대에 대한 안내석이 있습니다. 213야전포병대대는 미국 유타주에서 파병을 온 부대라고 합니다. 당시 이 부대 소속 장병들은 일부 장교를 제외하고는 군사적으로 숙련되지 않은, 평범하고 점잖은 학자나 농부들이었다고 합니다. 현재 유타대학교에서는 정기적으로 미군 참전 기념비에 방문하고 있다고 합니다.

재건중학교

경기도 파주시 장파리에는 한국전쟁 이후 미군이 세운 재건중학교가 있었습니다. 2020년 가을에 방문했을 당시 장파리 재건중학교는 노후화가 심하여 붕괴 위기에 처해 있었습니다. 특히 2020년 여름에 집중호우가 많이 내렸기 때문에 추가적인 손상을 막기 위해 안전조치를 취해놓았지만 구조보강을 하지 않는 이상 언젠간 붕괴가 될 것 같다는 생각이 들었습니다. 1년 후인 2021년에 안타깝게도 우려했던 대로 장파리 재건중학교 전면부가 결국 붕괴되었습니다. 재건중학교 건물을 복원할지 아니면 철거할지 여부는 알 수 없으나, 재건중학교임을 알리는 외벽 표지가

▶ 장파리 재건중학교

▶ 경기도 파주시 법원읍 재건학교 건물

붕괴되어 역사의 뒤안길로 사라져버렸기 때문에 안타까운 마음이 들었습니다.

파주시 법원읍에는 미군기지(캠프 녹스, 캠프 스노우, 캠프 어윈, 캠프 워너 등)가 많이 있었습니다. 법원읍 구 미군기지 인근에 재건학교 건물이 남아 있는데, 장파리 재건학교처럼 상태가 양호하지는 않습니다.

전쟁고아의 아버지 딘 헤스 대령 기념비

제주항공우주박물관 한 켠에는 전쟁고아들의 영웅 C-54 스카이마스터 비행기가 전시되어 있고 바로 옆에는 6·25전쟁 항공전의 영웅이자 한국 공군의 대부이며, 무엇보다도 전쟁고아의 아버지로 불린 딘 헤스 대령 (Colonel Dean E. Hess) 공적 기념비가 있습니다.

딘 헤스 대령은 원래 목회자의 길을 가려고 했으나 제2차 세계대전이 발발하자 전투조종사의 길을 택하였으며, 전쟁이 치열해질수록 부모를 잃고 부대 주위로 모여드는 수많은 고아들과 질병과 혹한과 굶주림에 죽어가는 아이들이 눈에 들어와 마음이 무거웠다고 합니다. '우리가 승리를 목표로 전쟁을 하고 있지만 어린아이들이 다 없어진다면 승리가 무슨 의미가 있겠는가'라고 자문하며 부대원들과 함께 고아들을 돌보기 시작하였다고 합니다. 딘 헤스 대령 공적 기념비 건립문에 따르면, 한국전쟁이 한창이던 1950년 12월 20일 중공군의 개입으로 수도 서울이 다시 위험해지자 딘 헤스 대령은 부대 전투지휘와 생사를 건 출격 임무를 수행하는 중에도 미5공군 소속 러셀 블레이즈델 군목 등 여러 사람들과 힘을 합해 오갈 데 없는 전쟁고아 1,000여 명을 15대의 C-54와 1대의 C-47을 이용하여 제주도로 안전하게 수송하는 데 기여하였고 현재 제주 삼성초등학교 자리에 보육시설을 마련하였으며 바로 옆 신산근린공원에는 제주에 도착한 이후 영양실조와 전염병으로 숨을 거둔 300명 어린 생명들의 안식처를 마련하였다고 합니다. 딘 헤스 대령은 자서전을 통해 우리가 구조할 수 없었던 생명들을 추모하는 내용으로 기념비를 건립해 줄 것을 소망하였다고 합니다. 이 회고록에 남겨진 유지를 받들어 대한민국 공군과 기독교대한감리회 광림교회에서 기념비 건립을 공동 추진

▶ 제주항공우주박물관 전경

▶ C-54 스카이마스터 및 딘 헤스 대령 기념비

▶ 딘 헤스 대령, 러셀 블레이즈델 군목, 황온순 한국보육원 원장 등의 공로자들이 전쟁고아들을 돌보고 있는 모습을 형상화한 부조

하게 되었으며, 2017년 3월 딘 헤스 대령 서거 2주기를 맞아 제주특별자
치도, 국가보훈처, (사)한미동맹친선협회, 제주국제자유도시개발센터의
후원으로 한국전쟁과 대한민국 공군의 역사를 한눈에 볼 수 있는 제주
항공우주박물관에 딘 헤스 대령 공적기념비를 건립하게 되었다고 합
니다.

딘 헤스 대령의 부대원 일부가 한국 공군 조종사들의 비행교육을 위하
여 제주기지에 파견되어 1950년 12월 17일부터 1951년 6월 30일까지 한
국 공군의 최정예 전투조종사 24명을 양성하였다고 합니다.

유엔군이 제공한 원조는 이외에도 수없이 많지만 여기서는 이 정도로
살펴보도록 하겠습니다. 어둠과 고난의 일본 제국주의시대를 거친 후 드
디어 광복을 맞이하였지만 얼마 지나지 않아 북한의 남침으로 인해 한
국전쟁에 휘말린 한반도는 그야말로 황무지나 다름없었던 것 같습니다.
전쟁으로 인해 부모를 잃고 의지할 데 없는 고아들뿐 아니라 국가 자체
가 경제적으로 무척 어려웠던 시절 적지 않은 한국인들에게 있어 선진
국인 미국과 미군부대는 선망의 대상이었고, 미군기지 인근에는 달러와
미군 물품이 차고 넘쳤다고 합니다. 그래서 미군기지가 있는 곳에는 어
김없이 미군기지에 의존하는 기지촌이 형성되었습니다. 다음 장에서는
기지촌에 대해 살펴보도록 하겠습니다.

11. 아메리카 타운(America Town)

미군기지촌

과거 미군기지 주변에는 미군에 의존하는 경제 생태계인 기지촌이 형성되었습니다. 이번 장에서는 미군기지촌을 중심으로 하여 여러 반환 미군기지에 대해 살펴보고자 합니다.

제가 복무했던 경기도 파주 소재 캠프 그리브스는 민통선 내 위치한 미군기지였기 때문에 부대 주변에 기지촌이 형성되어 있지 않았습니다. 부대 주변에는 1973년에 조성된 통일촌이라는 마을이 있었지만 북한 사람들에게 남한도 잘살고 있다는 것을 보여주기 위한 선전 마을 목적으로 조성되었고 농업 이외에 다른 산업에는 종사할 수 없어서 기지촌이 발달할 수 없는 구조였다고 합니다. 따라서 부대 주변을 둘러보아도 다른 군부대 및 논밭만 보였을 뿐 상업시설이 보이지 않았습니다. 그래서 군복무 당시에는 미군기지촌에 대해 잘 알지 못했습니다. 이런 '청정구역'에서 지루한 군생활을 하다 보니 같이 복무하던 카투사 중 1명은 '오염된 공기'를 마시고 싶다는 위트 있는 농담을 하곤 했습니다.

물론 군복무 중 다른 미군기지를 방문할 기회가 많이 있었지만 미군부대 간 이동을 하더라도 주로 셔틀버스를 타고 이동하다 보니 미군부대 외부에는 나갈 일이 거의 없었습니다. 따라서 군복무 당시에는 기지촌에 방문한 적이 거의 없었습니다.

전후 경제적으로 궁핍했던 한국 사회에서는 주한미군 장병들의 구매력이 지역경제에 미치는 파급효과가 컸다고 합니다. 따라서 미군기지 주변에는 자연스럽게 미군들을 상대로 영업을 하는 상권이 발달하였습니다. 미군기지촌을 다룬 소설, 영화, 드라마 등도 셀 수 없이 많습니다. 12세 소녀의 눈에 비친 미군기지촌의 풍경을 그린 소설가 정한아의 『리틀 시카고』는 동두천 미군기지촌을 다룬 소설인데, 제목인 리틀 시카고는 경기도 동두천 미군기지촌에 있는 레스토랑 이름이라고 합니다. 작가는 미군 전용 클럽에 취직하여 미군들을 엿보았다고 합니다.

기지촌 여성

기지촌 여성들이 기지촌으로 유입되는 방법은 여러 가지가 있었겠지만, 구인광고를 보고 취업한 사람도 있었을 것 같습니다. 일전에 담양에 여행하던 중 '담양 추억의 골목'이라는 곳에 갔었는데, 이곳에 미군 홀 구인광고를 재현한 벽보가 있었습니다.

미군기지촌 여성의 삶을 집약적으로 보여주는 영화로 2018년에 개봉한 전수일 감독의 '아메리카 타운'이 있습니다. 영화 촬영은 군산 미군 공군기지 주변 옥구 아메리카 타운에서 이루어졌다고 합니다. 옥구 아메리카 타운 내 클럽들은 현재 시설이 노후화되었기 때문에 서울 이태원 같은 핫플레이스로 미군들이 발길을 돌리는 바람에 손님이 뜸해졌다고 합니다. 따라서 지금은 국제문화마을로 명칭이 변경되었고, 미군이 아닌

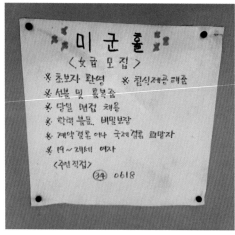

▶ 담양 추억의 골목 내 재현된 미군 홀 여급 모집공고 ▶ 영화 '아메리카 타운' 포스터

▶ 문산 선유리에 남아 있는 성병검사소 건물

▶ 과거에 성병진료소로 사용되었다는 파주시 ▶ 성병에 걸린 여성들의 수용소였던 몽키하우스
　장파리 소재 건물

내국인 또는 외국인 노동자들을 상대로 영업을 하고 있다고 합니다.

비록 영화 촬영은 군산 미군기지촌에서 이루어졌지만 전국의 미군기지촌에서 있었을 법한 이야기들을 종합하여 보여주고 있습니다. 예를 들어 양색시가 처참하게 살해당한 장면에서는 동두천 기지촌 윤금이 씨 살해 사건이 떠오르고, 미군기지 주변에 있었다고 하는 성병검사소를 영화를 통해 간접적으로 확인할 수 있습니다. 후반부 여자 주인공이 격리시설에 수용된 장면에서는 동두천 미군기지 주변의 격리시설인 '몽키하우스'가 떠오릅니다. 수용시설에 갇힌 채 창문의 쇠창살을 붙잡고 나가고 싶다고 울부짖는 여성들의 모습이 원숭이처럼 보인다고 하여 미군들은 이 수용시설을 몽키하우스라고 불렀다고 합니다. 지금은 이해할 수 없지만 예전에는 여성의 인권이 유린되었다는 것을 간접적으로 확인할 수 있는 장면입니다. 몽키하우스는 동두천의 자유수호평화박물관 진입로 오른편에 위치하고 있기에, 이곳을 방문하면서 미묘한 감정이 들었습니다. 이런 수용시설의 존재는 국가가 기지촌 생태계에 개입되어 있었다는 방증이라고 할 수 있습니다.

주한미군 한국인 노무자

미군부대에는 2020년 기준으로 약 1만 명의 한국인들이 일하고 있다고 합니다. 한국전쟁 이후 비공식적으로 미군의 잡무를 대행해주던 하우스보이도 있었지만 미군기지 내 도서관, 극장, 식당 등에는 한국인 근로자들이 일하였습니다. 제가 복무하던 2000년대 초반에도 미군부대에서 일하는 한국인 근로자를 서류상에 표기할 때 나이를 불문하고 하우스보이라고 표현한 것을 보고 한국인 근로자에 대한 인식이 여전히 1960년 대에 머물러 있는 것 같아 깜짝 놀랐던 기억이 있습니다.

2020년 코로나 시국에 주한미군 방위비협상 과정에서 트럼프 대통령이 무급휴직을 시행하겠다는 카드를 제시하며 한국인 근로자들에 대한 권익 문제가 이슈가 된 적이 있습니다. 미군부대에서 일하는 한국인들은 노동조합에 속할 수 있는데, 주한미군 노동조합 사무실은 미군부대 주변에 가면 어렵지 않게 찾을 수 있습니다. 많은 기지가 있었던 파주시의 경우에도 문산읍 선유리에 노동조합이 있었는데, 파주 지역에서 미군이 철수한 지 20년 가까이 지났음에도 불구하고 아직도 노동조합 파주지부 건물이 남아 있어 파주 미군 주둔의 역사를 증언하고 있습니다.

과거에 파주시에는 수많은 미군기지가 있었지만, 파주시 소재 미군기지에서 일했던 한국인 노동자들의 조합 건물은 문산역 근처에 있습니다. 조합 건물이 문산역 근처에 위치해 있는 정확한 이유를 알 수는 없으나 오랫동안 교통의 중심 역할을 수행했던 철도역 중의 하나인 문산역 인근이 파주 내에서도 교통의 요지라고 할 수 있기 때문에 노동조합 건물이 이곳에 자리 잡지 않았을까 추정됩니다. 한편 노동조합 파주지부 근처에는 삼거리부대찌개라는 식당이 있는데 문산에 오랫동안 살았던 지인에 의하면 문산역을 중심으로 파주 지역에 미군기지가 많아 이의 영향을 받았기 때문이라고 합니다.

미군부대 근로자의 노동조합 건물은 파주에만 있는 것은 아닙니다. 미군부대가 있는 곳에는 어느 곳에나 있습니다. 파주와 더불어 미군기지 촌으로 유명한 의정부시에도 노동조합 건물이 있었습니다. 바로 의정부

▶ 전국 주한미군 한국인 노동조합 파주지부　▶ 전국 주한미군 한국인 노동조합 KSC 의정부
　건물　　　　　　　　　　　　　　　　　　　지부의 KSC 노동회관 건물

▶ 파주시 법원읍 소재 KSC 식당 건물

역에서 북쪽으로 약 500m 위치에 있는 KSC 노동회관 건물입니다.

의정부역 인근에는 과거 캠프 폴링 워터, 캠프 라과디아, 캠프 레드 클라우드, 캠프 에세이욘이 위치했었고, 그 외에 캠프 카일, 캠프 시어즈, 캠프 인디언, 캠프 스탠리, 캠프 잭슨, 도봉산 탄약창, 캠프 필리라오우, 캠프 모지어, 캠프 네세서리 등 많은 미군기지가 의정부 전역에 분포하고 있었습니다. 그렇기 때문에 노동조합 건물이 의정부의 중심이라 할 수 있는 의정부역 근처에 있었던 것 같습니다. KSC(Korean Service Corps.)

는 한국전쟁 이후 미군의 작전과 전투를 지원하기 위해 만들어진 조직으로 한국인 노무단이라고 합니다. 한국전쟁 당시는 물론 현재까지도 미군의 작전을 지원하는 조직으로, 카투사와 함께 한미동맹을 유지하는 데 중요한 역할을 하는 조직이라고 할 수 있으며 KSC의 권익을 찾기 위해 노동조합이 조성되었다고 합니다. KSC 노동회관 건물은 1960년대 초에 건설되었는데 건물 전면에 있는 노동자 부조가 강렬한 인상을 줍니다. 경기도청은 이 건물을 근대 건축 명소로 보고 있습니다.

한편, 경기도 파주시 법원읍에는 캠프 스노우, 캠프 녹스, 캠프 어윈, 캠프 워너 등 많은 미군기지가 있었습니다. 그래서인지 파주시 법원읍 과거 미군기지 인근에는 KSC 근로자들의 식당이 있었는데, 건물의 연식이 60년 이상 되었기도 하지만 미군이 1970년대 초반에 철수하면서 이후 관리가 제대로 되지 않아 상당히 노후화된 상황입니다. 이 건물의 존재는 당시 법원읍 미군 주둔의 역사를 증언하고 있기에 가치가 있다고 할 수 있습니다.

캠프 호비(Camp Hovey)의 기지촌

캠프 호비는 6·25전쟁 중 십자수훈장(Distinguished Service Cross)을 수여받은 호워드 호비(MSG Howard Hovey)를 기념해서 명명된 부대입니다. 군복무 시절 각종 훈련과 카투사 친선주간 등의 행사 시에 가끔 동두천 캠프 호비에 방문하였습니다. 하지만 부대에 대한 뚜렷한 기억이 남아 있지는 않습니다. 미군부대 건물이라고 해봐야 다 비슷하니 큰 감흥은 없었지만 캠프 호비 내에 있던 식당과 관련한 기억이 가장 많이 남아 있습니다. 먹는 게 남는 거라는 말이 괜히 있는 말은 아닌 것 같다는 생각이 듭니다. 캠프 호비는 캠프 그리브스와 달리 부대 내 수용인원이 많다보니 식당의 규모가 커서 방문할 때마다 그 규모에 놀랐던 기억, 그렇기 때문에 배식을 받을 때 대기 줄이 길어 지루했던 기억, 자대에는 없는 메뉴가 있어서 부러웠던 기억이 있습니다.

캠프 호비에서 복무를 했다면 외출을 하며 부대 인근 기지촌을 한 번이라도 지나쳤을 텐데 셔틀버스나 군용 트럭 등으로만 이동하다 보니 호비 주변의 기지촌에 대해서는 잘 인지하지 못했었습니다. 캠프 호비가 반환될 예정이라고 해서 방문해 보니 턱거리마을, 쇠목마을이라는 기지촌과 마주쳤습니다. 미군들은 턱거리를 Tokori라고 표기합니다.

캠프 호비 후문 기지촌 골목 초입에는 2019년 11월에 개관한 턱거리마을박물관이 있습니다. 이곳은 1970년대에는 미군을 상대로 술을 파는 작은 클럽인 '황금스툴'이라는 업소로 운영이 되었다고 합니다. 그 후 캠프 호비 반환이 결정된 후 2008년에 카페 '샹제리에'라는 간판을 달고 영업을 하려 했으나 여의치 않아 주거공간으로 사용하다 빈집이 된 것을 옛 기지촌 클럽 시절의 모습으로 복원하여 문화공간으로 변화시킨 것이라고 합니다. 턱거리마을박물관을 지나가면 캠프 호비 정문으로 이어지는 기지촌 상가들이 나오는데 미군을 상대로 하는 군용물품 판매점이 있었으나 미군 병력의 평택 이전과 병력 감축으로 인해 상권이 약화되어 이젠 영업을 하지 않는 것 같았습니다. 기지촌 끝까지 간 후 왔던 방향으로 다시 돌아가다가 보면 오른쪽에 골목이 보이는데, 이 골목에는 미군들을 상대로 영업을 했던 클럽들이 즐비하였습니다.

▶ 캠프 호비 턱거리마을 안내 표시 및 턱거리마을박물관

▶ 턱거리마을 미군 상권의 흔적

▶ 왜관 기지촌 모습

▶ 왜관 기지촌에 있는 '한미식당(Big John's Res-
taurant)'의 옛 모습

캠프 호비 근처에는 턱거리마을 외에도 쇠목마을이 있으며, 이 마을에도 미군 클럽들이 즐비해 있습니다. 쇠목마을을 지나 오른쪽으로 가면 반환되어 토양오염 정화 작업을 하고 있는 과거 미군 사격장 부지가 나옵니다. 미군 사격장을 지나면 미군들뿐만 아니라 한국인들에게도 인기가 있는 '산속비버스BBQ'라는 식당이 나오는데 이곳은 주말에는 예약 없이 식사하기가 어려울 정도입니다.

왜관 미군기지촌

너무 오래되어 미군의 흔적이 희미해진 기지촌을 몇 군데 돌아보니 개인적으로는 소설가 정한아처럼 활력이 넘치는 미군기지촌이 궁금해졌습니다. 그러던 차에 영화 '고고70'을 본 후 영화의 배경이라고 알려진 왜관 미군기지촌에 간 적이 있습니다. 이 영화는 조승우가 뮤지컬 '지킬 앤 하이드'로 한창 주가가 높던 2008년에 개봉한 영화입니다. 왜관 미군기지 후문에는 수많은 미군 전용 클럽, 영어 간판으로 된 양복점, 기념품점, 식당 등이 즐비하였기에 이국적인 분위기가 풍기는 곳입니다. 왜관 미군기지촌은 오래된 1층 상가 건물보다 좀 더 현대화된 2~3층 건물들이 모여 있어서 확실히 현재진행형의 미군기지촌임을 알 수 있었습니다.

'그리운 건 너'라는 곡으로 유명한 밴드 데블스는 이곳 기지촌에 있는 유엔군 전용 클럽에서 활동을 시작한 후, 1970년 제2회 플레이보이배 전국 그룹사운드 경연대회에서 1등 상금 100만 원을 목표로 서울에 상경하고, 서울에서 한 팝칼럼니스트가 오픈한 '닐바나'라는 클럽에서 활동을 합니다.

복제판인 '빽판'만 듣다가 음질이 좋은 미군들의 LP판에서 흘러나오는 음악을 듣고 놀란 데블스는 흑인의 소울 음악을 자기들만의 스타일로 만든 한국적인 소울 음악을 연주하였고, 이런 음악은 많은 한국인들의 심금을 울렸습니다.

어느 날 영화 '내부자들'을 보던 중 가수 이은하의 '봄비'가 흘러나올 때, 70년대 느낌이지만 데블스의 '그리운 건 너'와 비슷한 느낌이 들어 곡의 정보를 찾아보니 두 곡의 작곡가가 김명길로 동일하여 고개를 끄덕였습니다. 김명길은 후에 서울 마포구에 있는 가든호텔의 밤무대에서도 연주자로 활동했다고 합니다. 어느 날 밤 서울 가든호텔을 지나갈 일이 있어 잠깐 그 앞에 서서 호텔을 바라보며 과거 호텔의 밤무대에서 연주했을 김명길의 모습을 상상해보았습니다.

파주 장파리 기지촌

경기도 파주시 장파리 인근에는 임진강 너머 민통선과 연결된 리비교가 있었습니다. 리비교 건너 민통선 내에는 미군기지가 몇 개 있었다고 합니다. 이곳에 주둔했던 미군들은 일과 후 리비교를 건너와 장파리마을에서 시간을 보냈다고 합니다. 장파리마을에 가보면 시간이 멈춘 듯 1960년대의 시설들이 곳곳에 남아 있습니다. 주로 미군들을 상대로 생계를 유지하던 기지촌이라 그런지 미군이 철수한 후 현재까지도 1960년대의 모습에서 큰 변화가 없는 상황입니다.

리비교를 건너 장파리마을에 진입하면 '라스트 찬스'라는 미군 클럽 건

▶ 미군 클럽 '라스트 찬스'

▶ 과거 미군 클럽 'DMZ홀'의 현재 모습

물이 있었다고 합니다. 미군들이 부대 밖에서 여가를 보내고 부대에 복귀하기 전 길목에 있는 마지막 클럽이기 때문에 클럽 이름이 '라스트 찬스'라고 합니다. 1960년대까지만 하더라도 미군 사이에서는 인종차별이 심했기 때문에 인종별로 이용하는 클럽이 달랐다고 하는데, 라스트 찬스는 백인들만 출입이 가능한 클럽이었다고 합니다. 이곳은 장파리 일대에서 가장 핫한 미군 클럽이었다고 하며, 1960년대에 이곳에서 사랑과 평화, 라스트 찬스 같은 한국 가수들이 공연을 했다고 합니다.

미군 클럽과 동일한 이름의 밴드인 라스트 찬스는 동두천, 부산, 왜관의 미군기지촌 클럽에서 연주생활을 했었다고 합니다. 처음에는 파이브 건스라는 이름으로 활동을 했으나, 박영걸이 이들을 픽업해서 장파리 클럽 라스트 찬스에 출연을 시켰는데 이곳에서 공연을 한 후 밴드명을 클럽명과 동일하게 바꾸었다고 합니다. 이들이 남긴 음반이 딱 한 장 있는데, 록 음악으로 연주된 보컬 없는 크리스마스 캐롤 연주곡 음반이라 이색적입니다.

'라스트 찬스' 건물은 미군이 떠난 후 오래 기간 방치가 되어 있었다고 합니다. 이를 설치미술가 윤상규가 복원하여 문화공간으로 재단장하고 운영을 하였는데, 제가 방문을 했던 때에는 아쉽게도 운영이 중단된 상황이었습니다. 다행히 최근에 경기등록문화재로 선정되어 정부 차원에서 관리가 이루어질 것으로 예상됩니다.

'라스트 찬스' 홍보물을 보면 조용필이 이곳 클럽에서 음악 활동을 했다고 기재되어 있으나 사실은 '라스트 찬스'가 아니고 'DMZ홀'이라는 곳에서 활동을 했다는 이야기가 있습니다. 'DMZ홀'은 현재 다른 용도로 사용 중에 있으나 건물의 외관은 비교적 잘 보존이 되어 있는 편입니다.

백의리 캠프 세인트 바바라(Camp Saint Barbara)의 기지촌

경기도 연천군 청산면 백의리에는 캠프 세인트 바바라라는 미군기지가 있었다고 합니다. 1970년대 초에 미군이 떠난 후 다른 기지촌과 마찬가지로 지역경제가 몰락했다고 합니다. 미군이 떠난 지 약 50년이 지났음에도 마치 시간이 멈춘 듯 오래전 미군을 상대로 영업을 했을 법한 음식점, 노래방, 술집, 숙박시설 등의 흔적이 남아 있었습니다.

오랜 시간 동안 경제적으로 활기가 없는 상태로 유지된 곳이라 빈집들이 많아서 마을에 활력이 부족해 보이긴 하였으나 제가 방문했던 2021년에는 마을을 재생하는 작업이 한창 진행되고 있어서 미래의 모습이 더 기대되는 곳이었습니다. 정주여건 개선 사업(경기도에서 함께 추진), 마을 간판 정비 사업(연천군 도시주택과 추진), 쌈지공원 정비 사업(연천군 산림

▶ 백의리에 남아 있는 60년대 단층 상업용 ▶ 도시재생 작업이 이루어지고 있는 백의리마을
건물

녹지과 추진), LPG 배관망 사업(연천군 지역경제과 추진), 새뜰마을 사업(생활
여건 개선 사업으로 농어촌공사에서 함께 추진), 빈집 철거 지원 사업, 게스트
하우스 사업(구 옥류장 여관을 개선), 백의리마을공유호텔(구 파출소 건물을
개조) 사업 등이 진행되고 있었습니다.

백의리는 가수 인순이가 태어난 동네로도 유명합니다. 그녀는 아프리카
계 미국인인 미군 아버지와 한국인 어머니 사이에서 태어났다고 합니다.
과거 미군이 주둔했다 떠난 오래된 마을을 돌아보며 한국에 이런 곳이
있다는 것을 알게 되고, 이런 알려지지 않은 장소야말로 한국 역사의 일
부를 이해할 수 있는 의미 있는 곳이란 생각이 들었습니다.

대전리 포트 비버스(Fort Beavers)의 기지촌

백의리에서 서쪽으로 가면 경기도 연천군 청산면 대전리에 미7사단의 탱
크부대였던 포트 비버스(Fort Beavers)라는 미군기지가 있었다고 합니다.
이곳은 1950년 9월 한국전쟁 당시 수원에서 전사한 해롤드 비버스(Har-

▶ 포트 비버 인근 마을 모습

old R Beavers) 대위를 기념하여 명명된 부대였다고 합니다. 주한미군부대는 대부분 캠프라고 불렸는데 이곳은 포트라고 불러서 이색적이지만 정확한 이유는 알 수 없습니다. 포트 비버스에 주둔했던 미군들은 인근 마을에서 중학교 진학을 못한 청소년들을 위해 청산학원이라는 야간학교를 운영하였다고 합니다. 이곳 마을의 주거시설이 열악하여 미군들은 마을에 있는 집들을 개집(Dog Patch)이라고 불렀다고 하는데, 이 말을 듣고 참 안타깝다는 생각이 들었습니다. 이 마을의 현재 모습을 촬영하여 70~80대의 퇴역 미군들에게 공유하였더니 과거와 달라진 모습에 다들 놀라는 모습이었습니다. 현재는 마을길이 포장되었고 전봇대와 배수시설이 구비되었으며, 무엇보다 집이 개량되어 예전과 많은 변화가 있다는 반응이었습니다.

포천 영북면 운천리 벽화마을

경기도 포천 영북면 운천3리 인근에는 캠프 카이저(Camp Kaiser)라는 미군 7사단 소속의 미군부대가 있었다고 합니다. 닉슨 독트린으로 1971년에 7사단이 한국을 떠나면서 이 부대는 한국정부에 반환되었다고 합니다. 캠프 카이저 반대 방향에는 마을을 사이로 태국군부대도 주둔하였다고 합니다.

미군부대와 태국군부대 사이를 동서로 가로지르는 길을 중심으로 운천 3리마을이 있습니다. 미군과 태국군이 주둔하던 시절에 이곳에서 어린 시절을 보내셨던 분의 이야기에 의하면, 기지촌에 가면 양공주들을 흔하게 볼 수 있었다고 하며 길을 거닐다 미군을 만나면 초콜릿을 달라고 했던 기억이 남아 있다고 합니다.

미7사단은 아리랑을 참 좋아했던 것 같습니다. 캠프 카이저 앞 기지촌 거리 이름이 미군들에 의해 텍사스아리랑길로 불렸고, 미7사단은 1956년에 '아리랑'을 사단 공식 진행곡으로 지정하였다고 합니다. 즉, 미 육군 7사단의 사단가 제목은 '아리랑'인데 우리나라 민요 아리랑의 멜로디에 부대를 상징하는 대검(Bayonet)과 관련된 가사를 붙여서 행진곡이 만들어졌습니다. 아리랑이 세계에 알려진 계기는 아이러니하게도 한국전쟁을 통해서라고 보는 시각이 있습니다. 한국전쟁 당시 한국인들이 아리랑을 부르는 것을 듣고 UN군이 아리랑을 알게 되었기 때문이라고 합니다. 한편 미7사단 본부가 있던 동두천과 안홍동 사이 나루터에 원조의 일환으로 미군이 다리를 건설하였는데, 이 다리의 이름을 '아리랑 다리(현재의 안홍교)'라고 하였습니다.

동대문운동장기념관에 가면 1966년에 만들어진 7사단 야구팀 깃발이 전시되어 있습니다. 미7사단은 서울 동대문운동장에서 열린 야구경기에 참여한 듯합니다.

▶ 7사단 야구팀 깃발

과거 미군이 주둔하던 시절에 텍사스아리랑길은 번화가였다고 합니다. 하지만, 미군이 1971년에 철수한 이후 텍사스아리랑길 기지촌은 쇠락하기 시작하였다고 합니다. 미군이 떠난 후 약 50년이 지난 현재까지도 이 길에는 미군이 주둔하던 시절의 흔적이 남아 있습니다. 하지만 텍사스아리랑길의 시작점과 종점의 분위기가 사뭇 다릅니다. 시작점이라고 할 수 있는 과거 캠프 카이저 쪽 텍사스아리랑길은 주택이나 작은 상점으로 용도가 변경되어 오래된 시골 마을 같은 느낌이고, 과거 태국군이 주둔

▶ 과거 미군기지촌에서 태국군부대 방향으로
보이는 텍사스아리랑길

▶ 운천리 기지촌 양복점의 흔적

▶ 차이니즈 터널(Chinese Tunnel)

하던 방향으로 갈수록 현재의 운천리의 번화가에 가까워지기 때문인지 좀 더 현대화된 상업용 시설물들 안에서 상권이 형성되어 있으며 여러 행정기관들도 모여 있습니다. 그렇기 때문에 과거 미군부대에서 태국군 부대 방향으로 이동하는 동안 마치 1960년대부터 2000년대까지 시간여행을 하는 느낌이 들었습니다.

텍사스아리랑길 초입에 있는 아주 오래된 양복점의 흔적은 마치 오래된 시간이 공간에 박제된 느낌을 풍겼습니다. 미군들은 한국군과 달리 일과 시간 이외에는 자유롭게 일상복을 입을 수 있습니다. 하지만 미군이 외출을 나와 옷을 구매하려고 해도 옷을 구하기 힘들었고, 옷을 구할 수 있다 하더라도 한국의 일반 옷들이 미군들의 체형에 맞지 않아 맞춤복을 제작해줄 수제 양장점이 필요했을 것입니다. 미군기지 주변에 가면 양장점(테일러 샵)이 있는 이유가 바로 이런 배경 때문입니다.

캠프 카이저에 주둔하던 미7사단 소속 사병들은 사단 본부가 있던 캠프 케이시에 왕래하는 경우가 있었다고 합니다. 캠프 케이시에 가는 길에는 미군들이 차이니즈 터널이라고 부르던 곳이 있는데, 이곳은 일제시대에 일본인들이 조성한 터널입니다. 미군들은 예전에 이 터널을 수없이 지나 다녔다고 하나, 추후 인근에 도로가 개통된 후에는 차이니즈 터널을 사용하지 않게 되면서 이 터널의 존재를 알지 못하는 미군들도 많아졌습니다. 이 터널이 왜 차이니즈 터널인지는 잘 모르겠지만, 미군 장교 중에서는 사병들이 이 터널을 차이니즈 터널이라고 부르면 얼차려를 주는 경우가 있었다고 합니다. 현재는 낙석 위험 때문에 터널 출입구 부분에 안전시설이 설치되었는데, 과거의 터널 모습을 기억하는 미군들에게는 낯선 모습이라고 할 수 있습니다.

캠프 하우즈(Camp Howze) 기지촌

경기도 파주시 조리읍 봉일천에는 1953년에 조성된 것으로 알려진 캠프 하우즈(Camp Howze)라는 미군기지가 있었습니다. 한국전쟁 직후 미 해병대가 잠시 주둔하긴 하였으나 사실 이곳은 한때 미2사단의 중심지였습니다. 미군들은 파주 지역을 중심으로 한반도 서북부 지역에 있는 미군기지들을 통칭하여 웨스턴 커리더(Western Corridor)라고 불렀는데, 이 많은 부대들 중 서울에 가장 가까운 부대가 캠프 하우즈였기 때문에 사단 본부가 캠프 하우즈에 주둔했던 것 같습니다.

1971년에 미7사단이 한국에서 철수하면서 미7사단 본부가 있던 동두천 캠프 케이시가 비워지게 되자, 미2사단 본부가 캠프 하우즈에서 캠프 케이시로 이전하며 캠프 케이시로 미2사단의 중심이 이동하였습니다. 그 후 캠프 하우즈가 2007년에 한국정부에 반환되기 전까지는 미2사단 예하의 공병여단 44공병대대가 주둔하였습니다. 캠프 하우즈에서 미군이 떠난 지 오래되었지만 현재 캠프 하우즈 정문에 있는 버스 정류장 명칭이 '사단앞'이라서 흥미롭습니다.

캠프 하우즈 본진은 평지가 아닌 산기슭에 자리를 잡고 있었습니다. 부대 진입로에서 바라보면 정상 인근에 급수탑이 보이고, 갈색 지붕의 미군부대 건물이 곳곳에 보입니다. 진입로 왼쪽에는 부대의 차고지(motor pool)가 있었는데 현재는 모든 시설이 철거되어 공터로 남겨져 있고 차고지와 부대 본진 사이에 기지촌이 있었습니다. 또한 '캠프 하우즈 진입로에서 바라본 부대 주변 모습' 사진에서 보이듯이 진입로 오른쪽에도 기지촌이 있었습니다.

파주시에서는 부대 본진이 있던 곳은 공원으로 조성하고 차고지와 미군 기지 주변 지역인 기지촌 지역은 주거단지로 개발하려고 하였으나 아직도 개발이 지연되고 있습니다. 개발이 지연됨에 따라 기지촌에 있던 클럽 건물들이 그대로 방치되어 있어 미관상으로 상당히 좋아 보이지 않는 상황입니다. 미관상의 문제는 그렇다 치더라도 개발제한구역 내 행위 제한으로 인해 인근에 있는 주택들에 도시가스조차 공급이 안 되어 주민들이 상당한 불편을 겪고 있다고 합니다.

제가 복무했던 캠프 그리브스에서 용산 미군기지까지 가는 미군 셔틀버스가 캠프 하우즈를 경유하였기 때문에 주말에 가끔 캠프 하우즈에 방문하였었습니다. 셔틀버스 정거장이 하우즈 부대 본진 내에 있었기 때문에 버스는 초소에서 검문 과정을 거친 후 부대 내부로 들어갔습니다.

부대가 산기슭에 위치하여 부대 내 주행도로가 좁다 보니 버스는 부대 후문 근처까지 진입한 후 한 바퀴를 돌아서 버스 정류장을 거친 후 다시 부대 정문을 통해 나와야 했습니다. 그때는 버스가 부대 내부를 한 바퀴 돌아가는 것이 지루했었는데 지금 생각해보면 그 덕분에 부대 내부 구경을 할 수 있었습니다.

개인적으로 캠프 하우즈 하면 떠오르는 것은, 카투사 동기와 캠프 하우즈 식당에서 식사를 하고 용산 미군기지로 가는 버스가 오기 전까지 부대 내 도서관에 방문해서 시간을 보낸 후 버스 대기실에서 미군부대 셔틀버스를 기다리던 기억입니다. 들어가본 적은 없지만 후문 근처에 있는, 커미서리(Commissary)라는 식료품 판매소 건물도 버스에서 자주 볼 수 있었습니다. 이 부대에도 극장이 있었는데, 이곳 출신 카투사들에 의

▶ 캠프 하우즈 진입로에서 바라본 부대 주변 모습

▶ 캠프 하우즈 진입로 오른쪽에 있는 미군 클럽 (Moon Club)

▶ 후문에 서면 초소(우측)와 식료품점 건물(왼쪽 상부)이 보이고 초소 오른쪽에 엄마품동산이 조성되었다

▶ 엄마 품을 형상화한 조각품, 모자 조형물, 기지촌 여성들의 넋을 기리는 나무들로 구성된 엄마품동산

하면 부대 내 극장에서 소속 부대 카투사들이 모여 정훈교육을 받았다고 합니다.

캠프 하우즈 본진 자리는 부지의 특성을 고려하여 다양한 시설을 갖춘 문화공원으로 조성이 될 예정이라고 하는데 부대에 있던 건물들 중 오래된 퀸셋 막사 같은 건물들은 대부분 철거가 되었으나 상태가 양호한 블록 건물이나 콘크리트 건물들은 존치하기로 결정되어 남아 있습니다. 그 이유는 존치 건물들을 최대한 활용하여 공원의 시설로 이용할 예정이기 때문이라고 합니다. 현재 존치된 건물들 중에는 막사 건물이 가장 많이 남아 있고, 도서관, 병원 건물 등도 남아 있습니다. 아쉽게도 부대 내 버스 정류장으로 사용되었던 건물은 철거가 된 것 같습니다. 언제 개발이 완료될지 모르겠으나 개발이 완료된 후 다시 가보게 된다면 감회가 새로울 것 같습니다. 캠프 하우즈 반환부지의 개발이 지연되고는 있지만 부대 내부의 일부 장소는 조리체육공원으로 조성되었고, 후문 바로 옆에는 혼혈인들을 위한 엄마품동산이 조성되어 있어서 방문 신청을 하면 잠시 둘러볼 수 있습니다. 엄마품동산은 과거 미군 셔틀버스가 방향을 틀던 지점에 조성되어 개인적으로 수십 번 지나치던 곳이라 과거의 기억과 어우러져 미묘한 감정이 들었습니다. 이곳에는 파주시 법원읍 부인의원 고 남영원 원장의 아들인 더재활의학과 원장 김주현이 기증한 '모자 조형물', 조각가 왕광현의 작품인 '엄마 품' 등이 설치되어 있으며 기지촌 여성의 아픈 역사를 알고 있는 사람이라면 감동을 느낄 수 있는 공간입니다.

미군기지촌 주변에는 미군과 한국인 사이에 태어난 혼혈인들이 많이 있었고 지금도 평택 미군기지 인근에 가면 혼혈인들이 많이 있다고 합니다. 한국인들의 무의식 속에는 한국인은 한민족이라는 단일민족 의식이 강하게 자리 잡고 있다 보니 순혈주의가 강한 편이라, 이러한 분위기에서 혼혈인들이 한국에서 조화롭게 살아가기는 쉽지 않았을 것입니다. 과거에는 이질적으로 생겼다는 이유로 놀림을 받는 혼혈아들이 상처를 받기 때문에 복지재단을 통해 미국으로 입양을 보내는 일도 있었다고 합니다.

고려시대 명장인 문숙공 윤관이 여가 시간을 보내던 상서대가 있는 경기도 파주시 법원읍 웅담리에는 캠프 패리스(Camp Parris), 제2휴양소(RC#2), 캠프 코어슨(Camp Coursen), 캠프 해리스(Camp Harris), 캠프 맥

▶ 문숙공 윤관의 여가를 위한 휴양시설인 상서대

▶ 웅담리 소재 과거 초등학교 분교(현재의 베세토 국제학교) 모습

▶ 웅담리 과거 미군기지촌 주변 오래된 상업용 건물들

거번(Camp McGovern) 등 많은 미군기지가 있었다고 합니다. 미군들이 주둔하던 시절 주변 마을은 노패동이라 불리기도 했습니다. 이곳에서 공병으로 복무했던 한 퇴역 미군에 의하면 부대가 한국정부에 반환되면서 미군 공병이 문산 선유리 캠프 자이언트로 이전했다고 합니다.

웅담리라는 작은 마을 주변에 많은 미군기지가 밀집해서 주둔하였었다는 사실에 처음에는 놀랍다는 생각이 들었습니다. 미군기지가 많이 있다 보니 한국인 어린이들뿐 아니라 미군 혼혈아들도 많아서 초등학교의 분교까지 설립되어 운영되다가 미군이 떠난 후 얼마 지나지 않아 폐교가 되었다고 합니다. 하지만 해당 초등학교 건물은 철거되지 않고 보존되어 있고, 현재는 대안형 국제학교인 베세토 국제학교로 사용되고 있습니다. 이곳에 가보면 주말에는 학교시설 일부를 캠핑장으로 운영하고 있어서 가족들이 시간을 보내는 모습을 볼 수 있습니다.

미군이 떠난 지 워낙 오래되었기 때문에 이곳을 기억하는 분들은 별로 없다고 할 수 있습니다. 그나마 이곳 마을에 가면 1960년대 미군이 주둔하던 시절에 존재했을 법한 건물들이 아직도 남아 있어서 마치 60년대로 시간여행을 온 듯합니다.

부평 기지촌

인천 부평구에도 혼혈인 학교로 사용되던 건물이 남아 있습니다. 인천 부평구에 있던 미군기지들을 통칭해서 부르던 애스컴 시티(ASCOM City) 주변에도 기지촌이 형성되었고 그 결과 미군과 한국인 사이에 태어난 혼

과거와 현재
그리고 미래가 공존하는 곳. "힐록"

과거 부평에 주둔했던 미군부대·에스컴 시티
(ASCOM CITY : Army Service Command City)
는 전국의 미군부대에 전쟁 물자와 식량을 보급하는
보급창 역할을 해오던 곳이었습니다.

그러나 부대 주변 자연스럽게 미군부대 주변
신촌(부평동,신곡동,청천동) 일대는 '기지촌'으로
변모하였습니다. 에스컴에는 한때 8천 명에 이르는
한국인 노동자들이 근무하였고, 미군 PX에서 나온
담배, 술, 통조림, 전자제품, 화장품 등이 서울 남대문과
동인천 양키시장, 부평시장 등에서 유통되었으며,
덕분에 주변 상권은 큰 호황을 누렸습니다.

당시 부업의 특성상 힐록 부근에는 혼혈아가 아주
많았고, 운혈아에 대한 편견이 심장 때라 교육의
혜택이 제대로 마워지 않아 이들의 생계 또한
어려웠다고 합니다.

이곳 힐록의 전신은 과거 혼혈아들에게
기술을 가르치던 '금성기술전문학교' 였습니다.

▶ 현재는 식당으로 운영 중인 '힐록'

혈아가 많이 있었다고 합니다.

인천 부평구 청천동 소재 장수산 기슭에는 이러한 혼혈아들에게 기술을 가르치기 위해 설립된 금성기술전문학교가 있었다고 합니다. 이곳은 현재 '힐록'이라는 식당으로 운영되고 있는데, 식당에 가보면 과거 이곳이 혼혈인들을 위한 학교 부지였음을 알려주고 있습니다. '힐록'으로 가는 진입로는 포장 상태가 양호하지 않아 다소 불편한 편인데, 이런 외진 곳에 학교가 있었다는 것을 보면 그 당시 혼혈인들이 한국 사회에서 얼마나 소외를 받고 살았는지 간접적으로 알 수 있습니다.

▶ 영화 '수취인불명' 포스터

한편, 미군기지촌에 사는 혼혈인의 이야기를 다룬 영화로 김기덕 감독의 '수취인불명'이 있습니다. 주인공인 혼혈아 창국의 어머

니는 미국에 있는 남편에게 편지를 보내고 답장을 기다리지만, 기다리던 답장은 오지 않고 그녀가 보낸 편지에 수취인불명(address unknown)이라는 직인이 찍혀 반송이 될 뿐입니다.

'수취인불명'은 1970년대 캠프 이글스(Camp Eagles)라는 미군기지 주변의 한 마을을 배경으로 하고 있습니다. 캠프 이글(Camp Eagle)이라는 부대가 강원도 횡성에 2000년대 초반까지 실제 존재했었으므로 캠프 이글로 착각할 수 있으나, 영화 촬영은 강원도 횡성이 아닌 경기도 평택 미군기지인 캠프 험프리스 근처에 있는 동창리마을에서 촬영했다고 합니다. 또한 영화 내 부대 이름을 당시 한국에 존재했던 캠프 이글이 아니라 캠프 이글스라고 하여 가상의 미군기지로 표현이 되었음을 알 수 있습니다.

군복무 당시 강원도 횡성에 있는 캠프 이글에 방문한 적이 있는데, 세계 최강의 공격형 헬기 '아파치'의 위용에 놀랐던 기억이 납니다. 캠프 이글과 연계된 부대는 강원도 원주시 태장동에 있는 캠프 롱(Camp Long)입니다. 이곳은 평택의 캠프 험프리의 예하 부대로도 알려져 있습니다. 부대명은 1951년 2월 12일 한국전쟁 중 원주 근처에서 사망 후 명예훈장을 받은 찰스 롱(Charles R. Long)을 기념하여 명명되었다고 합니다. 캠프 롱에는 여러 부대가 주둔하였지만 부대 반환 전에는 통신부대가 주둔한 것으로 알려져 있습니다. 부대가 반환된 후 캠프 롱은 오랫동안 방치가 되었으나 원주시에서 2020년 6월에 부대 공개 행사(CAMP 2020)를 치르면서 이곳의 미래 모습을 공개하였습니다. 이곳에는 추후 복합공원 및 국립원주과학관이 동시에 조성될 예정이라고 하며, 미군기지 기록화 작업도 완료되었다고 합니다. 이에 따라 철거할 건물은 철거하고 환경오염 정화 작업을 진행 중입니다. 가까운 미래에는 복합공원으로 변모되어

▶ 캠프 롱 부대 정문

▶ 캠프 롱 기존 배치도 및 공원 조성 계획

▶ 캠프 롱 개방 행사 마지막 날(6월 25일)에 방　▶ 원주 중앙로
문한 현역 미군들이 독신자 숙소(Barracks)
를 바라보는 모습

있을 것입니다.

캠프 롱이 주둔했던 강원도 원주시 태장동 인근 구도심에는 원주강원감영이 있어서 예로부터 원주의 중심지였음을 알 수 있습니다. 이곳에는 미군이 주둔하던 시절 조성한 것으로 알려진 원일로, 평원로, 중앙로를 중심으로 시가지가 형성되어 있습니다.

경기도 의정부 캠프 라과디아

대학교 1학년 때 친하게 지냈던 같은 과 동기가 경기도 의정부시 가능동에 있는 교회에 다녀서 가능동에 몇 번 가본 적이 있었습니다. 당시 그 동기는 교회 뒤편에 미군기지가 있다고 했었습니다. 그 미군기지가 바로 캠프 라과디아(Camp Laguardia)였습니다. 20여 년이 지나 다시 와보니 미군기지는 사라졌으나 가능제일교회는 미군기지 담벼락 옆 자리에 그대로 있었습니다.

이 부대의 유래에 대해서는 부대가 반환된 후 조성된 캠프 라과디아 체육공원 입구에 설명되어 있어서 해당 내용을 참고하여 제가 아는 내용을 덧붙이면 다음과 같습니다. 캠프 라과디아는 한국전쟁 중인 1951년 5월 28일부터 운영되었고, 2005년 5월 25일 폐쇄된 후 2007년 4월 13일에 한국정부에 반환되었습니다. 부대명은 한국전쟁 중 전사한 미2사단 38연대 소속의 라과디아 이병을 기리기 위하여 명명되었다고 합니다. 캠프 라과디아는 초기에 정찰용 또는 지휘 및 연락용 경비행기(L19)의 운영기지로 미1군단 59항공대가 사용(1960년대에 캠프 라과디아에서 미1군단

59항공중대원으로 복무했다는 예비역 카투사의 증언도 있습니다)하다가 헬리콥터가 보편화되면서 헬리콥터 이착륙장으로 바뀌었다고 합니다. 이러한 변화 과정에서 북쪽의 동서 방향 활주로 1개(현재의 가능로)와 그 주변 지역인 현재 의정부공업고등학교와 의정부중학교 부지가 한국정부로 반환되면서 활주로 모양이 'ㄷ'자 모양에서 'ㄱ'자 모양으로 변화된 것은 아닌가 추정됩니다(실제로 전쟁 직후인 1954년의 항공사진을 보면 캠프 라과디아의 활주로가 'ㄷ'자 모양이었습니다).

의정부공고와 의정부중학교를 다녔던 사람들은 이곳이 구시가지임에도 불구하고 신시가지에 있는 학교처럼 평평하고 광활한 네모진 땅에 학교가 위치해 있어서 특이한 느낌이었다고 합니다. 즉, 구시가지에 있는 학교들은 대부분 좁은 길과 경사지에 위치해 있는 경우가 많고 평지에 그렇게 넓은 학교들이 모여 있는 경우는 거의 없다고 보아도 무방하기 때문입니다. 게다가 주변에 의정부여자중학교과 의정부여자고등학교가 있

▶ 1970년대 캠프 라과디아 모습(출처: 의정부역전근린공원)

는 등 학교 4개가 모여 있기 때문에 구시가지에 마치 대학교 규모의 학교 공간이 있는 것입니다. 제가 1950년대에는 이곳 일대에 미군 활주로와 미군부대 건물들이 있었다고 설명하자 어쩐지 느낌이 특이했다며 그제서야 상황이 이해된다는 반응을 보였습니다.

흥미로운 것은 캠프 라과디아 정문 근처에 '헬기장 포차'라는 식당이 있다는 것입니다. 이 식당을 통해 미군기지 주변 주민들은 이 미군부대를 헬기장이라고 생각했다는 것을 확인할 수 있습니다. 물론 캠프 라과디아에는 헬리콥터부대만 주둔한 것은 아닙니다. 미군 예비역 병장인 토마스 루켄(Thomas Lucken)에 의하면 1980년대에는 4/7기갑부대가 이곳에 주둔하였다고 합니다.

1994년 미2사단은 헬리콥터부대를 외곽으로 이전하고 비교적 소음이 적은 공병중대와 사단 군악대 등을 주둔시켰고, 여유 공간에 조립식 초급장교숙소를 지어 부족한 숙소 문제를 해결하였다고 합니다. 캠프 라과디아가 철거되기 전인 2009년에만 하더라도 1호선 전철을 타고 의정부역에서 가능역으로 가는 중에 부대가 위치한 서쪽을 바라보면 미군 주택이 동서 방향으로 일렬로 늘어서 있는 모습을 전철 내부에서 내려다볼 수 있었습니다. 미군부대 주변 기지촌의 주택들이 밀집되어 있는 것과는 대조적으로 미군부대 내 미군 주택들은 마치 미국에 있는 주택들처럼 공간적으로 여유 있게 배치되어 있어 상당히 인상적이었습니다.

부대가 반환되기 전에는 부대의 존재로 인해 이 일대를 지나는 차량들은 주택가의 좁은 일방통행 길을 돌고 돌아 지나다녔었다고 하는데, 캠프 라과디아가 철거된 후 남북 방향의 활주로가 왕복 6차선 도로가 되

▶ 1950년대 캠프 라과디아의 동서 방향 활주로였던 의정부공고 앞 가능로

▶ 캠프 라과디아 정문 근처의 '헬기장 포차'

▶ 6차선 도로로 변한 캠프 라과디아 내 남북 방향 활주로

▶ 캠프 라과디아 체육공원에서 보이는 의정부경전철

▶ 과거 부대 게이트 쪽에 조성된 의정부경전철 흥선역과 기지촌의 현재 모습

▶ 과거 캠프 라과디아 담장에 남아 있는   ▶ 과거 기지촌 지역에서 보이는 의정부경전철
　미군부대 경고문

면서 교통 흐름이 원활해졌다고 합니다.

한편, 남북 방향뿐만 아니라 동서 방향으로도 도로가 조성되었고, 도로 위에는 의정부경전철이 건설되었습니다. 또한 과거 부대의 남북 방향 활주로 인근 부지에는 캠프 라과디아 체육공원이 조성되었습니다.

캠프 라과디아 부지는 반환이 된 후 개발이 진행 중이라 예전 미군부대로 사용되던 때와 마찬가지로 주변에 비해 상대적으로 쾌적한 환경을 유지하고 있습니다. 이와는 대조적으로 과거 부대 주변의 마을은 아직도 시간이 멈춘 것처럼 과거의 모습을 간직하고 있습니다. 예를 들어, 캠프 라과디아 출입구가 있던 곳에는 의정부경전철 홍선역이 생겼으나 그 주변은 아직도 과거 기지촌 시절의 오래된 단층 주택과 상가 건물들이 많이 남아 있습니다. 심지어 반환부지 중 아직 개발이 진행되지 않고 있는 과거 미군부대 지역과 마을 사이를 가로막고 있는 미군부대 담장이 아직도 남아 있습니다.

여의도 YBD (舊 서울공항 K-16)

경기도 의정부시에 미군 헬기장이 있었다면 서울 한복판인 여의도에는 미군이 잠시 비행장으로 사용하던 곳이 있었습니다. 미군기지촌을 다루다 조금 생뚱맞지만 헬기장이 나온 김에 잠깐 비행장에 대해서도 살펴보고자 합니다.

여의도는 서울의 3대 도심 업무지구 중 하나인 YBD(Yeouido Business District)인 빌딩숲입니다. 현재 수많은 직장인들이 이곳으로 출퇴근을 하거나 방문을 하여 업무를 보며 한국 경제를 이끌어가고 있습니다. 이러한 여의도가 과거에는 비행장이었다고 합니다. 한강공원 마포대교 남단 인근에서 여의도 방향에는 여의도비행장 역사의 터널이라는 곳이 있습니다. 이곳에 가보면 옛 여의도공항의 역사를 간략히 볼 수 있습니다. 일본은 1916년에 여의도 백사장에 한국 최초의 공항을 건설하였고 경성비행장으로 명명하였다고 합니다.

여의도비행장은 수많은 역사적 이벤트가 있었던 장소라고 할 수 있습니다. 개인적으로 가장 인상적인 것은 광복 후 백범 김구 선생이 1946년에 중국에서 C-47기를 타고 귀국해서 처음으로 밟은 한국 땅이 여의도비행장이었다고 합니다.

특이한 점은 여의도가 한국전쟁 이후 1955년까지 미군의 군용비행장으로 사용되었다는 것입니다.

1958년에 대통령령으로 김포공항이 김포국제공항으로 지정되면서 여의도공항은 민간공항으로써의 역할은 끝이 나고 한국군비행장으로 사용되다가, 여의도 재개발 계획에 따라 1971년 2월에 공항이 성남으로 이전하면서 폐쇄되고 여의도광장이 되었다고 합니다. 공항이 여의도에서 경기도 성남으로 이전하였음에도 계속해서 서울공항이라고 하는 이유는, 원래 여의도 군비행장을 서울공항이라고도 불렀기에 공항이 성남으로 이전하였지만 이름은 변경하지 않았기 때문이라고 합니다.

여의도 서울공항이 성남으로 이전하였다 하더라도 여의도가 비행장이었다는 흔적이 여의도 남쪽인 대방동에 남아 있습니다. 하늘마루아파트, 우주마루아파트 등 공군을 연상시키는 장소들이 대방동 곳곳에 있습니다. 여의도 서울공항이 성남으로 이전된 후 여의도가 공원화된 1999년 이전에는 여의도광장으로 불렸는데, 이때는 기존의 활주로가 어린이들의 롤러스케이트장으로 활용되기도 하였습니다. 또한 여의도광장은 집회 장소로 사용되었다고 합니다. 예를 들어 바티칸의 교황이 한국에 방문하였을 때 여의도광장에서 집회를 한 일도 있습니다.

모래섬이었던 곳이 일제시대에 비행장으로 변하였고, 6·25전쟁 중에는

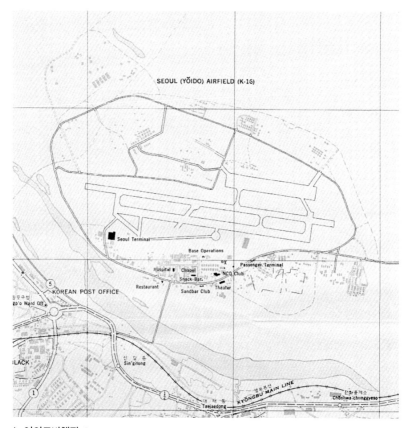

▶ 여의도비행장(출처: 서울역사박물관)

▶ 여의도공원 내 비행장의 C-47기 모습   ▶ 1954년 여의도 공군기지(출처: 서울역사박물관)

수많은 전쟁물자와 군인들이 이곳을 오고 갔습니다. 휴전 후에도 군비행장으로 사용되다가 경기도로 공항이 이전하게 되면서 시민들을 위한 광장으로 사용되었고, 이제는 정치, 경제의 중심지로써 고층빌딩이 즐비한 빌딩숲이 되었습니다. 앞으로 여의도가 어떻게 변할지는 알 수 없겠지만, 이곳의 과거를 조금이라도 알고 오늘을 살아간다는 것은 흥미로운 일이 아닐 수 없습니다.

캠프 스탠턴(Camp Stanton)

다시 기지촌 이야기로 돌아와서, 활주로가 있던 미군기지인 캠프 스탠턴입니다.

경기도 파주시 광탄면 신산리에는 캠프 스탠턴(Camp Stanton)이라는 미군기지가 있었습니다. 캠프 스탠턴은 H-112 또는 스탠턴 에어필드(Stanton Airfield)라는 명칭으로도 불렸는데 부지를 남북으로 관통하는 도로를 중심으로 서쪽 부지에 소형비행장과 헬기장이 있어서 그렇게 부른 것으로 추정됩니다. 실제로 이곳은 신산리비행장이라 불렸다고 합니다. 이곳에는 1952년부터 미군이 주둔하였는데, 2비행대(2nd Aviation), 1기갑사단 15비행대대와 2사단 7기갑연대 등이 주둔하였다고 합니다. 경기도 파주시 문산에 있었던 미군부대인 캠프 젭 스튜어트(Camp James Ewell Brown Stuart, 또는 Camp JEB Stuart)가 1971년도에 한국정부에 반환되면서 캠프 젭 스튜어트에 주둔하던 4/7기갑부대가 캠프 스탠턴으로 재배치되었다고 합니다.

▶ 캠프 스탠턴 항공사진(출처: 파주시)

▶ 캠프 스탠턴 정문 앞의 미군 셔틀버스 정류장(S123)

▶ 미군기지가 철거되고 오랫동안 빈 땅으로 남아 있는 캠프 스탠턴

▶ 미군이 철수한 후 텅 빈 캠프 스탠턴 주변 상가 건물

제가 군복무를 했던 2000년대 초반에도 캠프 스탠턴에 미군이 주둔하였으나 군복무 당시에는 이 부대의 존재에 대해서는 잘 몰랐습니다. 퇴역 미군들에 의하면 캠프 스탠턴에 있는 헬리콥터가 다른 부대의 훈련에 지원이 되는 경우가 있었다고 합니다. 2000년대 후반 직장생활을 하던 중 회사 업무차 파주시 법원읍에 출장을 갈 일이 있었는데, 업무를 마친 후 버스를 타고 복귀하던 중 버스 안내방송에 다음 정류장이 '미군 부대앞'이라는 멘트를 듣고 주변을 둘러보니 실제로 미군기지 건물이 보였는데, 이 부대가 반환 미군기지인 캠프 스탠턴이었습니다.

이곳도 다른 미군기지와 마찬가지로 오랫동안 개발이 되지 않고 공터로 남아 있었으나 파주시는 2025년 개발완료를 목표로 2020년 6월에 GS건설 컨소시엄을 우선협상사로 지정하여 산업단지와 970세대 규모의 주택 용지로 개발하기로 협약하였다고 합니다.

캠프 피터슨

한편, 캠프 스탠턴이 있는 파주시 광탄면 신산리에서 남쪽으로 조금만 이동하면 캠프 피터슨(Camp Peterson)이라는 부대가 있었다고 합니다. 워낙 일찍 반환된 부대라 그 존재조차 모르는 사람이 많았습니다.

이 부대가 널리 알려진 계기는 2011년에 이곳을 방문한 한 미군 퇴역장교의 증언 때문입니다. 1968~1969년에 캠프 피터슨을 포함한 몇몇 주한 미군기지에서 복무를 했던 미군 퇴역장교 필 스튜어트 씨가 과거에 캠프 피터슨의 세탁소 부지로 사용되었던 광탄농협하나로마트 주차장에 방문하였습니다. 그는 이곳에서 맹독성 화학물질인 고엽제(에이전트 오렌지)에 대한 폭로 및 증언을 함으로써 연일 언론에 대서특필되었으며, 이로 인해 당시 한국 사회는 상당한 충격을 받았습니다.

그의 진술에 의하면, 1960년대 말에 부산에 있는 미군55보급창으로 반입된 고엽제는 전국으로 공급되었다고 합니다. 당시 미군 당국은 미군들에게 고엽제의 위험성에 대해 알리지 않고 인체에 무해하며 안전하다고 하였다 합니다. 당시 미군들은 이를 믿고 제초제로 사용하였으며, 제초 장비를 사용한 후 하천에서 장비를 세척하였고 남은 고엽제를 하천이나 강에 방류하였다고 합니다. 하지만 필 스튜어트 씨의 동료들 몇 명이 갑자기 사망하고, 본인을 포함하여 당시 한국에서 군복무를 했던 미군들이 각종 질병으로 고통을 받으며 살아가고 있는 데다, 고엽제 살포 지역 주변에 살던 한국인 중에도 질병에 시달리는 사람이 있고 기형아가 태어나는 등 필 스튜어트 씨가 경험한 바를 토대로 고엽제가 맹독성 물질이라고 판단하게 되었다고 합니다. 그는 이 문제를 널리 알리기 위해 증언을 하게 되었다고 합니다. 그가 증언을 한 것은 고엽제를 사용한 지 약 40년이 지난 시점이기에 고엽제와 인명 피해 간의 명확한 인과관계를 밝히기 어려운 상황이었지만, 정황상 고엽제로 인해 수많은 미군과 한국인이 피해를 보았다고 보는 게 설득력이 있어 보이는 상황이었기에 상당한 충격을 주었고 한국인들의 공분을 자아냈습니다.

베트남전쟁 당시 미군은 전쟁터의 제초 작업을 목적으로 고엽제를 사용하였고 그 부작용으로 수많은 사람들(한국군 참전용사 포함)이 고엽제 후유증으로 고통을 받았다는 점을 고려한다면, 고엽제에 대한 필 스튜어트 씨의 폭로와 증언이 더욱 설득력이 있어 보입니다. 또한 이게 사실이

▶ 과거 캠프 피터슨 근처에 있는 오래된 상가 건물

▶ 반환된 캠프 피터슨 부지의 현재 모습

라면 각종 암과 기형아 출산의 원인이 되는 고엽제가 무분별하게 사용된 것입니다. 꼭 총이 아니더라도 핵물질, 생물질, 화학물질(Nuclear, Biological, Chemical)은 피해자를 대량으로 양산하여 세계인의 삶과 경제에 거대한 충격을 줄 수 있습니다. 전쟁과 무기는 참으로 참혹하고 잔인한 행위라는 것을 다시 한번 확인할 수 있습니다.

1978년 2월부터 1년간 경상북도 칠곡군 왜관 소재 캠프 캐롤(Camp Carrol)에서 공병대대 건설 중장비 기사로 근무했던 스티븐 하우스 씨도 필 스튜어트 씨와 함께 한국에 방문하여 캠프 캐롤 내에 고엽제를 매립하였다는 증언을 하였는데, 반환된 기지가 아닌 현재 사용 중인 부대에도 고엽제가 매립되어 있을 가능성을 배제할 수 없기에 상당한 파문을 불러일으켰습니다.

퇴역 미군들이 전역 후 얼마 지나지 않아 고엽제 사용에 기인한 것으로 추정되는 질병이 발생하여 국가를 상대로 고엽제 관련 배상청구(Agent Orange Claim)를 하더라도 그들이 주한미군기지에서 복무했다는 서류나 증빙이 없기 때문에 거절되는 경우도 있다고 합니다. 그래서 그들이 근무했던 미군기지에 대해 알아보는 경우가 적지 않은 것 같습니다.

상기 고엽제 매립 및 살포 이슈 외에 미군기지 반환 후 인지된 토양오염 이슈도 있습니다. 반환된 미군기지를 막상 개발하려고 보면 토양이 각종 유류나 중금속으로 오염되어 있어서 천문학적인 비용이 소요되는 토양 오염 정화 작업이 필요한 경우가 다반사였습니다. 2000년대 초반에 반환되었으나 2020년 현재까지도 부지 개발이 지연된 데에는 개발사업자 입장에서의 사업성 문제나 민원 문제도 있겠지만 가장 큰 지연 사유로 지목되는 것은 토양오염 정화 작업을 누가 해야 하는지에 대한 책임 공방이 길어졌기 때문입니다. 하지만 미군공여지 반환 시 미군의 원상복구 책임이 없다는 규정을 근거로 미군은 토양오염 정화에 대한 책임을 부담하지 않는 것이 다반사였습니다. 꼭 미군기지가 아니더라도 군사시설은 기본적으로 유류를 많이 사용하고, 사격훈련 과정 중 발생하는 중금속 등으로 인해 토양이 오염될 위험이 높은 것이 사실입니다. 이러한 위험에 대한 인지가 부족하여 미군과 체결한 토지협정에 미군의 공여지 반환 시 원상복구의무를 부담하지 않고 있어서 천문학적인 정화 비용을 한국이 부담하고 있으니 안타까운 현실이라고 할 수 있습니다.

1950~1960년대에는 부대에서 기름이 흘러나와도 아무도 민원을 제기하지 않고 오히려 어린이들이 기름을 모아 불장난을 하고 놀았고, 사격장 인근에는 사격훈련 후 버려지는 탄피를 서로 먼저 줍기 위해 경쟁이 치열할 정도로 환경에 대한 인식이 부족했습니다. 그 시절에는 지독한 가난으로 인해 먹고사는 문제 자체가 해결되지 않았기에 오히려 미군부대는 풍요로운 선망의 대상이자 신세계였습니다. 경제적으로 풍요로워진 지금은 오히려 미군이 일으키는 여러 심각한 문제들 때문에 미군과 갈등을 빚는 부분이 많아지게 된 것입니다. 다른 국가의 미군기지에서는 부대 반환 시 정화 비용을 미군이 부담하는 것을 볼 때, 결국 이런 문제를 해결하기 위해서는 시대의 변화에 발맞추어 미군과 협의를 통해 관련 규정을 개정해야 할 것으로 보입니다.

캠프 롯스트롬

캠프 피터슨 서쪽에는 캠프 롯스트롬(Camp Rodstrom)이라는 미군기지가 있었다고 합니다. 현재 이곳은 한 종교단체의 기도원, 수련원 등으로 사용되고 있습니다.

▶ 기도원으로 변한 캠프 로스트롬

캠프 로스와 PX마을

경기도 파주시 소재 캠프 에드워즈와 캠프 하우즈 사이에는 아동동이라는 동네가 있습니다. 이곳에는 캠프 로스(Camp Ross)라는 미군기지가 있었다고 합니다. 아동동은 PX마을이라고 불렸다고 하는데, 실제로 아동동의 한 버스 정류장 이름은 PX마을입니다. 동네 이름이 PX마을이 된 이유는 캠프 로스 부대 내 PX 물품이 마을로 흘러나왔었기 때문이라고 합니다.

캠프 로스는 워낙 일찍 반환되었기 때문에 제가 복무하던 시절에는 존재하지 않던 부대라 가본 적도 없고 부대에 대한 정보를 찾는 게 쉽지 않았습니다. 퇴역 미군들에 따르면 캠프 로스는 1945년 2월 1일 마닐라에 접근하던 일본의 사격에 사망한 후 은성훈장을 받은 미군 장교 톰 로스(Tom H. Ross)를 기념하기 위해 1960년 4월에 명명되었다고 합니다.

캠프 로스에 대한 정보는 우연하게 발견한 책을 통해서였습니다. 1965년에 1년간 경기도 파주 지역에서 군생활을 했던 훌리오 마르티네즈(Julio A. Martinez)라는 퇴역 미군이 발간한 『한 젊은 병사의 기억(A Young Soldier's Memoirs)』이라는 책을 통해 1960년대의 캠프 로스와 당시 한국의 모습에 대해 조금이나마 알 수 있습니다.

이 책에는 당시 그가 주둔했던 서부전선 지역인 파주 지역 미군기지들 및 부대 주변 마을에 대한 이야기와 사진이 수록되어 있고, 그 외에 저자가 한국 곳곳에 여행을 다니며 수준급 사진 실력으로 촬영한 1960년대의 한국과 한국인의 모습을 보여주는 많은 사진들이 실려 있습니다.

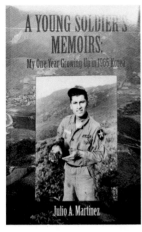 

▶ 마르티네즈의 『한 젊은 병사의 ▶ 동두천 생연동 양키시장
  기억』

1960년대의 한국을 보여주기 때문에 비록 흑백사진이긴 하지만 귀한 자료라고 할 수 있습니다. 마르티네즈는 호기심에 가득 찬 시선으로 주변의 사소한 것까지 기록하였는데 늦은 감이 있으나 최근 한국에도 이런 문화(아카이빙)가 형성이 되고 있는 것 같아 다행이라고 생각합니다.

꼭 PX마을이 아니더라도 미군부대에서 흘러나온 미군 물품 또는 미군 또는 카투사들이 제대를 하며 더 이상 필요 없게 된 군용 중고 물품들이 거래되는 시장은 한국 곳곳에 셀 수 없이 많이 있습니다. 카투사 출신으로서 이런 곳을 발견하면 예전 생각을 하며 잠깐 방문하곤 합니다. 미군용품 판매점 대부분은 소규모 1개 상점으로 운영되는 경우가 대부분이지만 양키시장이라 불리며 여러 개의 매장들이 함께 모여 있는 곳도 있습니다. 그중 가장 유명한 것이 동두천 양키시장입니다. 이곳에는 다양한 중고 미군 물품뿐만 아니라 미국산 상품들이 판매되고 있습니다.

캠프 에임스(Camp Ames) 주변 기지촌

대전 동구 계족산에는 장동산림욕장이라는 관광명소가 있습니다. 이 곳 등산로에 지역 기업이 조성한 것으로 알려진 계족산황토길이 있습니다. 장동산림욕장이라는 명소 근처에는 과거에 미군이 주둔했었으나 미군이 떠났음에도 불구하고 과거의 모습을 여전히 간직한 채 시간이 멈춘 듯한 마을이 있습니다.

장동마을 근처에는 1950년대 말부터 1960년대 초 캠프 에임스(Camp Ames)라는 미군부대가 있었다고 합니다. 부대에는 한때 약 600명 정도의 병력이 주둔하였다고 하는데 1991년경 캠프 에임스라는 간판을 내리긴 하였으나, 미군이 완전히 철수한 것은 아니고 대대급 병력이 중대급 규모로 축소되어 2008년경까지 주둔하였다고 합니다.

캠프 에임스가 있던 장동마을에 가보면 아직도 오래된 기지촌 마을의 흔적을 볼 수 있습니다. 장동마을에는 용호천이라는 작은 개울이 흐르는데 다리와 얽힌 사연이 있습니다.

2000년대 중반 이후에 정부에서 조성한 다리가 준공되기 전에는 기지촌 클럽 건물들과 용호천 사이에 개인들이 다리를 만들었다고 합니다. 이 다리를 통해 기지촌 클럽과 용호천 건너편까지 건너갈 수 있었다고 합니다. 해당 다리들은 2016년까지 존치되어 있었으나 안전상의 이유로 철거가 되었다고 합니다.

비록 현재는 다른 용도로 사용되고 있어서 무심코 지나가면 이곳이 기

▶ 장동마을 건물 대문에 있는 불조심 표시   ▶ 용호천과 장동마을 모습

▶ 과거에 양화점(나미양화점)으로 쓰였던 건물

▶ 식장산 전망대에서 바라본 대전 지역의 멋진 야경

지촌이었는지 전혀 알 수 없으나 건물의 전면부를 보았을 때 기지촌의 흔적을 읽을 수 있습니다. 즉, 장동마을 건물들도 여타 옛 미군부대 주 둔 기지촌에서 흔히 볼 수 있는 오래된 단층 건물들이기 때문입니다.

이 지구상에 만들어진 건물들과 공간들은 끊임없이 변화를 거듭하지만 때로는 여러 가지 이유로 과거의 모습을 보여주는 화석처럼 여전히 남 아 있는 경우가 있음을 장동마을을 통해 알 수 있었습니다. 비록 장동 마을은 한국전쟁 이후 1960년대의 공간을 간직하고 있지만 대전은 한국 의 중심부로서 눈부신 변화와 발전이 이루어진 곳입니다. 대전에는 엑 스포공원, 정부청사, 핫플레이스로 떠오른 쇼핑몰 등이 있습니다. 이러 한 변화를 실감할 수 있는 건 야경을 통해서입니다. 마치 서울의 남산처 럼 대전 식장산의 전망대에서 바라보는 대전의 눈부신 모습에 격세지감 을 느끼게 됩니다.

12. 사격장 아이들

레인지(Range)

군복무 당시 저의 주특기(MOS)는 소총병이었습니다. 보직이 소총병이다 보니 경기도 북부에 산재해 있는 수많은 사격장에서 지겨울 정도로 사격훈련을 하였고, 상병 말에 중대 시니어 카투사가 되면서 수색소대생활을 마무리했음에도 불구하고 전역할 즈음에는 일정 데시벨 이상의 소음에 노출되면 귀에서 쇳소리가 들려서 약 10여 년간 생활에 불편을 겪었습니다. 무기로는 주로 M4라는 미군 소총을 사용하였고 수색소대에 속하였기 때문에 가끔 스나이퍼 사격훈련을 하기도 하였습니다. 또한 1년에 1~2회 JSA 인근 캠프 리버티 벨 사격장에 가서 권총 사격훈련도 하였습니다. 캠프 리버티 벨에는 506보병의 예하 부대인 알파중대가 주둔한 적이 있습니다.

반환된 미군기지 중 사격장이 몇 개 있는데, 이번 장에서는 반환된 미군 사격장에 대해 살펴보겠습니다. 미군들은 사격장을 레인지(Range)라고 불렀습니다.

경기도 화성 매향리 사격장

한국전쟁이 한창이던 1951년, 미 공군 전투기의 사격연습이 경기도 화성
시 매향리 앞바다 갯벌에 있는 농섬(룡도)에서 시작되었다고 합니다.
1952년 정부는 미군과의 협정에 따라 쿠니(Koon-ni) 사격장을 공식적으
로 조성하였다고 합니다. 사격장의 이름은 사격장이 위치한 곳의 옛 이
름인 고온리를 미군들이 쿠니라고 발음하면서 붙여졌다고 합니다.

2005년 8월에 사격장이 폐쇄되기 전까지 미군의 사격훈련은 계속되었다
고 합니다. 매향리에는 전투기 소음뿐 아니라 오폭사고와 불발탄 폭발

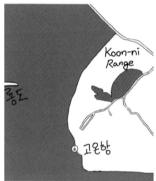

▶ 매향리 사격장

▶ 매향리 평화역사관

로 인해 수많은 주민이 인명 피해(사망, 상해, 난청 등) 및 재산 피해(주택 파괴, 가축 손해 등)를 입었다고 합니다. 쿠니 사격장 옆에는 매향리 평화역사관이 있어서 이러한 사격장 피해를 증언하고 있습니다. 처음 평화역사관에 갔을 때에는 어디에서도 본 적이 없는 거대한 폭탄 잔해가 수북이 쌓여 있어 충격을 받았습니다. 또한 벽화에 그려진 사람의 절규하는 표정에서 정신적 트라우마가 읽히는 듯했습니다.

1953년의 휴전협정 이후 한반도에는 평화로운 상태가 유지되고 있습니다. 하지만 잊을 만하면 북한은 신형 미사일 발사 시험을 하는 등 지속적인 도발을 하고 있습니다. 이런 상황은 우리가 종전시대가 아닌 휴전시대를 살아가고 있음을 재차 확인시켜주고 있습니다. 오늘 밤 안심하고 잠을 잘 수 있는 것은 국가를 지키는 군인들 덕분입니다. 하지만 사격장 인근에 살고 있는 사람들에게는 매일매일이 불안과 고통의 연속일 수도 있습니다. 매향리 평화역사관을 둘러보는 과정에서 국방은 복잡한 문제임을 다시금 확인할 수 있었습니다.

쿠니 사격장 부지가 폐쇄된 후 경기도 화성시 우정읍 매향리에는 평화마을이 조성되고 있는데, 유소년야구장, 평화생태공원 등으로 구성되어 있습니다. 과거 쿠니 사격장 정문이 있던 초소는 철거되지 않고 존치되어 이곳이 과거에 미군기지였음을 알려주고 있는데, 평화를 상징하는 벽화가 그려져 있습니다.

평화생태공원 내 산책로를 지나면 과거 미군이 주둔하던 시절 사용하던 위병소, 관제탑, 체력단련실 건물이 존치되어 있습니다. 그 옆으로 한국과 인연이 깊은 세계적인 건축가 마리오 보타(한국 곳곳의 교보생명 빌딩 설

▶ 포탄 속에 핀 꽃에 물을 주는 소녀

▶ 평화생태공원 안내도

▶ 평화공원 내 기존 미군 건물과 신축된 평화기념관의 조화

계)가 설계한 평화기념관이 건축되어 있어서 오묘한 조화를 이루고 있습니다.

반환 미군기지인 쿠니 사격장 내 평화기념관 설계를 마리오 보타가 맡게 된 계기는 화성시의 요청이 있었기 때문이라고 합니다. 화성시에는 카톨릭 신자들의 성지로 유명한 남양성모성지가 있고, 성지 내에는 평화와 통일을 기원하며 건립된 대성당이 있어서 화성시에서는 이러한 성당과 기념관의 건립 취지를 연계하여 성당 설계자인 마리오 보타에게 평화공원 기념관 설계를 부탁한 것이라고 합니다.

경기도 의정부 캠프 인디언

수락산 북쪽 기슭에는 만가대마을이라는 자그마한 마을이 있습니다. 이 마을에서 수락산이 잘 보이는 자리에는 1993년까지 캠프 인디언 (Camp Indian)이라는 비교적 작은 규모의 미군기지가 있었습니다. 만가대마을 입구 쪽에 캠프 인디언 정문이 있었고 부대 정문에서 바라보면 수락산을 배경으로 기지가 위치해 있었습니다.

캠프 인디언에는 미8군 44공병대대(44th Engineer Battalion) 델타중대가 약 40년간 주둔했었다고 합니다. 같은 공병대의 알파중대와 찰리중대는 경기도 부천시 오정동 소재 캠프 머서(Camp Mercer)에 주둔하였고, 브라보 중대는 경기도 동두천시 상패동 소재 캠프 님블(Camp Nimble)에 주둔하였다고 합니다. 캠프 인디언에 주둔하던 44공병대 델타중대는 1992년에 파주시 캠프 하우즈(Camp Howze)로 배치되었고 그 다음 해인

1993년에 캠프 인디언 부지는 한국정부에 반환되었다고 합니다.

전후 경제적으로 어려웠던 시절 캠프 인디언 주변 마을인 만가대마을에
는 여타 미군부대와 마찬가지로 미군들의 허드렛일이나 심부름을 대신
해주는 역할을 했던 하우스보이(houseboy) 일을 구하러 이주해온 사람
들이 있었다고 합니다. 캠프 인디언에 미군이 주둔하던 시절 만가대마을
의 상황을 토대로 창작된 『사격장 아이들』이라는 동화책이 있는데, 이

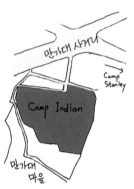

▶ 만가대마을 표시석과 캠프 인디언

▶ 만가대마을 미군기지를 소재로 한 ▶ 만가대마을 입구에서 마을 안쪽으로 신설된 도로
『사격장 아이들』

책을 통해서 당시 상황을 다소나마 이해할 수 있습니다. 이 책은 만가대 마을과 인근 성골마을 사이 수락산 자락에 있는 미군 사격장에서 전후 경제적으로 어려운 시절에 어린 시절을 보낸 아이들의 이야기입니다. 6·25전쟁 이후 생긴 만가대 사격장에는 주변의 주한미군부대에 속한 미군들이 사격훈련을 하기 위해 빈번히 찾아왔다고 합니다. 사격훈련 과정에서 발생하는 탄피를 주워 다른 곳에 팔기 위해 어린이들이 사격장 주변을 서성이고, 사격이 끝나기가 무섭게 사격장으로 달려가 경쟁하며 탄피를 줍는 모습이 책에 묘사되어 있습니다. 또한 아이들은 마을 사격장으로 훈련하러 오는 미군들에게 초콜릿을 달라고도 합니다.

캠프 인디언 부지는 미군이 철수한 지 약 30년이 경과한 현재까지도 개발이 진행되지 않고 공터로 남아 있습니다. 다만, 만가대마을 입구 주변의 캠프 인디언 담장 일부는 아직도 철거되지 않고 남아 있고, 담장에는 이곳이 과거에 미군기지였음을 알 수 있는 경고문구(미 군용시설, 출입엄금)가 흐릿하게 남아 있습니다.

미군부대가 반환되었음에도 불구하고 과거 부대 주변이 경계벽으로 둘러싸여 있어 출입이 금지되어 있는 상황이고, 부지가 마을 가운데에 자리 잡고 있다 보니 마을 안쪽 수락산 기슭에 살고 있는 주민들은 마을 입구부터 마을 안쪽까지 가기 위해 우회해서 이동해야 해서 상당한 불편함이 있었다고 합니다. 더욱이 마을 입구에서 마을 안쪽까지 가는 길이 좁기 때문에 화재나 위급 상황 발생 시 소방차나 구급 차량이 통행하는 데 어려움이 있었다고 합니다. 다소 늦은 감은 있지만 부대 터 주변 주민들의 교통 불편을 해소하기 위해 2017년 6월에 부지를 관통하는 남북 도로 개설 공사에 착공하여 같은 해 연말에 도로 개설이 되었다고 합니다.

수십 년째 개발 없이 빈 땅으로 남아 있는 만가대마을 미군부대 터에는 2026년까지 의정부동부경찰서가 건립될 예정이라고 합니다.

그 밖의 사격장 이야기

1950년대 미군이 작성한 용산 미군기지 일대 지도를 보면 남산 근처에 사격장이 하나 보입니다. 이곳은 인근 용산 미군기지처럼 일제시대 때 조성되었다고 합니다. 현재 그 자리에는 남산대림아파트가 있는데, 이 아파트는 남산 기슭의 길쭉한 경사지에 위치하고 있어서 군 사격장에 가 본 사람이라면 누구나 과거 이곳이 사격장이었다는 것을 쉽게 알 수 있습니다.

사격장 시절에는 부지 전체가 경사지였지만 아파트를 짓는 과정에서 부지가 평탄화되었기 때문에 아파트단지 남쪽으로 갈수록 주변 도로에 비해 아파트 부지가 높은 것을 알 수 있습니다. 이에 따라 아파트에 진입하기 위한 계단이 설치되어 있으며, 주변 건물의 3층 바닥과 아파트단지의 1층 바닥 높이가 같은 것을 목도하게 됩니다.

퇴역 미군에 의하면, 경기도 연천군 옥산리에는 과거 미군의 탱크 포 사격장(Tank Gunnery Range)인 현가리 사격장이 있었다고 합니다. 6·25전쟁 이후부터 미군(7사단, 2사단)이 사용하던 것을 1975년부터는 한국군이 반환받아 사용하였다고 합니다. 사격장 인근에서 1~2㎞ 거리에 주거 밀

▶ 이태원부군당역사공원에서 바라본 과거 사격장 부지

집 지역이 있었는데, 오발탄으로 인해 주민이 사망하는 사고도 있었다고 합니다. 그 외에도 훈련 기간 중 소음과 교통 정체 문제로 약 60년간 주민과 불협화음을 냈다고 합니다. 그러던 중 사격장이 다른 곳으로 이전하게 되면서 현재 사격장 자리에서는 한국건설기술연구원의 SOC실증 연구센터가 부지를 사용하고 있습니다.

정전협정이 체결되었음에도 불구하고 아직도 전쟁의 위협은 곳곳에 도사리고 있습니다. 혹시 모를 전쟁에 대비하기 위해서라도 사격장은 필수불가결한 군사시설입니다. 가능할지 모르겠으나 사격장이 없어지는 날이 언젠가 찾아오면 좋겠다는 상상을 하게 됩니다. 다음 장에서는 정전협정과 관련된 경기도 파주 소재 미군기지에 대해 살펴보도록 하겠습니다.

13. 끝날 때까지 끝난 게 아니다

휴전협정, 자유의 다리, 민정경찰

끝날 때까지 끝난 게 아니다(It Ain't Over 'Til It's Over)

북한의 기습적인 남침으로 1950년 6월 25일에 발발한 6·25전쟁이 1951년부터 지지부진해지면서 유엔군과 북한군 사이에는 휴전협정을 체결하기 위한 협의가 진행되었다고 합니다. 하지만 휴전을 위한 협의가 진행되고 있음에도 불구하고 38선 인근 고지에서의 전쟁은 계속되었다고 합니다. 그이유는 휴전선을 설정하는 기준이 해방 후 설정된 북위38도 선이 아니라전선을 기준으로 협의되었기 때문이라고 합니다. 따라서 휴전협의가 진행

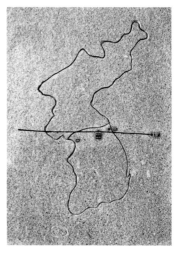

▶ 38선(광복 후 그어진 선)과 휴전선(휴전협정 후 그어진 선)

되는 와중에도 서로 유리한 전선을 차지하기 위한 고지전이 지속된 것입니다.

캠프 게리 오웬(Camp Garry Owen)

파주시 문산읍 선유리에는 캠프 게리 오웬이라는 미군기지가 있었습니다. 미군들은 한국전쟁 중이던 1951년에 이곳에 주둔하기 시작했다고 합니다. 당시에는 부대 인근에 논이 많아 부대명이 캠프 라이스(Camp Rice)라고 불렸다고 합니다. 전쟁 중에는 이곳에 유엔군 임시사령부가 주둔하였고, 휴전협상단인 유엔사의 군사정전회의(United Nations Command Military Armistice Conference)의 본부로 사용되었다고 합니다.

1953년 7월 27일 북한 소재 판문점 조인장(현 북한평화박물관)에서 유엔군과 공산군 간에 휴전협정 조인식을 갖기 전 선유리 유엔군 임시사령부가 있는 캠프 라이스의 극장 건물에서 유엔군 별도로 사전 조인식을 하였다고 합니다. 캠프 게리 오웬 내 휴전협정 사전조인식을 치른 건물은 1970년대에 철거가 되었고, 그 자리에 수영장이 생겼는데 이 수영장은 '휴전 수영장(Armistice Pool)'이라고 불렸습니다.

휴전협정 시 유엔군 사령관 클라크 대장이 서명할 때 사용한 책상 일부가 전쟁기념관에 전시되어 있습니다. 이 책상은 등록문화재 제464호로 지정이 되어 있다고 합니다.

캠프 라이스의 부대명은 1973년에 캠프 펠햄(Camp Pelham)으로 변경되었고 1996년에 캠프 게리 오웬(Camp Garry Owen)으로 변경되었다고 합니다. 2004년에 부대 폐쇄 후 한국정부에 반환되기 전까지 이곳에는 기갑부대(Cavalry)가 주둔하였습니다.

▶ 휴전협정 서명 책상(출처: 용산 전쟁　▶ 정전협정 조인 모습(출처: 동두천 자유수호평화박물관)
기념관)

▶ 철거 중인 캠프 게리 오웬의 모습　▶ 캠프 게리 오웬 시설 중 유일하게 철거되지
않은 정문 인근 다리

군복무 당시 주말에 외출할 기회가 있으면 오전에 용산 미군기지에 방문했다가 저녁에 부대에 복귀하기 전에는 캠프 게리 오웬에 들러서 미군 국방일보를 챙긴 후 이곳에서 저녁식사를 하였습니다.

2009년 경 파주 지역에 출장을 가던 중 경로상 선유리 캠프 게리 오웬을 지나게 되었는데, 철거 직전의 캠프 게리 오웬이 눈에 들어왔습니다. 만일 좀 더 늦게 이곳을 지나갔다면 부대의 마지막 모습을 사진으로 담지 못했을 텐데, 운이 좋게도 철거 직전 지나가게 되면서 부대의 마지막 모습을 남길 수 있었습니다.

현재 이곳의 시설은 모두 철거되었으나 유일하게 갈색 색상이 칠해진 철제 트러스교(Truss Bridge)가 남아 있습니다. 한때 부대 앞에서 검문을 받은 후 이 다리를 건넜었는데, 이 다리 이외에는 현재 아무런 흔적이 남아 있지 않습니다. 이곳은 주거시설로 개발이 예정되어 있으나 아직도 개발이 진행되지 않고 있습니다.

캠프 게리 오웬은 한국전쟁 당시 서부전선 지역의 중요 부대 중 하나이자 유엔군의 임시사령부가 주둔하던 곳으로써 역사적 장소임에도 불구하고 십여 년 동안 방치되어 있다는 것이 안타깝다는 생각이 들었습니다.

캠프 게리 오웬 서쪽 선유4리에는 제4휴양소(RC#4)라는 미군 휴양소가 있었습니다. 이곳에는 야구장이 있었는데, 예전 회사 후배는 어릴 적 이곳 야구장에 가서 친구들과 놀았다고 합니다. 그 후배의 친구 아버지가 부대에서 일을 했기 때문에 미군부대 야구장에 출입이 가능했다고 합니다. 기억을 더듬어보면 군복무 당시 캠프 게리 오웬을 향해 가는 길에 오른쪽을 보면 미군부대 야구장이 보였었습니다. 당시에는 그곳이 제4휴양소(RC#4)라는 것은 알지 못했고, 캠프 게리 오웬과 연계된 야구장이라고 생각하였었는데 알고 보니 별개의 시설이었던 것입니다.

그 후배는 선유2리에 살았었다고 하는데, 마을에 개천이 있어서 부레옥잠과 플라나리아를 잡으며 어린 시절을 보냈다고 합니다. 후배가 살던 선유2리마을은 현재 1,503세대 규모의 대단지 아파트로 재개발이 진행되고 있습니다. 그 후배는 2층으로 된 단독주택에 살았는데, 작은 방에 미군이 세들어 살았다고 합니다. 그래서 그 후배가 어린 시절이던 1980년대 후반에 집에서 미군을 볼 때마다 "기브미 쪼꼴렛"이라고 했던 기억이 있다고 합니다.

이 후배가 태어나기 전 마을 맞은편에는 캠프 제섭(Camp Jessup)이라는 미군기지가 있었고, 미군이 떠난 후 한국군이 주둔했을 때는 부대 내에 창고가 있어서 창골부대라고 불렸다고 합니다. 지금은 창골부대도 철거되어 아파트단지가 되었습니다. 캠프 제섭이 반환되었다 하더라도 문산에는 캠프 자이언트, 캠프 게리 오웬, 제4휴양소 같은 미군기지가 있었기 때문에 미군이 인근 마을에 있는 주택에 월세로 세들어 사는 경우가 있었을 것 같습니다.

비록 캠프 게리 오웬은 역사의 뒤안길로 사라져버렸으나, 인근 선유리 기지촌에 있던 상가 건물들이 여전히 남아 있어서 과거로 시간여행을 온 듯합니다.

포로수용소 및 자유의 다리

휴전협정이 체결된 후 남북한 간 포로교환이 이루어집니다. 즉, 남한에 생포되어 포로수용소에서 생활하던 공산군 포로들은 북한과 중국으로 돌아가게 되었고, 북한에 생포된 UN군과 한국군 포로들은 남한으로 오게 됩니다. 남한에는 유엔군 관할 포로수용소가 거제도, 부산, 제주도, 영천, 대구, 논산, 상무대, 마산, 부평, 광주 등에 있었고, 영등포와 문산에도 임시수용소가 있었다고 합니다.

한편, 북한에도 한국군과 UN군 포로수용소가 있었습니다. 1951년 4월 22일부터 25일 간 벌어진 임진강 전투에서 영국군 글로스터 연대 1대대를 지휘했던 칸(Carne) 중령이 북한군에 생포되어 북한 포로수용소에서 생활하였는데, 포로수용소에서 십자가를 만든 후 1951년부터 1953년까지 예배에 사용했다고 합니다. 파주시 소재 영국군 설마리 전투 추모공원 내에 칸 중령 십자가가 있으나 진본은 아니라고 하며, 진본은 글로스터 대성당에 전시되어 있다고 합니다.

공산군에 생포된 UN군 포로들은 임진강역과 도라산역 사이 임진강을 가로지르는 다리를 통해 자유의 품인 남한으로 넘어오게 되었습니다. 미군 44공병대가 건설한 이 다리는 포로들에게 자유를 주었다 하여 '자유의 다리(Freedom Bridge)'라고 불리게 되었습니다.

제가 복무했던 미군기지인 캠프 그리브스 남쪽에는 임진강이 흐르고 맞은편에는 임진각이 있습니다. 현재는 통일대교(Unification Bridge)를 통해 임진강을 건널 수 있지만 통일대교가 건설되기 전에는 자유의 다리(Freedom Bridge)를 통해서 건넜다고 합니다. 자유의 다리는 임진각과 바로 연결되어 있지만 통일대교는 임진각과 연결되어 있지 않아 임진각을 가려면 돌아가야 해서 제가 군복무를 했던 때에는 임진각이 가까이 있었음에도 불구하고 가본 적이 없습니다.

자유의 다리는 캠프 그리브스에서 서쪽으로 가면 있었는데, 아침에 PT 훈련의 일환으로 제3땅굴까지 달리기를 하며 자유의 다리 인근을 지날 때 미군들이 자유의 다리에 대해 언급을 해서 처음 알게 되었습니다. 하지만 제가 복무할 당시인 2000년대 초에는 자유의 다리는 더 이상 사용되지 않고 있었습니다. 대신 자유의 다리 동쪽에 새로 건설된 통일대교가 사용되고 있었습니다. 당시 자유의 다리 인근 미군 사격장에서 사격 훈련을 한 적이 있으나 자유의 다리까지 접근하진 않았습니다. 캠프 그리브스 내에 있는 노트리 클럽(NOTRI CLUB) 근처에서 부대 철책 너머 임진강을 가로지르는 자유의 다리를 멀찍이 바라본 것이 전부였습니다.

▶ 거제도 포로수용소 유적공원　　▶ 칸 중령 십자가

▶ 파주 반구정(황희정승 유적지)에서 바라본 자유의 다리

1990년대 초반까지 한국에서 복무했던 미군들 중 DMZ 수색업무(DMZ Mission)를 담당했던 미군들에겐 자유의 다리가 가장 기억에 남는 장소 중에 하나라고 합니다. 1990년 초반까지만 해도 DMZ 순찰(DMZ Patrol) 업무는 미군들의 미션이었다고 합니다. 휴전협정이 맺어졌음에도 불구하고 북한군이 시시때때로 무장공비를 남한에 침투시켰기 때문에 최전방 GP와 벙커에서 북한 지역을 경계하거나, 임진강 지역을 순찰하는 임무를 맡았다고 합니다. 캠프 그리브스에 소속된 군인들뿐 아니라 미2사단 예하 전투부대에 소속된 미군들과 카투사들도 약 3개월간 부대별로 순환하며 경비와 순찰업무를 맡았다고 합니다. 미군이 순찰업무를 대한민국 국군에 넘기기로 결정한 1991년 후에는 미군은 공식적으로 DMZ 순찰업무를 하지 않게 되었습니다. 하지만, 캠프 그리브스와 캠프 리버티 벨에는 미2사단 506보병연대 1대대가 계속 주둔하며 DMZ내 만약의 사태에 대비하였습니다.

DMZ 순찰업무 관련하여 좀 더 알아볼 수 있는 자료로 카투사 출신 문관현이 2022년 초에 발간한 저서 『임진스카웃』이 있습니다. 이 책에는 그동안 베일에 가려져 있던 '임진스카웃(Imjin Scouts)'의 존재와 냉전시대에 벌어진 제2의 한국전쟁을 세상에 알렸습니다. 즉, 냉전체제가 본격화된 1960년대부터 임진강 일대를 중심으로 치열한 저강도 분쟁(Low Intensity Conflict)이 벌어졌는데, 저자는 이를 제2의 한국전쟁이라고 하였습니다. 이는 남한에 침투하여 게릴라전 모드로 무력도발을 한 북한의 수많은 무장공비들과 이에 대항한 주한미군 비무장지대 강철부대인 '임진스카웃' 간에 벌어진 일련의 교전을 가리킵니다. 1967~1969년 북한은 비정규 게릴라전 수행을 위해 비무장지대에서 무력도발을 적극 감행하였으며, 1,471건에 이르는 북한의 정전협정 위반 사례가 있었다고 합니다. 이때 비무장지대 전투로 한국군 299명, 주한미군 75명, 북한군 397명이 전사했다고 합니다.

임진스카웃 선발 대상은 주한미군 2사단 전투병이며, 경기도 파주시 진동면 소재 캠프 싯먼(Camp Sitman)에 둥지를 튼 고급전투훈련교육대(ACTA: Advanced Combat Training Academy) 교육 과정을 통해 수색교육을 마치고 비무장지대 수색임무를 완수한 요원들을 지칭하였다고 합니다. 수색임무를 마친 병사들은 임진스카웃 인증서를 수여받았다고 합니다. 이 제도는 미2사단에 의해 1965년에 도입되었고 냉전체제가 해체된 1991년에 마지막 정찰임무를 마치고 한국군에게 임무를 넘기며 해산하였다고 합니다. 캠프 싯먼은 역사의 뒤안길로 사라졌지만, 현재 평택 캠프 험프리스에 '싯먼 피트니스 센터(Sitman Fitness Center)'로 싯먼의 이름이 계승되고 있습니다.

『임진스카웃』의 저자는 군복무 당시 미2사단 72전차 2대대 수색소대에 카투사로 복무하였는데, 당시 유엔군사령부 민정경찰(DMZ Police) 요원으로 선발되어 비무장지대에서 임진스카웃 임무를 수행하였다고 합니다. 비록 1991년 임진스카웃 제도는 없어졌지만 이후에도 임진강 이북 민통선에서 군복무를 했던 미군과 카투사들의 군복에는 민정경찰(DMZ Police) 패치가 부착되었습니다. 저도 임진강 이북의 캠프 그리브스(Camp Greaves)에서 군복무를 했기 때문에 군복에 민정경찰 패치가 붙어 있었습니다. 저는 군복무 당시 미군 중대장을 대신하여 중대 소속 카투사들을 관리하는 선임병장(Senior KATUSA)으로 선발되었습니다. 선임병장이 된 카투사들은 경기도 의정부시 소재 캠프 잭슨(Camp Jackson)에서 열리는 미 하사관학교(PLDC: Primary Leadership Development

Course)을 수료하여야 했습니다. 원래 PLDC(현재는 Basic Leadership Course로 명칭이 변경되었다고 합니다)는 미군 사병들 중에 하사관으로 진급하는 병사들을 대상으로 하는 교육 과정이지만 카투사들도 함께 교육을 받는 것입니다(이 과정 졸업 시 카투사들이 상위에 랭크되는 바람에 미군들이 등급 포인트를 받지 못하게 됨에 따라 직업군인인 미군들의 반발로 2016년 이후부터 카투사들은 이 교육 과정에 참여할 수 없다고 합니다).

이 교육 과정에 참여하기 위해 캠프 잭슨에 갔을 때 전국 각지에서 모인 카투사들은 제 군복에 박힌 민정경찰 패치를 보고 놀라워했습니다. 동두천이나 의정부에서 복무하는 카투사들조차도 민정경찰 패치는 달지 않기 때문입니다. 그렇기 때문에 저를 본 카투사들은 혹시 비무장지대에서 복무하는 거냐며 놀랍다는 반응을 보였습니다. 사실 비무장지대에서 군복무를 하는 것은 아니고 비무장지대 인근에서 복무한다는 것이 정확한 표현이며, 비무장지대를 순찰하는 임무는 수행한 적이 없습니다. 왜냐하면 서부전선 비무장지대 순찰업무는 1991년에 미군에서 한국군으로 인계되었기 때문입니다.

하지만 대남방송이 들리고 북한의 인공기가 육안으로 보일 정도로 민통선 최전방 미군기지에서 군복무를 한 것은 사실이었습니다. 비록 비무장지대 수색 임무는 수행하지 않았지만, 가끔 아침 PT 시간에 북한군이 만든 제3땅굴이나 남방 한계선 근처의 과거 미군초소와 전망대(미군들이 커리히 마운틴이라고 부르던 곳)까지 달려 철책 너머 북한 땅을 바라본 적이 있으며, 유사시 전투에 대비하는 훈련을 하였습니다.

『임진스카웃』을 읽고 나서야 민정경찰의 역사적 무게감에 대해서 무지한 채로 그저 전방부대에서 고생한다는 생각만 했던 것 같아 스스로가 부끄럽다고 생각하였으나, 지금이라도 임진스카웃의 역사를 알게 되어 다행이라 생각합니다. 과거의 역사에 대한 팩트를 탐색하고 전달하는 책이다 보니 내용이 다소 딱딱할 수는 있지만, 이 책을 통해 냉전시대에 벌어진 남북한 간 잊힌 분쟁에 대해 자세히 알 수 있습니다.

지금까지 휴전협정과 관련된 미군기지, 휴전협정 후 전쟁포로들에게 자유를 준 자유의 다리, 휴전 중임에도 불구하고 발생한 분쟁에 대응했던 임진스카웃과 민정경찰에 대해 알아보았습니다. 다음 장에서는 자유의 다리 외에 미군들이 건설한 교량들에 대해 좀 더 살펴보도록 하겠습니다.

14. 공병대(The Engineers)

미군 공병대 The Broken Heart

앞서 휴전협정 후 유엔군 포로와 국군 포로들이 자유의 품으로 돌아올 때 건너온 다리인 '자유의 다리(Freedom Bridge)'에 대해 살펴보았습니다. 이 다리는 미44공병대가 건설하였습니다. 이번 장에서는 미군 공병대와 관련된 미군기지 몇 개 및 이들이 건설한 다리에 대해 살펴보도록 하겠습니다.

영어로 공병을 엔지니어라고 합니다. 토목공학을 영어로 Civil Engineering이라고 하는데, 군대에서 발전한 건설기술(교량기술, 도로포장기술 등)이 일반 토목기술에 기여했기 때문입니다.

캠프 에드워즈(Camp Edwards)

경기도 파주시 월롱면 영태리에는 캠프 에드워즈(Camp Edwards)라는 미 군기지가 있었습니다. 이곳은 주니어 에드워즈(Junior D. Edwards) 하사 를 기념하여 명명된 부대라고 합니다. 에드워즈 하사는 한국전쟁 시 적 의 기관총 진지에 돌진하여 수류탄으로 진지를 파괴함으로써 소속 부대 원들을 구한 공로로 명예훈장(Medal of Honor)을 수여받았다고 합니다.

이곳에는 과거에 미2보병사단 지원부대(의무대, 정비대, 병참 등)가 주둔했었다고 합니다. 미군의 지도를 보면 캠프 에드워즈가 아닌 보급소를 뜻하는 ASP No. 63이라고 표기되어 있는 과거 지도가 있는데, 이를 통해 이곳이 병참 물류기지로 사용된 적이 있다는 것을 알 수 있습니다. 부대가 반환되기 전에는 미군 공병대가 주둔하였다고 합니다. 미군 공병대는 한국전쟁 이후 국내 곳곳에 적지 않은 교량을 건설하였습니다.

서울 한강대교 북단의 한강공원에는 '미 공병대 참전 기념비'가 있습니다. 1950년 6월 25일 북한의 기습 남침으로 인해 발생한 6·25전쟁 당시 부득이하게 한국군은 한강인도교를 폭파하였습니다. 공산군이 한반도 이남에서 완전히 쫓겨난 1951년 6월에 미 공병부대는 한강 인도교와 철교를 복구하였다고 합니다. 한국전쟁 당시 학도병으로서 미 공병부대의 일원으로 참전하여 교량 건설과 운영에 참가했던 동미레포츠(주)의 김연호 회장은 이를 기념하기 위해 성금을 내어 미 공병대 참전 기념비를 제작하였다고 하는데, 기념비는 한강뿐만 아니라 한탄강에도 있습니다.

제가 군복무를 했던 당시 캠프 에드워즈를 경유하는 미군부대 셔틀버스를 타면 부대 정문에서 정차하는 게 아니라 부대 내부를 한 바퀴 돌아서 다시 정문으로 나왔습니다. 그렇게 한 이유는 부대 주변 도로의 교통 흐름에 방해를 끼치지 않기 위함이었습니다. 그렇기 때문에 셔틀버스를 타고 캠프 에드워즈 내부에 많이 들어가봤습니다. 군대 동기는 캠프 에드워즈 내 디팩(식당)에서 식사를 한 적이 있다고 하는데 저는 이곳에서 식사를 해봐야겠다는 생각은 해보지 못했습니다.

캠프 에드워즈는 2005년에 폐쇄 후 토양오염 정화 과정에서 시설이 전부 철거되었으나 아직까지 공터 상태로 남아 있을 뿐 개발이 진행되지 않고 있습니다. 2006년에 이화여대가 캠프 에드워즈 부지에 제2캠퍼스를 설립할 계획을 세웠으나 2011년에 포기한 후 오랫동안 방치되었다고 합니다. 그러던 중 2018년 4월 27일 판문점 선언을 통한 남북관계 개선 분위기 속

▶ 한강대교 북단 인근 한강공원에 설치된 미 공병대 참전 기념비

에 반환공여지 개발에 대한 민간부문의 관심이 증가되며 2019년 공모진행을 통한 도시개발사업을 추진하고 있다고 하며 구체적으로는 5,892세대의 주거단지 조성을 준비 중이라고 합니다.

어느 날 유튜브를 보던 중 과거의 추억을 회상하기 위해 과거에 캠프 에드워즈에서 복무했던 게리 스토트(Gary Stotts)라는 퇴역 미군이 그의 친구 척(Chuck)과 함께 2012년 10월에 캠프 에드워즈를 찾아와서 부대 주

▶ 캠프 에드워즈 정문에 방문한 퇴역 미군
 (출처: 게리 스토트 유튜브 영상)

▶ 캠프 에드워즈 동쪽 과거 기지촌 지역의 모습

변을 촬영한 영상을 보게 되었습니다. 유튜브에서는 퇴역 미군들이 과거에 자신들이 젊은 시절 복무했던 주한미군기지 터에 방문하여 촬영한 영상을 쉽게 찾아볼 수 있습니다. 이미 부대는 철거되었음에도 불구하고 그들은 부대 주변을 방문하여 옛 기억을 떠올립니다. 스토트는 1989년에 이곳에서 복무를 했었다고 합니다. 지금은 부대의 모든 것들(경비초소, 체육관, 막사, 식당 등)이 사라지고 주변의 펜스만 남아 있다는 것에 믿을 수 없다는 반응을 보입니다. 그들은 20대 초반의 젊은 시절을 보낸 이곳에서 과거의 기억을 떠올리며 감격합니다. 어쩌면 그들이 그리워하는 것은 캠프 에드워즈 자체보다는 20대 초반의 추억이 아닐까 합니다. 동영상 댓글에는 그 기지에서 복무했던 미군들의 다양한 반응이 남겨져 있습니다.

> "동영상 공유해주어서 감사하다. 모든 것이 사라진 것 같아 슬프다. 아주 멋진 기억을 담고 있는 곳!"
>
> "나도 여기서 1986년부터 1987년까지 근무했다. 길 건너편 작은 마을에 대한 기억이 흐릿해졌는데, 기억을 되살리는 데 영상이 도움이 되었다. 고맙다."
>
> "한국을 수호하기 위해 훈련을 하고 순찰을 하고 경비를 섰던 과거의 기억이 떠오른다."
>
> "그 시절 함께하던 전우들이 그립다. 혹시 아무개 병장을 기억하는 사람이 있느냐?"

한편, 캠프 에드워즈 앞 도로인 통일로를 사이로 맞은편 지역은 캠프 에드워즈의 기지촌 지역이었고 동시에 캠프 에드워즈 이스트(Camp Edwards East)라고 불리는 미군기지 시설이 있었다고 합니다. 제가 군복무를 하던 2000년대 초반에는 캠프 에드워즈 이스트는 존재하지 않았기에 닉슨 독트린 후 미군이 철수했던 1970년대 초반 또는 냉전이 와해되었던 1990년대 초반 중 한 시점에 철수하지 않았을까 추정됩니다.

미군 공병이 건설한 교량

미군 공병은 한강뿐 아니라 임진강에 리비교, 화이트교, 자유의 다리, 한탄강의 바빅즈교 등 군사 목적의 다리를 건설하였고, 동두천 신천에도 아리랑 다리(현재 안흥교 자리)를 건설하였습니다. 리비교는 경기도 파주시 파평면 장파리에 있던 다리로, 인근 장파리마을과 임진강 이북의 미군부대가 있던 지역을 이어주던 군사용 다리입니다. 군복무 시절 리비교 인근에 있는 스토리 사격장에서 임시 캠프를 구축하고 훈련을 하던 중 미군들이 다리 이름을 영어로 말해서 특이하게 생각한 적이 있습니다. 리비교는 6·25전쟁 중인 1953년 7월 4일에 주한미군에 의해 건설되었다고 합니다. 1950년 대전지구 전투에서 전사해 명예훈장을 받은 리비(George D. Libby) 중사의 이름을 따서 리비교라고 명명되었다 합니다.

한국군은 이 다리를 북진교라고 불렀습니다. 리비교 건너 임진강 이북에는 과거에 캠프 영(Camp Young) 등의 미군기지가 있었다고 하며 이 부대 소속의 미군들은 주말마다 리비교 건너편 장파리마을에서 시간을 보냈다고 합니다. 리비교는 역사적 가치가 있는 다리임에도 불구하고 안전상의 이유로 2020년에 철거되어 역사의 뒤안길로 사라지게 되었으며, 현재 리비교공원 조성 공사가 진행되고 있습니다. 그나마 다행인 것은 리비교에 대한 기록화 작업을 한 이용남 사진작가가 2020년에 발간한 사진집 『리비교 가는 길』을 통해 리비교에 얽힌 다양한 이야기 및 리비교의 다양한 모습을 볼 수 있습니다.

리비교가 장파리에 있었던 만큼 리비교 건설 과정에 있었던 사고와 관련하여 기억할 만한 장소가 장파리에 남아 있습니다. 리비교 건설 공사를 수행하던 중 미군 3명이 안타깝게도 익사를 하였는데, 군종신부인 부르노가 이들의 영혼을 기리기 위해 리비교 동쪽 장파리에 한 성당을 세웠고 이 성당이 바로 적성성당 장파공소입니다.

한편, 2020년에 리비교를 철거하는 과정에서 리비교에 사용된 건축자재 콘크리트를 활용한 '리비교 한미동맹 평화 벤치'가 경기도 파주시 파주읍 봉서리 소재 통일공원에 조성되어 있습니다. 통일공원은 1970년대 초에 반환된 미군기지인 '캠프 하텔(Camp Hartel)' 부지에 국방부가 조성한 공원이라서 리비교 벤치의 의의를 더하고 있습니다.

경기도 연천군 왕징면과 군남면에는 화이트농원, 화이트펜션, 화이트부동산, 화이트다방, 화이트휴게소 등 상호에 화이트가 들어간 간판을 많이 볼 수 있습니다. 그 이유는 왕징면과 군남면 사이를 흐르는 임진강에 미군 장교 화이트가 설치한 화이트교라는 다리가 있었기 때문입니다.

화이트교는 6·25전쟁이 한창이던 1950년 9월 군사 목적으로 미군 공병대대 소속 화이트 소령에 의해 목조교량으로 급하게 건설된 후 1970년에 콘크리트교량으로 개축하여 사용되다가 안전상의 이유로 2004년 10월 21일에 철거되었다고 합니다. 화이트교가 철거되기 10년 전인 1994년에 화이트교가 있던 자리로부터 하류 쪽 약 200m 지점에 임진교가 건

▶ 리비 중사 추모비(출처: 북진교 민통초소)

▶ 리비교 기록화 작업의 결과물, 『리비교 가는 길』

▶ 천주교 적성성당 장파공소

▶ 리비교 철거 부재를 이용해 만든 통일공원 내 리비교 벤치

▶ 상호에 화이트가 들어간 간판들

설되었습니다. 화이트교는 약 40여 년간 왕징면과 군남면 주민들이 임진강을 건너 왕래할 수 있는 유일한 다리였으나 이제는 역사의 뒤안길로 사라진 것입니다.

비록 화이트교는 철거되었지만 왕징면 주민 일동이 화이트교를 모태로 남한과 북한의 만남을 염원하며 설치한 조형물이 있습니다. 이 조형물 가운데 다리 모양 방향으로 왕징면과 군남면 사이를 연결하는 화이트교가 있었던 것을 알 수 있습니다.

강원도 인제에는 토마스 리빙스턴 소위의 유언에 따라 리빙스턴 소위의 부인에 의해 건설된 다리가 있습니다. 바로 강원도 인제읍 합강리와 덕산리 사이에 건설된 리빙스턴교입니다. 1951년 6월 10일 인제지구 전투에 참가한 미10군단 소속 리빙스턴 소위의 포병소대가 인제 북방 2㎞ 지점인 합강정 부근에 매복하고 있던 북한군의 기습을 받아 후퇴하던 중 인북천을 도하하려고 할 때 갑자기 폭우가 쏟아져 강물이 범람하였고 부대원들이 거센 물살과 적의 사격에 희생되었으며 리빙스턴 소위도 중상으로 후송되었으나 끝내 순직하였다고 합니다.

리빙스턴 소위는 임종 직전에 '이 강에 교량이 있었다면 많은 부대원이 희생되지 않았을 것'이라고 슬퍼하며 고국에 있는 부인에게 사재를 들여서라도 '이곳에 다리를 만들어달라'는 유언을 남겼다고 합니다. 이 유언을 전해들은 부인에 의해 1957년 12월 4일에 길이 150m, 폭 3.6m의 붉은 페인트를 칠한 목재교량이 가설되어 붉은 다리라 불리기도 했다 합니다.

경기도 연천에는 한탄강이 흐릅니다. 현재 한탄대교 옆에는 (구)한탄교라

▶ 화이트교가 없어지며 끊어진 길

▶ 화이트교 상징 조형물

▶ 리빙스턴교

▶ 포트 비버즈 공병대의 한탄교 건설 모습
(출처: 퇴역 미군 사이트)

▶ (구)한탄교 교각에 새겨져 있는 미 공병의 심볼 '브로큰 하트'

▶ 바빅즈 브리지 기념석(출처: blog.naver.com/reidin999)

고 불리는 다리가 있습니다. 퇴역 미군들은 이 다리를 바빅즈 브리지 (Babicz Bridge)라고 부릅니다. 이 다리는 연천에 있던 미군기지인 포트 비버즈(Fort Beavers) 소속 미44공병대에 의해 1967년 12월 31일에 건설 되었다고 합니다. 지금이야 (구)한탄교보다 더 넓은 한탄대교가 있어서 주로 한탄대교가 이용되고 있기에 (구)한탄교의 통행량이 적은 편이지만, (구)한탄교가 건설되기 전에는 그 주변 한탄강을 건널 마땅한 다리가 없 었다고 합니다.

(구)한탄교 남단에는 바빅즈 다리 건설 기념으로 미군 공병대가 만든 기 념석이 있었지만 어떤 이유인지 몰라도 철거가 되었습니다. 퇴역 미군들 중에는 아직도 이곳에 찾아와 기념석을 찾는 경우도 있지만 실패하였다 고 합니다. 다행히 인터넷 검색 과정에서 다음과 같이 한 블로거가 촬영 한 기념석 사진을 발견하였습니다.

한편, (구)한탄교 인근 연천에는 전곡리 선사유적지가 있는데, 이곳에 가 려면 한탄대교가 아닌 미군이 건설한 (구)한탄교를 통해 한탄대교 밑으 로 지나 진입하여야 합니다. 전곡리 유적지는 1978년 겨울에 한탄강 유 원지에 놀러 온 동두천 주둔 주한미군 그렉 보웬(Greg Bowen)이 주먹도 끼를 발견하면서 알려졌다고 합니다.

동양대학교 북서울(동두천)캠퍼스(舊 Camp Castle)

주한미군 공병대는 캠프 에드워즈에만 주둔했던 것은 아닙니다. 동두천 에는 36공병여단 2공병대대와 2보병사단 9보병연대 2대대가 주둔한 캠

▶ 동양대학교 북서울캠퍼스 모습

프 캐슬이라는 곳이 있었습니다. 캠프 캐슬은 1952년에 미군이 주둔하기 시작했던 곳이며 2016년경 반환되었다고 합니다. 이곳이 동양대학교 캠퍼스로 변화된 후인 2020년에 처음 방문해보았습니다.

미군부대를 상징하는 급수탑에는 이제 과거의 부대명인 캠프 캐슬(Camp Castle)이 아니라 동양대학교가 표기되어 있습니다. 캠프 캐슬은 군부대(Camp)가 캠퍼스(Campus)가 된 좋은 사례입니다. 카투사 군복무 당시 동두천 미군부대 행사가 있을 때 친구를 초대한 적이 있는데, 부대에 방문한 친구는 미군부대 내부가 마치 대학교 캠퍼스 같다고 하였습니다.

캠프 님블(Camp Nimble)

경기도 동두천시 상패동에는 캠프 님블이라는 미군기지가 있었습니다. 님블은 날렵하다는 뜻을 가지고 있는 단어입니다. 이 기지는 워낙 작은 규모의 기지인데 캠프 님블이라 적혀 있는 미군 급수탑이 높게 솟아 있어서 이 지역의 랜드마크 역할을 했습니다. 군복무 시절 동두천 지역을 지날 때마다 캠프 님블의 급수탑이 항상 눈에 띄었습니다. 이곳에는 1952년부터 미군이 주둔하였는데, 미2사단 702지원대대 A·B중대, 공병대대 등이 주둔하였다고 합니다. 캠프 님블은 부천시 오정구의 캠프 머서에 있던 공병대와 같은 부대라서 캠프 머서에서 캠프 님블로 파견을 오는 경우도 있었다고 합니다.

캠프 님블이 반환된 후 환경오염 정화 작업 과정에서 부대 내에 있던 미군시설들은 모두 철거되어 전혀 흔적이 남아 있지 않고, 동두천수변공원이라는 작은 공원과 아파트가 조성되었습니다. 한편, 캠프 님블이 반환되고 공원으로 변화가 되었으나 공원 주변에는 과거 기지촌의 흔적인 '25중고U.S ARMY만물센터'라는 상가 건물이 있어서 흥미롭습니다.

미 공병대는 전쟁 이후 다리, 성당, 교회, 병원, 주택 등을 건설함으로써 작전뿐 아니라 한국인들의 전후 복구에도 도움을 주었습니다. 이들은 이후 주한미군기지의 건설, 유지보수 등의 업무를 주관하였는데 공병단 본부라고 할 수 있는 극동공병단(Far East District Engineer)이 서울 을지로에 주둔했었습니다.

이곳은 미군기지이긴 하지만 군사시설이라기보다는 토목기술자 같은 일반인들이 근무하는 곳이었고, 미군의 국방일보사도 있었습니다. 직장생활을 하며 일본에 출장을 간 적이 있는데, 일본에서 만나게 된 프로젝트 매니저 담당자 분이 과거 여기에서 근무했었다고 합니다. 그분은 이곳에서 근무하면서 미군기지 시설에 대한 공사를 총괄하였다고 합니다. 미국 뉴욕을 여행하던 중 거리에서 우연히 뉴욕 미 공병단의 재난 후 주거 모델을 본 적이 있는데, 위에 언급한 것처럼 미군 공병단은 전쟁뿐 아니라 재난 지역에서 도움이 될 수 있는 일도 하는 것 같습니다.

저는 군복무 당시 주말에 을지로 소재 극동 미 공병단을 방문한 적이 있습니다. 주로 일반인들이 출입하는 곳에 20대 초반의 카투사가 방문을

▶ 공원이 과거 미군기지였다는 것을 알 수 있는 설명

하였고, 그것도 평일이 아닌 주말에 방문하니 경비원은 신기하게 생각하였습니다. 경비원은 부대 내에 들어가도 딱히 볼 것 없는데 뭐 하러 왔냐는 반응을 보였습니다. 실제로 부대가 크지 않았고, 부대 내 시설들은 다른 미군기지에 있는 건물들과 별반 다를 바 없었습니다. 게다가 모르

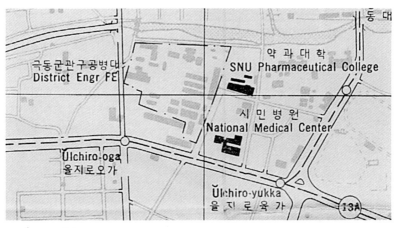

▶ 미 극동공병단(FED)(출처: 서울역사박물관)

는 사람들이 일하는 건물에 들어갈 수도 없었기에, 정문으로 들어가서 길 양옆으로 보이는 건물들 사이를 지나 후문을 통해 나오기까지 채 몇 분이 걸리지 않았습니다. 이 부대 내에는 2014년에 서울미래유산으로 지정된 구 경성사범학교 부속소학교 건물(1923년 건립)이 있습니다. 6·25 전쟁 전에는 서울대학교 소유였는데, 6·25전쟁 후 국방부에 의해 미군에 공여되며 미군이 주둔하였다고 합니다. 따라서 서울대와 부지 소유권 문제로 갈등을 겪을 수밖에 없었다고 합니다.

미 극동공병단이 평택으로 이전하게 되면서 이 부지를 한국정부에 반환하였고, 한국정부는 코로나 사태가 장기화되자 부지 내 건물 일부를 정비하여 국립중앙의료원 격리치료병동으로 사용하였습니다.

2021년 2월 27일에 이곳 국립중앙의료원 중앙예방접종센터에서 화이자 백신 첫 접종을 하였는데 1호 접종자는 코로나병동 미화원이라고 합니다. 이곳에는 추후 국립중앙의료원 중앙감염병 병원이 신축될 예정이라고 합니다. 삼성그룹에서 정부에 1조 원을 기부하였는데 정부는 그중 5천억 원을 국립중앙의료원 신축에 투입하기로 하였다고 합니다. 이에 따라 원래 계획된 것보다 시설을 더 확충할 수 있게 되어 세계적 수준의 감염병 병원으로 발돋움할 수 있을 것으로 기대되는 상황이라고 합니다. 감염병 병원이 완성되면 극동공병단 부지 내 건물들 대부분이 철거되어 역사의 뒤안길로 사라지겠지만, 6·25전쟁 중 유엔 의료지원국인 노르웨이, 스웨덴, 덴마크의 지원으로 1958년에 탄생한 국립중앙의료원 (舊 국립의료센터)이 극동공병단 부지에 들어서게 되면서 6·25전쟁의 흔적은 잊히지 않고 계속 이어질 듯합니다.

▶ 을지로 극동공병단 전경

▶ 국립중앙의료원 격리치료병동으로 변한 미 극동공병단

▶ 국립중앙의료원 부지 내 의료지원국 스칸디나비아 기념관

지금까지 미 공병대 및 공병단에 대해 알아보았습니다. 다음 장에서는 의료지원국을 포함하여 UN군으로 6·25전쟁에 참전했던 혈맹국 관련 이야기를 살펴보도록 하겠습니다.

15. 메모리얼 데이

당신들을 기억합니다

카투사 복무 시절 자대였던 캠프 그리브스(Camp Greaves)에는 주한미군뿐 아니라 간혹 UN군들이 방문하는 경우가 있었습니다. UN군들은 캠프 그리브스 인근에 있는 훈련시설이나 사격장에서 훈련을 마친 후 전투식량(MRE: Meal Ready to Eat)이 아닌 따뜻한 음식(Hot Chow)을 먹기 위해 캠프 그리브스 내 디팩(식당)에 방문하는 경우가 있었습니다. 미군뿐 아니라 다양한 나라의 군인들을 부대 내에서 볼 때마다 색다른 경험으로 다가왔습니다. 경기도 북부 민통선 내에는 과거에 미군기지가 꽤 많았으나 대부분 한국정부에 반환되었고 2000년대 기준으로는 훈련전용시설을 제외한 미군기지는 캠프 그리브스, 캠프 보니파스(Camp Boni-fas) 정도만 남아 있었습니다. 이 중에서 공동경비구역 JSA에서 근무하는 군인들의 베이스 캠프인 캠프 보니파스는 공식적으로는 미군기지가 아닌 UN군기지로 분류되어 있었습니다.

6·25전쟁 당시에 한반도의 자유와 평화를 수호하기 위해 미군뿐 아니라 UN군 소속 16개국의 군인들이 참전하였고, 전쟁 과정에서 많은 UN군들이 생명을 잃거나 부상을 당하였습니다. 다음은 6·25전쟁 중 참전국가별 병력 피해를 수치화한 자료입니다.

참전국가별 병력 피해 The Casualties of Countries	전사/사망 Killed/Death	부상 Wounded	실종 Missing	포로 Prisoner	계 Total
미 국 / U.S.A	36,940	92,134	3,737	4,439	137,250
영 국 / United Kingdom	1,078	2,674	179	977	4,908
호 주 / Australia	339	1,216	3	26	1,584
네덜란드 / Netherlands	120	645	-	3	768
캐나다 / Canada	312	1,212	1	32	1,557
뉴질랜드 / New Zealand	23	79	1	-	103
프랑스 / France	262	1008	7	12	1,289
필리핀 / Philippines	112	299	16	41	398
터어키 / Turkey	741	2,068	163	244	3,216
태 국 / Thailand	129	1,139	5	-	1,273
그리스 / Greece	192	543	-	3	738
남아프리카공화국 / South Africa	34	-	-	9	43
벨기에 / Belgium	99	336	4	1	440
룩셈부르크 / Luxembourg	2	13	-	-	15
콜롬비아 / Colombia	163	448	-	28	639
에티오피아 / Ethiopia	121	536	-	-	657
노르웨이 / Norway	3	-	-	-	3

▶ 6·25전쟁이 남긴 피해(출처: 용산 전쟁기념관)

일제로부터 해방된 후 1945년부터 1948년까지 남한에서는 미군정이 시행되었습니다. 1948년에 대한민국정부가 수립되자 소수의 미군만을 남긴 채 주한미군 병력의 대부분은 남한에서 철수하였습니다. 이런 상황에서 북한은 수차례의 도발을 감행한 후 중국과 소련의 동의하에 1950년 6월 25일에 남침을 감행하였습니다. 그 결과 3년간의 전쟁이 치러졌으며, 이 과정에서 수많은 인명 피해가 있었던 것입니다.

이번 장에서는 6·25전쟁 참전용사들을 기리는 국내외 장소들 중 제가 방문했던 곳들을 중심으로 살펴보고자 합니다.

경기도 연천 UN군 화장장 시설

경기도 연천에는 유엔군 화장장 시설이 있습니다. 이곳은 한국전쟁 당시
유엔군 전사자들을 화장하기 위해 1952년에 건립하여 휴전 직후까지도
사용한 화장 시설이라고 합니다. 현재 화장장 건물의 벽과 지붕이 훼손
되었으나 화장장에서 가장 중요한 굴뚝이 남아 있습니다. 이곳은 한국
전쟁 유적으로 중요한 의미가 있어서 문화재로 등록되었다고 합니다.

이 땅의 자유를 수호하기 위해 잘 모르는 나라까지 와서 생명을 바치다
산화한 수많은 이름 모를 유엔군들, 그리고 그들을 잃고 슬퍼했을 가족
들을 생각하니 마음이 숙연해졌습니다. 또한, 화장장 터 앞에 서 있으니
부산에 있는 UN기념공원의 UN군 무덤에서 느꼈던 것보다 더 강렬한
무엇인가가 마음에 다가왔습니다. 언젠가 어딘가에 있는 화장장에서 한

▶ 경기도 연천 유엔군 화장장 시설(등록문화재 제　▶ 유엔군 화장장 굴뚝
　408호)

줌의 재로 변할 저의 모습을 상상하니 인생이 덧없다는 생각이 들면서 삶은 무엇이고 죽음이란 무엇인지 질문을 던지게 되었습니다. 한편으로는 이곳까지 와서 싸우다 목숨을 잃은 분들을 생각하니 의미있는 삶을 살아야겠다는 생각을 하게 되었습니다.

UN기념공원(United Nations Memorial Cemetery in Korea)

부산 남구 대연동에는 6·25전쟁 중 전사한 UN군 장병들의 유해가 모셔진 UN기념공원이 있습니다. 유엔군들의 묘지 주변을 걷고 전몰장병 추모명비에 적힌 전사자들의 이름을 살펴보니 너무 무지한 채로 살아온 것 같다는 생각에 부끄러운 마음이 들었습니다. 지금부터라도 참전용사들을 잊지 않고 기억하며 살아가야겠다는 생각을 하게 되었습니다.

제가 워싱턴 D.C.를 방문했던 2017년에는 워싱턴 D.C. 내 다른 기념공원과 달리 한국전쟁기념공원에는 6·25전쟁 전사자의 이름이 새겨진 시설이 없었습니다. 다행히 약 5년이 지난 2022년에 건립된 추모의 벽에는 전사자들(미군 전사자 36,574명, 카투사 전사자 7,174명 등 총 43,000여 명)의 이름이 새겨지게 되었습니다. 여기서 주목할 것은 미국의 전쟁기념시설에 외국군의 이름이 새겨진 것은 카투사가 최초라고 합니다.

한편, 추모의 벽 건립 과정에서 의미 있는 일이 있었습니다. 바로 대한민국카투사연합회와 주한미군전우회가 워싱턴 D.C. 추모의 벽 건립기부금으로 모금한 5만 불을 2022년 4월 15일에 추모의 벽 건설 현장에서 한국전 참전 기념재단에 전달한 것입니다. 워싱턴 D.C. 추모의 벽은 2022년

▶ UN기념공원 내 묘지

▶ UN기념공원 내 유엔군 전몰장병 추모명비
(Wall of Remembrance)

▶ 미국 워싱턴 D.C. 한국전 참전용사 기념비
(Korean War Veterans Memorial)

▶ 미국 워싱턴 D.C. 한국전 참전용사 기념비

▶ 워싱턴 D.C. 추모의 벽 건립 기부자에게
발송된 안내문과 코인

7월 27일 공식적인 봉헌식을 거쳐 일반인들에게 공개되었다고 합니다. 나중에 기회가 된다면 꼭 추모의 벽에 방문하고 싶습니다.

미국 뉴욕 유니버설 솔져 조각상

미국의 정치 수도 워싱턴 D.C.뿐 아니라 경제 수도 뉴욕에도 6·25전쟁을 기념하는 곳이 있습니다. 바로 뉴욕 배터리공원인데, 이곳에는 6·25전쟁을 기념하여 한미연합군뿐 아니라 참전국가를 기념하는 유니버설 솔져(The Universal Soldier)라는 조각이 있습니다. 이 조각상을 통해 6·25전쟁으로 희생된 미군 전사자가 한국군 전사자보다 많다는 것을 확인하였습니다. 희생자들과 가족들에게 감사의 묵념을 하였습니다.

▶ 뉴욕 배터리공원 내에 있는 6·25전쟁 기념비(Korean War Memorial)인 유니버설 솔져 조각상

미국 현대 역사에서의 6·25전쟁

뉴욕 배터리공원 인근 페리 여객선을 타고 스테이튼섬에 가면 미국의 역사적 명소인 과거의 요새들이 있어서 역사적인 군사시설에 관심이 있는 분들이라면 흥미를 느낄 수 있는 곳입니다. 스테이튼섬에서 뉴욕 맨해튼이 보이는 해안가에는 미국이 참전한 현대의 주요 전쟁을 표기한 기념비가 있는데, 이곳에는 6·25전쟁도 기록되어 있습니다. 6·25전쟁은 잊힌 전쟁이라고도 하지만, 한편으로 미국 본토에서는 중요한 현대 전쟁의 하나로 여기고 있음을 알 수 있었습니다. 미국 워싱턴 D.C.에 있는 미국 역사박물관(National Museum of American History)에서도 6·25전쟁에 대해 다루고 있어서 미국의 현대 역사에서 6·25전쟁이 중요한 이벤트였음을 재확인할 수 있습니다.

6·25전쟁에 미군이 신속히 참전한 배경에는 미국 33대 대통령 트루먼의 즉각적인 결정이 있었기 때문입니다. 그는 무초 주한 미 대사와 애치슨 국무장관으로부터 6·25전쟁이 발발했다는 보고를 받고 바로 그 다음 날에 즉각 성명서를 발표하여 참전을 결정합니다. 대한민국의 공산화를 막은 것은 트루먼 대통령의 결단이 있었기 때문이라고 할 수 있습니다.

T-34 전차와 전투기 등 최신 무기를 앞세워 빠른 공격으로 북한군의 기습 남침이 이루어진 다음 날인 6월 26일 오전 4시에 UN안전보장이사회가 긴급 소집되었습니다. 북한의 남침을 국제평화의 파괴행위로 규정하는 한편, 침략을 중지하고 38도선 이북으로 물러날 것을 북한에 촉구하는 안보리의 결의에도 불구하고 북한의 침략행위가 계속되었고, 개전 3일 만에 수도 서울은 북한군에게 함락당하게 됩니다.

미국은 UN 회원국들에게 군사원조를 요청하는 결의안을 안보리에 상정하였습니다. 이에 따라 6월 28일 개최된 안보리에서 군사원조를 통해 북한의 침략을 격퇴하도록 대한민국을 지원한다는 결의안을 가결함으로써 UN군이 6·25전쟁에 참전을 하게 되었습니다.

이에 따라 유엔 지상군 특수임무부대가 긴급 편성되었는데, 일본 캠프 우드에 주둔하던 미24사단 스미스 중령의 특수임무부대원들이 부산 수영비행장을 통해 한국 땅을 밟게 되었습니다. 부산으로부터 북상하던 스미스부대원들은 1950년 7월 5일 오산의 죽미고개에서 전차 33대를 앞세운 북한군과 첫 전투를 벌이는데, 이것이 바로 6·25전쟁 당시 유엔군과 북한군이 벌인 최초의 전투인 죽미령 전투입니다. 이 초전을 치르고 나서부터 국군은 서부를 유엔군에 넘기고 주력 병력의 전장을 중부로

▶ 미국의 현대 주요 전쟁 중 하나인 6·25전쟁(뉴욕 스테이튼섬)

▶ 워싱턴 D.C. 소재 미국역사박물관의 한 자리를 차지하고 있는 6·25전쟁사

▶ 경기도 파주 임진각의 '해리 에스 트루먼 상' 및 미국군 ▶ 임진각 미2사단 참전 기념비
참전 기념비

▶ 자유수호평화박물관에 설치된 6·25전쟁 참전국 상징 천정 장식

▶ 유엔군 초전 기념비(미24사단)

▶ 신 유엔군 초전 기념비(교통부, 경기도)

옮겨 낙동강 방어선에 이르게 되었습니다. 죽미령 전투에서 전사한 스미스전투부대원의 넋을 위로하기 위해 1955년 7월 5일 미군24사단에 의해 죽미령에 기념탑이 세워졌는데 바로 유엔군 초전 기념비입니다. 한편 1982년 4월 6일에 교통부 및 경기도에 의해 신 유엔군 초전 기념비가 추가로 건립되었습니다.

낙동강 방어선과 자고산 미군 포로 학살 사건

북한군은 남침 후 파상공세를 통해 35일 만에 왜관 인근 자고산 303고지 (Hill 303)에 이르렀다고 합니다. 1950년 7월 29일 미8군 사령관 월턴 H. 워커 중장은 미 제25사단 장병에게 다음과 같이 훈시하였다고 합니다.

> "우리는 절대 물러설 수 없다. 물러설 곳도 없고 물러서서도 안 된다. 낙동강 방어선은 무조건 지켜야 한다. 무슨 일이 있어도 결코 후퇴란 있을 수 없다. 내가 죽는 한이 있더라도 한국은 무조건 지켜야 한다. 죽음을 각오하고 전선을 사수하라."

워커 미8군 사령관은 8월 1일에 낙동강과 그 상류 동북부 산악지대를 잇는 낙동강 방어선을 구축하고 치열하게 전투를 하였습니다.

이 와중에 왜관 303고지에 북한군의 포로로 잡혀 있던 45명의 미군 1기 병사단 소속 군인들 중 42명이 1950년 8월 17일 처참하게 학살당하였습니다. 그렇기에 303고지는 가슴 아픈 전쟁의 역사를 간직하고 있는 장소라고 할 수 있습니다. 이곳에는 오래된 추모비가 있으나, 추모비 앞 부지에 미군 희생자들의 넋을 위로하고 평화의 소중함을 되새기며 한미 간의 우정을 굳건히 하고자 한미 우정의 공원을 조성하고 추모탑을 건립하였습니다.

한 퇴역 미군에 의하면, 그가 303고지 인근의 미군기지(캠프 캐롤)에서 복무하던 1967년에는 303고지 내에 낡은 참호밖에는 아무것도 없었다고 합니다. 하지만 현재 이곳은 아름다운 공원으로 탈바꿈되었고 그 한

▶ 낙동강 방어선의 최대 격전지 다부동에 건립된 다부동전적기념관

▶ 낙동강 방어선(출처: 다부동전적기념관)

▶ 자고산 미군 포로 학살 사건이 일어난 303고지 앞 대지에 조성된 한미 우정의 공원과 추모탑

▶ 한미 친화 거리 내 303고지 미군 포로 학살 사건 추모 공간

가운데에 기념비가 세워졌습니다. 현재의 303고지 사진을 공유하자 퇴역 미군들은 격세지감을 느끼는 것처럼 보였습니다. 그러면서 그들은 저에게 사진을 공유해주어서 감사하다는 메시지를 전하였습니다.

대구시 소재 미군기지 캠프 워커 후문 거리는 '한미 친화 거리'라고 불리는데, 이 거리에는 303고지 포로 학살 사건을 추모하는 공간이 있습니다. 이를 통해 6·25전쟁을 기억하는 퇴역 미군들의 303고지에 대한 관심을 알 수 있습니다.

카투사 제도 창설

카투사 제도는 6·25전쟁 발발 후 전투 과정에서 미군 병력이 감소되자 미군 병력의 증강을 위해 1950년 7월 대한민국 대통령 이승만과 미 육군 및 유엔군 사령관이었던 더글라스 맥아더 장군 간 구두 합의로 시작하여 1950년 8월 15일에 공식 창설되었다고 합니다. 카투사(KATUSA: Korean Augmentation to the United States Army)는 미군에 증강된 한국군을 의미합니다. 휴전협정이 체결되었지만 카투사 제도는 현재까지 남아있어서 한미동맹의 상징이 되고 있고 매년 카투사 친선 주간 행사를 치르며 미군과 친목을 도모하고 있습니다.

인천상륙작전

1950년 9월 15일 새벽 유엔군 사령관 더글라스 맥아더 장군은 전함 261

▶ 미7사단의 인천상륙작전 10주년(1960년 9월 17일)   ▶ 38선을 돌파하는 아군(출처: 용산전쟁
　 기념비   　 기념관)

척과 상륙군 미 해병 제1사단, 한국 해병 제1연대를 진두지휘하여 역사
적인 인천상륙작전에 성공함으로써 6·25전쟁 초반의 최대 위기 상황에
서 탈출할 수 있었습니다.

인천상륙작전으로 전세를 뒤집은 국군과 유엔군은 수도 서울을 되찾고
1950년 10월 38선을 돌파해 북진작전을 통해 평양, 원산 등을 탈환하고
마침내 압록강까지 도달하였습니다.

전세가 아군에 유리해지자 1950년 10월 중화인민공화국(중공)의 중국인
민지원군이 한국전쟁에 개입하게 됩니다. 중공군의 대규모 기습 공격인
인해전술로 전선은 다시 38선 인근으로 밀리게 됩니다.

튀르키예(터키)군 참전비

경기도 용인시 기흥구 영동고속도로 마성인터체인지 근처에는 1974년 9

월 6일에 건립된 튀르키예군 참전
비가 있습니다. 에버랜드 근처에
있다 보니 지나가다 우연히 볼 수
있습니다. 저도 승용차로 지나가
다 차창 밖으로 본 적이 있지만
여의치 않아 한동안 방문해보진
못했다가, 주말에 지방에 갔다가
서울로 복귀하는 길에 잠깐 들렀
습니다. 이곳은 도보로는 갈 수

▶ 튀르키예군 참전 기념비

없고 도로로만 갈 수 있는데 도로 IC근처에 위치해 있다 보니 접근성이
좋지 않다는 단점이 있어서 다소 아쉽습니다. 튀르키예군 참전 기념비가
용인시에 건립된 이유는, 1951년 1월 25일부터 27일까지 치러진 용인시
김량장동 전투에서 튀르키예군의 용맹한 백병전이 널리 알려졌기 때문
이라 합니다.

퇴역 미군들에 의하면, 6·25전쟁 휴전협정이 체결된 후에도 튀르키예군
1개 여단 규모의 병력이 10여 년간 경기도 양주시 소재 반환 미군기지인
캠프 베이요넷(Camp Bayonet)에 주둔했었다고 합니다.

남아프리카공화국군 참전비

경기도 평택시 용이동에는 남아프리카공화국군 참전비가 있습니다. 참
전비에는 전투기가 조각되어 있는데, 이는 6·25전쟁 당시 남아프리카공
화국이 공군을 파견하였기 때문입니다.

▶ 남아프리카공화국군 참전 기념비

남아프리카공화국군은 1950년 9월 26일 더반 항을 떠나 11월 5일 일본 요코하마에 도착하였고 F-51 무스탕 전투기 16대를 미군으로부터 인수하여 11월 15일 부산 수영비행장에 도착하였다 합니다. 남아공군은 정전협정이 체결되기까지 전투기를 사용하여 아군의 지상군을 지원하고 적의 보급로를 차단하였다고 하며 전투 과정에서 37명이 전사하였다고 합니다. 참전비를 돌아보며 이들이 치른 희생 덕에 현재 우리가 자유를 누리고 있음을 느끼게 되었습니다.

그리스군 참전 기념비

▶ 그리스군 참전 모형비

유엔 회원국인 그리스군은 6·25 전쟁이 발발하자 1950년 12월에 한국에 도착 후 바로 전선에 투입되었다고 합니다. 경기도 여주시 소재 고속도로 휴게소에는 그리스 참전용사에 대한 감사와 존경의 표시로 1974년 10월 3일에 한국정부에 의해 건립된 그리스군 참전 기념비가 있었습니다.

이 참전비를 보기 위해 여주휴게소에 방문하였으나 다른 곳으로 이전한다고 하여 접근이 금지되어 있었기에 안타깝게도 헛걸음을 하였습니다. 다행히 경기도 동두천시 소재 자유수호평화박물관에 참전 모형비가 있어서 간접적으로 확인할 수 있는데, 그리스 건축 양식이 적용되었음을 알 수 있습니다. 참전비가 전국의 각지에 산재되어 있어 국민의 안보교육과 현장학습에 도움을 주고자 박물관에 모형비를 건립하였다고 합니다.

뉴질랜드군 참전 기념석

1950년 6월 유엔 안전보장이사회의 한국 지원 요청에 가장 먼저 응답한 유엔 회원국은 뉴질랜드라고 합니다. 1950년 12월 31일 아침 7시 30분에 유엔군의 일원으로 참전한 뉴질랜드군의 SS올몬드 군함이 부산에 도착하였다고 합니다. 뉴질랜드군의 첫 번째 군사 캠프가 세워졌던 곳은 현재 기준 뉴질랜드 한국전 참전 기념석이 있는 부산 송도라고 하는데, SS올몬드 군함을 기념하기 위해 뉴질랜드 오클랜드로부터 전달된 거북이 모양의 기념석이 송도의 전망대 휴게소에 있습니다.

기념석이 왜 거북이 모양인지 정확히 알 수는 없으나 송도 해수욕장에 가면 거북섬이 있기 때문에 뉴질랜드에서 기념석을 거북이 모양으로 만든 것이 아닐까 추정됩니다.

뉴질랜드 참전 관련 기념 공간은 부산뿐만 아니라 가평 전투가 벌어졌던 경기도 가평에도 있습니다. 가평 전투는 한국전쟁 기간 중 중공군 1차 춘계공세 시기에 영연방 27여단과 중공군 제118사단이 가평군 북면

▶ 뉴질랜드 참전 기념석이 있는 부산의 소나무섬 송도 ▶ 뉴질랜드 한국전 참전 기념석

▶ 거북섬과 송도 해수욕장

▶ 가평 전투 기념석 ▶ 경기도 가평 소재 뉴질랜드 한국전쟁 참전 기념비
　(경기도 가평군 호주 전투 기념비 인근)

지역에서 치른 전투로, 영연방군이 승리한 방어 전투입니다. 당시 UN군의 일원으로 영연방 4개국(영국, 캐나다, 호주, 뉴질랜드)의 용사들이 참전하였는데 서울로 진격하는 중공군을 저지함으로써 수도권 방어를 위한 시간을 벌어주고 연합군 승리의 기틀을 마련해준 전투였다고 합니다. 당시 이 전투로 영연방군과 중공군 주력 부대가 정면으로 전투를 벌이면서 양군 모두 많은 인명 피해를 입었다고 합니다. 가평군은 이를 기리고 추모하기 위해 가평군 내에 영연방 참전 기념비, 호주, 뉴질랜드, 캐나다 참전 기념비를 조성하였고 정기적으로 추모 행사를 개최하고 있습니다.

▶ 경기도 가평 소재 호주 전투 기념비

▶ 경기도 가평 소재 캐나다 전투 기념비

케니 상사 전공비

1951년 1·4후퇴 당시 1개 소대 병력의 미군도 후퇴 중이었습니다. 적군의 전차가 갑자기 들이닥치자 케니 상사 및 부하 2명이 몸으로 적의 전차를 막으면서 현장에서 사망하였고 이로써 소대원들을 구할 수 있었다고 합니다. 6·25전쟁

▶ 경기도 가평군 읍내리 소재 영연방 참전 기념비

▶ 케니 상사 전공비

▶ 프랑스군 참전 기념비

▶ 불란서군 대대 전적비

▶ 춘천 우두산에 있는 충렬탑(우측 기슭 하단에 불란
서군 대대 전적비가 보인다)

중 전사한 케니 상사를 기리기 위한 케니 상사 전공비가 경기도 파주시 법원읍 동문리에 조성되어 있습니다.

프랑스군 참전 기념비

경기도 수원시 북수원 인근에는 프랑스군 참전 기념비가 있습니다. 프랑스의 몽클라(Ralph Monclar) 예비역 중장은 6·25전쟁이 일어나 프랑스 정부가 대대급 부대를 파견한다는 결정을 내리자 이 부대를 지휘하기 위해 중령으로 계급을 낮춰 현역에 복귀를 신청하여 참전하였습니다. 이러한 사연을 아는 유엔군사령부와 미군 장병들은 그를 중령이 아닌 장군이라 불렀다 합니다. 프랑스군이 한국에 파병된 뒤 첫 숙영지가 경기도 수원시 장안구 파장동이었기에 파장동 북수원IC 인근에 프랑스군 참전 기념비가 조성되었습니다.

한국전에 참전한 프랑스군 대대는 미2사단 23연대에 배속되어 1951년 1월 31일부터 2월 2일까지 원주 쌍터널 부근에서 이루어진 전투에서 승리하였습니다. 또한 중공군의 2월 공세 때인 1951년 2월 13일부터 2월 16일까지 경기도 양평군 지평리 일대에서 벌어진 지평리 전투에서 중공군 참전 이후 최초의 승리를 거두었다고 합니다. 이후 1951년 4월 3일 춘천으로 진격하여 우두산을 확보하였습니다. 이러한 투혼과 전공을 기리고자 2010년 5월 우두산 충렬탑 인근에 불란서군 대대 전적비가 건립되었습니다. 우두산은 춘천 시민들의 명소이며, 1990년대 말 인기 드라마 '첫사랑'의 촬영지로도 알려져 있습니다.

▶ 경기도 가평군 북면　▶ 춘천 에티오피아 참전　▶ 에티오피아 한국전 참전 기념관
　소재 프랑스 참전비　　기념비

프랑스 대대는 1951년 9월 13일 개시된 단장의 능선 전투에도 참여하였습니다. 1951년 9월 26일 강원도 양구 펀치볼 단장의 능선에서 유엔군 프랑스 대대 한국군 중대 제1지휘관인 구필(Goupil) 대위가 전사하였는데, 그를 위한 추모비가 경기도 가평군 북면 목동리에 있습니다.

춘천에는 불란서군 대대 전적비 외에도 에티오피아 참전 기념비와 참전 기념관이 있습니다. 춘천 공지천 옆에 위치하고 있기 때문에 어렵지 않게 찾을 수 있는데, 참전 기념관은 에티오피아 전통가옥 양식으로 지어졌기에 독특한 외향으로 인해 특히 시선을 사로잡습니다. 아프리카에서 유일하게 지상군을 파병한 에티오피아는 1951년 5월 6일에 한국에 도착하였고 총 253회의 치열한 전투에 참여하였는데 한 번도 패배하지 않고 모두 승리하였다고 합니다.

이 땅의 자유와 평화를 위해 함께 싸운 혈맹 에티오피아를 위해 2020년 코로나19 사태 발생 시 한국은 코로나 방역 물품을 에티오피아에 전달하여 감사의 마음을 표하였습니다.

필리핀 참전공원 및 참전 기념비

6·25전쟁에 참전한 필리핀군은 1950년 10월 1일 미25사단에 배속되었고, 1951년 4월 연천 율동 전투 등 여러 전투에서 공을 세웠다고 합니다. 그런 연유인지 몰라도 경기도 연천에 필리핀 참전공원이 있습니다.

또한 경기도 고양시에 필리핀군 참전 기념비가 있습니다. 한국의 안전과

▶ 경기도 연천 소재 필리핀 참전공원

▶ 경기도 고양시 소재 필리핀군 참전 기념비

자유 수호를 위하여 6·25전쟁에 참전한 필리핀 지상군 1대대를 기리기 위해 이곳에 기념비가 건립되었다고 합니다. 필리핀군은 총 1,496명의 병력이 전투에 참여하여 왜관, 김천, 대구, 임진강변, 철원지구 등에서 많은 전투를 수행하였다고 합니다.

네덜란드군 참전 기념비

강원도 횡성에는 네덜란드군 참전 기념비가 있는데, 이는 횡성 전투와 관련이 있습니다. 중공군은 1951년 2월 11일 오후 5시를 기해 횡성 서북방에서 진격로를 개척하며 공격을 시작하였습니다. 전선에 투입되어 진격하던 전방부대는 중공군의 기습 공격을 받았고 수적인 열세를 극복하지 못한 상태에서 후방으로 진출한 중공군에 의해 전방부대 및 후방부대 모두 고립되었습니다. 아군은 화포와 차량 등 많은 중장비를 버리고 산악 능선을 따라 횡성으로 철수하였는데, 이 과정에서 미7사단 38연대에 배속된 네덜란드 대대의 활약상이 두드러졌습니다. 즉, 철수 과정에서 반드시 거쳐야 하는 횡성교를 네덜란드군이 1951년 2월 12일 야간까지 확보해줌으로써 분산되었던 부대들의 철수를 가능하게 했다고 합니다. 이 과정에서 대대장인 덴오우덴 중령을 포함해 122명이 전사하였고 3명이 행방불명되었다고 합니다.

▶ 네덜란드군 참전 기념비

영국군 설마리 전투 추모공원

1951년 서울을 함락하려는 중공군의 춘계공세 때 영연방 29여단 예하 글로스터 대대는 경기도 파주 설마리 235고지에서 3일간 중공군에 완전히 포위되어 고립된 채 전선을 사수하고 있었는데 설마리에서의 이 전투를 통해 중공군의 춘계공세를 저지할 수 있었다고 합니다. 글로스터 대대의 투혼 덕분에 한국군과 유엔군은 방어선을 새로이 구축하고 서울을 사수할 수 있었다고 합니다. 이후 이 고지는 글로스터 고지로 명명되

▶ 1951년 중공군의 춘계대공세 때 수적으로 불리한 상황에서 투혼으로 맞선 글로스터 대대(영국군 설마리 전투 추모공원)

▶ 영국군 참전 기념비

▶ 영국군 설마리 전투 추모공원

었다고 합니다. 한국정부는 이곳에서 적군과 혈전을 벌이다 전사한 영국군들의 넋을 기리기 위해 1957년 영국군 참전 기념비를 건립하였습니다. 또한, 경기도 및 파주시는 영국의 젊은 영웅들의 희생정신을 영원히 잊지 않기 위해 2014년 참전 기념비 전방에 영국군 설마리 전투 추모공원을 조성하였습니다.

벨기에 및 룩셈부르크 참전 기념비

벨기에군과 룩셈부르크군은 1950년 7월 22일에 참전 결정을 한 후 1951년 1월 31일에 부산에 도착해서 경기도 연천 금굴산, 동두천 마차산지구 전투를 치르면서 6·25전쟁에 참전하게 됩니다. 벨기에군과 룩셈부르크군은 유엔군 방어작전 등 많은 업적을 남겼고, 국방부에서 벨기에와 룩셈부르크군의 전공을 기념하기 위해 1975년에 마차산 전투 지역인 경기도 동두천시 상봉암동에 참전 기념비를 건립하였습니다.

참전 기념비 한 켠에는 전사자들의 이름이 적힌 명판이 있는데, 이 명판

▶ 벨기에, 룩셈부르크 참전 기념비

▶ 벨기에, 룩셈부르크 참전 기념비의 전사자 명판

옆에 적힌 문구는 다음과 같습니다.

"그들과 함께 싸웠으나 살아남아 이 땅에서 평화와 번영을 누리는 한
국 전우들이 오늘 여기 모여 전사한 옛 전우들의 명복을 빈다."

- 2000년 6월 26일 벨기에·룩셈부르크 대대 한국군 전우회

38선 돌파 기념비

1951년 5월에는 38선을 탈환하기 위한 아군과 적군 간의 치열한 전투가
벌어졌다고 합니다. 경기도 연천군 청산면 한탄대교 앞에는 38선 돌파
기념비가 있는데 미군 1기병사단 마크가 보입니다. 기념비에는 1951년 5
월 28일에 미군 1기병사단이 38선을 3번째로 돌파하였다고 기재되어 있
습니다. 당시 그리스군과 태국군도 함께하였는데, 자유를 수호하기 위해
작전에 참여했다 전사한 군인들을 기념하기 위해 본 돌파 기념비가 조성
되었다고 합니다.

▶ 38선 돌파 기념비

▶ 태국군 참전 기념비

1952년 11월 10일은 태국군이 본국에서는 경험하기 힘들었을 심한 추위 속에서 중공군의 공격으로부터 강원도 철원 역곡천 북쪽에 있는 235m의 포크찹(Porkchop) 고지를 지켜 승리를 거둔 날입니다. 6·25전쟁 발발 후 아시아 국가 중에서 가장 먼저 전투 병력 파병을 결정한 나라가 태국입니다. 국방부는 1974년 10월 1일 태국군이 마지막으로 주둔했던 곳(경기도 포천시 영북면 문암리 산 24-2)에 태국군 참전 기념비를 설립했습니다. 태국군 참전 기념비는 소총의 개머리판을 모형으로 하고 있어서 전투를 상징한다고 합니다.

콜롬비아군 참전 기념비

콜롬비아는 라틴아메리카 지역의 UN 회원국 중 유일한 참전국이자 UN 회원국 중 마지막으로 전투부대를 파병한 국가입니다. 1951년 한국으로 향하는 군함에 몸을 실은 콜롬비아의 젊은이들은 약 한 달 후인 6월 15일에 부산에 도착하였고 미24사단에 배속되어 금성지구 전투, 김화 400고지 전투, 연천 180고지 전투, 연천 불모고지 전투 등에 참전하였다고 합니다.

인천 경명공원에는 6·25전쟁에 참전한 콜롬비아군에 헌정하는 콜롬비아군 참전 기념비가 1975년 9월 24일에 건립되어 현재에 이르고 있습니다.

휴전협정 50년 후 한국으로 돌아온 한 콜롬비아 참전용사는 발전된 한국의 모습을 믿을 수 없다고 말했고, 한국에서 흘린 피눈물과 자신들의 희생을 보상받은 것만 같았다고 말하였습니다.

지금까지 제가 탐방했던 6·25전쟁 참전 기념비를 살펴보았습니다. 다음 장에서는 정전협정 후 북한의 위협에 대응하기 위한 미군의 주력 전투부대가 주둔했던 서부 지역(Western Corridor)의 반환 미군기지에 대해 살펴보도록 하겠습니다.

이번 장을 마치기에 앞서 한국전쟁 참전용사들을 찾아 감사를 전하고 사진과 영상으로 기록하는 작업인 프로젝트 솔져(PROJECT SOLDIER:

▶ 콜롬비아군 참전 기념비　　▶ 콜롬비아 참전용사상

▶ 스미스평화관 기획전 '프로젝트 솔져: 한국전쟁 참전용사를 찾아서'

Searching for Korean War Veterans)를 진행하고 있는 사진작가인 '라미'의 프로젝트에 대해 간략히 살펴보고자 합니다. 그는 이 프로젝트를 통해 한국전쟁 참전용사들의 이야기를 기록하여 다음 세대에 전달하기 위해 노력하고 있습니다. 2022년 3월부터 열린 경기도 오산시 소재 스미스 평화관 기획전 '프로젝트 솔져'를 통해 개인적으로는 참전용사의 희생을 되새기게 되었습니다. 그는 『69년 전에 이미 지불하셨습니다』라는 책을 출간하기도 하였는데, 책 제목의 의미는 참전용사들이 사진값을 이미 지불하였다는 의미입니다. 즉, 사진 촬영을 마친 참전용사가 사진값이 얼마냐고 묻자 "선생님께서는 이미 69년 전에 액자값을 지불하셨습니다"라고 답하며 무료 사진을 찍어주고 있다는 것입니다. 그의 책과 전시회를 보며 참전용사에 대한 감사의 마음이 들었습니다.

부족하지만 저의 반환 미군기지 이야기가 주한미군 및 미군기지에 대한 과도한 반감을 줄이고 한미동맹의 중요성에 대해 환기시키는 계기가 되었으면 하는 바람이 생겼습니다.

16. 서부전선 이상 없다

Western Corridor

6·25전쟁 휴전협정이 체결된 후에도 북한의 도발은 계속되었고 만일의 전쟁에 대비하여 자유세계를 수호하기 위해 미군은 전방 지역과 접경 지역에 많은 미군을 주둔시켰었습니다. 접경 지역 중 경기도 서북부 지역에 미군부대가 특히 많이 있었습니다. 야전부대에서 복무한 군인들은 함께 배우고 훈련을 하고 때로는 다투고 돕고 함께 놀면서 형제가 되어 갑니다. 군대에서는 이렇게 동고동락하며 형성된 관계를 빗대어 '밴드 오 브 브라더스'라 부르기도 합니다. 이번에는 경기도 서북부의 반환 미군 기지를 중심으로 그동안 다루지 않은 미군기지들과 주변 지역에 대해 간단히 살펴보도록 하겠습니다.

캠프 자이언트(Camp Giant)

제가 군복무를 할 당시 소속되어 있던 506보병대대는 캠프 그리브스에 만 주둔한 것은 아니었습니다. 506보병대대 산하부대인 알파중대(Alpha Company)는 경기도 파주시 문산읍 선유리에 있는 캠프 자이언트라는 기지에 주둔하였습니다. 전쟁 후 정부에서 미군에 공여한 땅인 캠프 자이언트에 1956년부터 미군이 주둔을 시작하였다고 하며, 그전에는 이 자리에 문산중학교가 있었다는 설이 있습니다. 이곳이 처음부터 캠프 자이언트로 불린 것은 아닙니다. 처음에는 미8군 76공병대의 1개 중대가 주둔한 적이 있어서 포스트 엔지니어(Post Engineer)라 불렸다고 합니다.

캠프 자이언트의 부대명은 '록 허드슨'과 '제임스 딘' 주연의 유명한 영화 '자이언트'를 따서 1969년에 한국인 토목기술자에 의해 명명되었다는 설이 있습니다. 1991년 미2사단 제2공병대대 연감을 보면 경기도 동두천 소재 캠프 캐슬, 경기도 문산 소재 캠프 펠햄과 함께 캠프 자이언트가 언급되어 있어서 공병대가 1990년대 초까지 주둔했음을 알 수 있습니다.

군복무 당시 미군부대 셔틀버스를 타면 캠프 자이언트 정문에도 정차하였기 때문에 부대 정문 앞을 수없이 많이 지나쳤었습니다. 당시 캠프 자이언트에는 제가 속한 506보병대대의 예하 중대인 알파중대원들이 주둔하던 때라서 부대 정문에 같은 알파중대 소속 카투사들이 경계 근무를 서고 있었습니다. 캠프 자이언트에 주둔하던 카투사들은 506보병대대 본진이 있는 캠프 그리브스에 정훈교육을 받으러 정기적으로 방문하였지만 캠프 그리브스에 주둔하던 다른 중대원들은 캠프 자이언트에 방문할 일은 거의 없었습니다. 이후 캠프 자이언트에 근무했던 한 퇴역 미군과 2010년경에 SNS 친구를 맺고 메시지를 주고받은 적이 있는데, 그 미군이 SNS에 올린 부대 사진을 통해 부대 내부 모습이 어땠을 거라는 것을 간접적으로 알 수 있었습니다.

2009년 가을에 업무차 파주에 방문할 일이 있었습니다. 업무를 마치고 복귀하는 길에 캠프 자이언트가 있던 선유리를 지나가게 되었는데, 한국농어촌공사 경기지역본부가 2009년 4월부터 2011년 1월까지 캠프 자

▶ 2009년 가을 철거 직전의 캠프 자이 언트 정문 주변 모습

▶ 캠프 자이언트 정문 맞은편 버스 정류장 '자이안 트부대'

이언트, 캠프 게리 오웬 등 반환 미군기지 시설물 철거 공사를 하고 있었습니다. 제가 방문했던 시기는 시설물 철거 초창기였기 때문에 부대의 외부 사진('2009년 가을 철거 직전의 캠프 자이언트 정문 주변 모습' 사진)을 남길 수 있었습니다. 물론 대부분의 사람들에게는 이 사진이 별다른 의미가 없겠지만, 개인적으로는 미군 셔틀버스를 통해 자주 보던 부대 정문 모습이라 기억의 한 장면이 담긴 사진입니다.

캠프 자이언트 부지에는 남북경협을 위한 업무단지와 병원시설이 들어선다는 계획이 있으나 사업이 지연되고 있습니다. 부지 내에 있던 캠프 자이언트 건물 및 시설물들이 모두 철거되어 더 이상 캠프 자이언트의 흔적은 찾기 어렵지만, 버스 정류장 명칭이 아직도 '자이안트부대'라고 되어 있어서 이곳이 과거 캠프 자이언트 부지였음을 알 수 있습니다.

파주리 미군기지

캠프 자이언트에서 남서쪽 방향으로 가면 파주리라는 동네가 있습니다. 이곳에는 챨리 블록(Charlie Block)이라는 미군기지를 중심으로 캠프 커스터(Camp Custer)라 불리던 미군기지 몇 개가 있었다고 합니다.

챨리 블록은 2000년대 초반에 반환되었다고 하는데 이곳에는 레이더 기지와 CAC(Counter Agent Company) 통신중계소 등이 있었다고 합니다. 챨리 블록의 통신중계소가 문산읍 선유리 소재 캠프 게리 오웬 동북쪽에 위치해 있었으나 이 중계소 또한 2000년대 초에 부지가 반환되었고 이후 철거가 되었습니다. 군복무 당시 대규모 훈련을 할 경우 미군 대대장이 챨리 블록을 자주 언급해서 개인적으로는 익숙한 부대입니다. CAC에 대해서는 문관현 기자가 2022년 1월에 발간한 『임진스카웃』이라는 책을 통해 알게 되었는데, 북한의 무장간첩에 대응하기 위해 창설된 대간첩중대라고 합니다. 비무장지대에 임진스카웃이 있었다면, 경기도 파주 지역에는 대간첩중대가 있었던 것입니다. 간첩의 흔적이 발견될 경우 CAC 통신중계소를 통해 무전기로 이 사실을 알림으로써 기동타격 활동을 할 수 있었다고 합니다.

챨리 블록 주변에는 캠프 커스터라는 미군기지가 있었는데 총 3개의 캠프(North, Middle, South)로 나뉘어져 있었다고 합니다. 챨리 블록과 캠프 커스터는 전부 한국정부에 반환되었지만 파주리에 가보면 과거 미군기지 주변에서 흔히 볼 수 있는 60년대풍 단층의 상업용 건물들이 아주 많이 있어서 이곳이 과거 미군기지촌이었음을 간접적으로 알 수 있습니다.

캠프 자이언트에서 챨리 블록으로 가는 길에는 캠프 패인(Camp Paine)이라는 부대가 있었다고 하는데 이곳은 주변에 있던 다른 부대들과 달리 일찍이 반환(미7사단이 떠나던 해인 1971년에 반환)되었기 때문에 정보가 부족합니다. 다행히 이 부대 출신의 재향군인이 만든 웹페이지가 있어서 이 부대에 대한 정보를 알 수 있습니다. 이곳은 한국전쟁 중인 1950년 11월 30일에 미7사단 소속으로 북한에서 용기 있게 싸우다 전사한 조지 패인(George H. Paine) 병장의 이름을 따라 명명되었다고 합니다. 패인 병장은 미군 훈장 중에서 명예훈장(Medal of Honor) 다음으로 2번째 가는 훈장인 디에스씨(Distinguished Service Cross)훈장을 받았다고 합니다. 이곳에는 707정비대대 B중대(B Company 707th Maintenance Battalion) 및 79포병 1대대(1/79th FA Battalion: 1/79 Artillery)가 주둔했었다고 합니다.

79포병 1대대는 캠프 패인 외에도 파주읍 봉서리에 있던 캠프 하텔(Camp Hartell)에도 주둔했었다고 합니다. 부대명은 1951년 8월 27일에 강원도 양구 고방산리에서 전사한 미군 장교인 리 알 하텔(Lee R. Hartell)의 이름을 따서 지어졌다고 합니다. 하텔은 명예훈장(Medal of Honor)을 수여받았다고 합니다. 용산 미군기지에는 하텔 하우스(Hartell House)라는 레스토랑이 있었는데, 이곳 또한 명예훈장을 받은 하텔 장교를 기념하여 명명된 것입니다.

캠프 하텔은 반환된 후 한국 국방부에 의해 통일공원으로 조성되었습니다. 통일공원 입구에는 '통일공원 조성 및 충현탑 건립 경위'라는 안내석이 있습니다. 이 안내석을 보면 이곳에 휴전 이후에 미7사단 예하의 79포병대대가 주둔했었다고 기재되어 있습니다. 주한 미7사단이 1971년 3월

▶ 파주리 기지촌 지역의 오래된 상업용 건물

▶ 라베닐리니(ravenillini)가 SNS 계정에 남긴 캠프 하텔 정문

▶ 통일공원 안내석

▶ 캠프 하텔이 반환된 후 조성된 통일공원

▶ 한국전 순직 종군기자 추념비

에 한국에서 떠난 후, 한국정부는 캠프 하텔 부지를 미군으로부터 반환 받게 되었습니다. 한국군 1사단은 이곳에 12,558평에 달하는 통일공원 조성 계획을 세운 후 1972년 4월 10일에 착공하였고 1973년 6월 25일에 기념식을 하며 공원이 완공된 것입니다. 통일공원에는 다양한 기념비가 있는데 그중의 하나가 한국전 순직 종군기자 추념비입니다. 1953년 휴전 회담 당시에 이곳에 유엔종군기자센터가 있었던 것을 고려한 듯합니다.

또한 리비교(Libby Bridge) 철거 과정에서 발생한 부재를 활용한 한미동 맹 평화 벤치가 반환 미군기지 터인 이곳 한 켠에 조성되어 있어 의미를 더하고 있습니다. 앞서 언급한 유엔군 임시사령부가 주둔했던 캠프 라이 스(추후 캠프 펠햄, 캠프 게리 오웬으로 부대명 변경)에서 동쪽 방향으로 가면 캠프 로즈(Camp Rose)라는 미군 전차부대(1/72전차)가 주둔하는 기지가 있었다고 하는데, 한 카투사전우회 회원의 회고에 따르면 이곳 부대원들 은 임진강에 있는 리비교에서 일주일 단위로 순환근무를 했었다고 합니 다. 이 부대도 1970년대 초 미군부대 철수 시기에 한국정부에 반환되었 으나, 이 부대 소속인 전차부대는 한국을 떠나지 않고 다른 주한미군기 지로 이전을 하였습니다.

문산 출신의 지인에 의하면 학창 시절 통일공원으로 소풍을 자주 갔었 다고 합니다. 이 이야기를 들으며 골프장에서 공원으로 바뀐 어린이대공 원에 소풍 갔던 기억이 떠올랐습니다. 통일공원이 완공된 지 오랜 시간 이 지났고 많은 시민들이 이용하는 공원임에도 불구하고 소유권이 국방 부에 있다 보니 아무래도 시설 개보수 및 설치에 어려움이 있었다고 합 니다. 2020년 11월 말에 통일공원의 소유권이 파주시로 이전되면서 다 행히 유지보수와 관리 문제가 좀 더 용이해졌다고 합니다.

캠프 패인에서 연풍리로 가는 길에는 캠프 브라운(Camp Brown)이라는 미군기지가 있었다고 하는데, 반환된 후 기록화 작업이 제대로 되지 않아 퇴역 미군들조차도 부대에 대한 자세한 정보를 모르는 상황입니다. 그야말로 잊힌 미군부대라고 할 수 있습니다.

캠프 브라운에서 조금 더 동쪽으로 가면 용주골이 나옵니다. 용주골은 연풍리 소재 미군기지 근처에 있던, 파주 지역의 유명한 기지촌입니다. 이곳은 미군 제1휴양소(RC#1)가 있던 곳이라 연풍리 소재 미군기지의 미군들뿐 아니라 인근 문산읍 및 법원읍 소재 미군기지의 수많은 미군들이 휴양과 유흥을 위해 모여들던 번화가였다고 합니다. 그래서 이곳에

▶ 통일공원에 있는 리비교 한미동맹 평화 벤치

▶ 용주골 삼거리의 과거 미군 클럽 거리

▶ 중앙탕

▶ 캠프 뷰먼트 부지 및 목욕탕 건물

는 미군 전용 클럽들이 상당히 많았었다고 합니다.

용주골에는 중앙탕이라는 목욕탕이 있었는데, 이 목욕탕은 용주골의 흑인 출입 지역 기지촌에서 일하는 여성들이 이용하던 곳이라고 합니다. 미군이 떠난 후 기지촌 여성들이 급감하게 되면서 이 목욕탕은 주로 인근 마을 주민들이 이용하게 된 것 같습니다. 지인에 의하면 어릴 적 목욕탕 이용료가 1,000원이었는데, 군인과 그 가족들은 300원에 이용할 수 있었다고 합니다.

용주골에는 갈곡천이라는 하천이 흐르고 있습니다. 갈곡천을 가로지르는 연풍교에서 남동쪽을 바라보면 과거 캠프 뷰먼트(Camp Beaumont) 부지(신축 아파트)와 그 옆에 있는 문화탕 건물이 보입니다.

캠프 뷰먼트에는 1957년부터 1964년까지 미1기갑사단 321육군보안국대대 A중대가 주둔하였고, 1964년부터 1967년까지는 508육군보안국그룹 A중대가 주둔하였다고 합니다. 참고로 508육군보안국그룹의 본부중대는 서울 영등포의 캠프 스페이드에 주둔했었는데, 잠시 캠프 스페이드가 있던 서울로 이동해보겠습니다.

캠프 스페이드(Camp Spade)

서울 영등포구 당산동 소재 당산역 교차로 인근에는 한 대형 예식장 건물이 있습니다. 그리고 예식장 뒤편에는 예식장 부속 주차장이 있고 그 뒤편으로는 몇몇 분위기 좋은 카페와 식당들이 즐비해 있습니다.

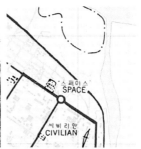

▶ 예식장(우측 큰 건물)과 예식장 부속 주차장(좌측)　　▶ 캠프 스페이드 위치(출처: 서울
　　　　　　　　　　　　　　　　　　　　　　　　　역사박물관)

주변에서 흔히 볼 수 있는 장소라 무심코 지나칠 수 있으나 과거 이곳에는 캠프 스페이드(Camp Spade)라는 미군부대가 있었다고 합니다(Camp Space라고 기재되어 있는 지도가 있긴 하지만 이는 Camp Spade의 오기입니다).

항공사진의 왼쪽 하단이 지금의 당산역 교차로(당시는 지금과 달리 로터리였습니다)이고 사진상 우측은 한강을 접하고 있으며, 사진이 촬영된 당시에는 아직 한강공원이 개발되기 전입니다. 이곳에는 1957년부터 1967년까지 약 10년 동안 미군 508육군보안국 본부중대가 주둔했었다고 합니다. 이 중대는 당시 전방에 주둔하던 미군 2개 사단(1기갑사단 및 7사단)을 전략·전술적인 부분에서 지원하는 역할을 했다고 합니다.

영등포구에는 많은 미군기지가 있었는데, 캠프 스페이드는 여의도비행장과 가까운 한강 인근의 부대로 서울에서 인천 방향으로 가는 길목에 있는 서울 소재 부대였습니다. 미군이 언제부터 이곳에 주둔하기 시작했는지는 정확히 알기 어렵습니다. 미군이 촬영한 사진을 보면 6·25전쟁 중 피해를 입은 건물 사진이 있는 것으로 보아 적어도 전쟁 이전에 건설되었던 건물을 미군시설로 사용했던 것으로 추정됩니다.

▶ 캠프 스페이드 항공사진(출처: 508 미 육군보안국 웹페이지)

▶ 전쟁의 흔적이 있는 캠프 스페이드 건물(출처: 508 미 육군보안국 웹페이지)

'전쟁의 흔적이 있는 캠프 스페이드 건물' 사진은 1962년 6월에 촬영된 것으로, 전쟁으로 인해 지붕이 손상되어 있는 것을 알 수 있습니다. 정확한 부지 반환 시점은 알기 어려우나, 1967년 말에 소속부대가 철수한 점, 미국 대통령 닉슨의 독트린에 따른 1970년 전후 주한미군기지 감축으로 미7사단이 한국에서 철수한 점, 이 지역에 대해 서울시가 제공하는 항공사진 중 가장 오래된 사진인 1972년에 촬영된 항공사진을 보면 캠프 스페이드 시설이 철거된 것으로 보이는 점을 종합해 볼 때, 1967년 말 부대가 철수한 이후 1968년에서 1971년 사이에 한국정부에 부지가 반환된 것이 아닐까 추측됩니다.

다시 파주 용주골 캠프 뷰먼트 이야기로 돌아오면, 캠프 뷰먼트가 한국정부에 반환된 후에 한동안은 한국정부 관할하에 있었으나 2000년대 초에 아파트단지를 조성하기로 결정되었습니다. 이 아파트단지는 2020

▶ 1972년 캠프 스페이드 부지 항공사진(출처: 서울항공사진서비스)

년 말 착공하여 2022년 9월 입주하는 475세대 규모의 아파트단지입니다. 미군들에 의하면 캠프 뷰먼트 남동쪽에는 고아원이 있었다고 하는데, 어떤 연관이 있는지 알 수 없으나 과거 고아원 자리 인근에는 현재 아동복지시설이 하나 있습니다. 한편 캠프 뷰먼트 옆에 있는 문화탕 건물은 아직도 남아 있습니다. 문화탕은 인근 기지촌에서 일하는 여성들이 주로 이용했던 곳이라고 합니다.

과거 캠프 뷰먼트가 있던 부지 방향인 문화탕 뒷문에는 미군이 만든 헌병 비상연락 번호 안내판이 아직 남아 있습니다. 미군이 철수한 지 약 50여 년이 지났음에도 아직까지 미군과 관련된 흔적이 이곳에 남아 있다는 것이 놀라웠습니다. 하지만, 문화탕과 그 주변 지역도 아파트단지 재개발이 예정되어 있기에 결국은 목욕탕 건물도 역사의 뒤안길로 사라질 것입니다. 문화탕이 위치한 곳은 캠프 뷰먼트 서쪽 마을에 해당하는데, 목욕탕 후문의 미군 헌병 비상연락망 표지를 통해 이 지역이 미군 헌병의 관할 구역이었다는 것을 간접적으로 알 수 있습니다. 법원리 주둔 미군기지 소속 헌병으로 복무했던 한 퇴역 미군에 의하면 용주골을 순찰하는 것이 그의 임무였다고 합니다.

용주골에는 크로스로드 서비스 클럽(Crossroads Service Club)이라고도 불린 미군 제1휴양소(RC#1)가 있었습니다. 주말이면 용주골에 있는 캠프 뷰먼트, 캠프 비어드(Camp Beard), 캠프 아담스(Camp Adams), 캠프 게리 오웬(문산에 있는 캠프 게리 오웬과 부대명을 공유)뿐만 아니라 인근 문산읍, 법원읍 등지에 주둔하던 미군들이 미군 휴양소에 와서 시간을 보냈다고 합니다. 미군들은 이 휴양소 외에도 용주골에 있는 클럽과 시장에서도 시간을 보냈다고 합니다. 그렇다 보니 용주골은 미군 헌병들의 정기 순

▶ 문화탕 안내 간판   ▶ (구)문화탕 건물

▶ 문화탕 뒷문에 붙어 있는 미군 헌병 비상연락 번호판

▶ 연풍길 상점가   ▶ 깔끔하게 단장된 (구)문화극장 건물

찰 장소였던 것입니다.

용주골의 연풍길 상점가는 1960년대에 미군들이 달러화를 들고 다니며 흥청망청하는 소비를 하던 화려한 곳이었다고 합니다. 하지만 1970년대 초반에 용주골과 법원리에 주둔하던 미군들이 대거 철수하게 되면서 미군을 상대하던 연풍리 상권은 쇠락할 수밖에 없었을 것입니다. 과거의 비포장길은 현재 포장도로가 되었고, 과거 이 길을 지나던 차량은 미군 차량이 대부분이었으나 지금은 일반인들 소유의 고급 차량들이 적지 않게 지나가기 때문에 과거에 비해 인프라도 좋아졌고 지역의 경제 수준도 향상되었음을 알 수 있습니다. 하지만 미군이 떠난 후 상권이 쇠퇴하면서 용주골은 다른 지역과 비교한다면 어쩔 수 없이 다소 낙후된 분위기가 남아 있습니다. 이러한 용주골을 재생시키기 위해 파주시에서는 도시재생지원센터를 운영하고 있으며, EBS와 협업하여 연풍길을 조성하였습니다. 연풍길 주변의 건물들은 1960년대의 스타일을 그대로 유지하되 새롭게 단장함으로써 색다른 공간이 되었습니다. 연풍길 상점가에 위치한 문화극장은 미군이 주둔하던 시절에 개관한 곳으로 알려졌으며, 최근까지만 하더라도 삼미쇼핑센터 건물로 사용되었다고 합니다.

한편, 용주골의 유명한 집창촌이었던 대추골을 포함한 인근의 과거 미군 기지촌 지역이 주거단지로 재개발될 예정이라고 합니다. 캠프 뷰몬트가 있던 곳을 포함하여 캠프 뷰몬트 서쪽의 기지촌 지역, 집창촌인 대추골, 그리고 대추골의 맞은편인 남쪽의 연풍2리마을까지 대규모 주거시설로 재개발하는 것이 계획되어 있는 것입니다. 언제 주거단지 재개발이 완료될지는 아직 알 수 없지만 대추골 집창촌이 결국 사라지는 것은 시간문제일 것입니다. 더 나아가 아파트단지가 들어서면서 기존의 미군기지촌이었던 용주골의 쇠락한 상권은 언젠가 핫플레이스로 변화될 것으로 기대가 됩니다.

퇴역 미군들에게 현재의 용주골 삼거리 사진을 공유한 적이 있습니다. 미군들은 현재의 변화된 모습을 보고 믿기 어렵다는 반응이었습니다. 그들이 복무했던 시절에는 비포장도로에 차량도 거의 없었는데, 현재는 깔끔하게 포장된 도로에 고급 차량들이 오고 가는 모습이 놀라운가 봅니다. 인생의 황혼기를 맞이한 퇴역 미군들에게는 용주골의 이미지는 수십 년 전의 모습을 담고 있는 오래된 사진과 그들의 기억 속에 있던 마을의 모습인 것입니다. 그런데 현재의 변화된 모습을 보는 순간 기억 속의 모습과 현저한 차이가 나니 놀라울 수밖에 없었을 것입니다. 퇴역 미군들은 현재의 모습이 궁금했는데 사진을 공유해주어서 정말 고맙다고 하였습니다. 비록 누군가에는 현재의 용주골 거리의 모습이 특별하지 않을 수도 있겠지만, 이곳에 추억을 갖고 있는 분들에겐 젊은 시절 추억의 장소이기에 현재의 변화된 모습을 사진으로 남기는 것이 가치가 있는 일이라고 느끼게 되었습니다.

경기도 파주시 법원읍 미군기지들

파주 용주골에서 동북쪽으로 이동하면 파주시 법원읍 가야리, 대능리, 법원리 등지에 1950년대부터 1970년대 초까지 수많은 미군이 주둔하였다고 합니다. 이곳에는 캠프 워너(Camp Warner), 캠프 어윈(Camp Irwin), 캠프 해밀턴(Camp Hamilton), 캠프 녹스(Camp Knox), 캠프 맥네어(Camp McNair), 캠프 스노우(Camp Snow) 등 적지 않은 미군기지가 있었다고 합니다.

그래서 그런지 법원 사거리를 중심으로 하여 미군을 상대로 하는 상권이 발달했었다고 합니다. 미군들은 법원 사거리를 '미키 마우스 코너(Mickey Mouse Corner)'라고 불렀는데, 그 이유는 '미키 마우스 코너'라는 이름의 미군 상대 시설이 있었기 때문입니다. 하지만 1970년대 초에 이곳에 주둔하던 미군들이 철수하면서 주한미군에 의지하여 살아가던 사람들도 지역을 떠나게 되었고, 법원읍의 인구가 급격히 감소하고 상권이 무너지며 빈 상가와 빈집이 많아졌다고 합니다. 놀라운 것은 미군이 떠난 지 40~50년이 되었음에도 불구하고 이곳에는 여전히 60~70년대의 마을 풍경이 곳곳에 남아 있는 상황입니다.

대능리에 있는 (구)해동극장 건물은 2층 벽체가 화백이 그린 대형 영화 포스터 그림을 걸 수 있도록 크게 건설되어 있어서 과거에 극장 건물로 사용되었다는 것을 알 수 있습니다. 법원읍에서는 생활환경 개선 작업의 방향을 외지인들보다 거주민들을 위주로 진행하고 있었습니다. 즉, 거주자보다 건물주나 외지인들이 이득을 보는 재개발, 재건축사업이 아닌 거주민들을 위한 환경 개선사업(새뜰마을사업, 예술가들에 의한 벽화작업, 전시작업 등) 위주로 이루어지고 있었습니다. 예를 들어 대능4리는 밝은 벽화를 그려 기존의 어둡고 칙칙한 분위기를 밝은 분위기로 개선하여 걷기 좋은 벽화마을로 변화시켰고, 홍등가로 유명했다는 20포마을(미군의 20포부대가 인근에 주둔한 데서 유래하였다고 함)은 홍등이 전통등으로 바뀌는 한편, 유곽 건물들은 예술가들의 문화공간인 문화창조빌리지(달빛공방협동조합)로 조성되었습니다.

▶ 법원리 빈 상가 건물 모습

▶ (구)캠프 어윈 인근 과거 미군 홀 ▶ 대능리 (구)해동극장 건물

▶ 과거 캠프 스노우 인근 마을인 대능4리
벽화마을
▶ (구)캠프 녹스 인근 기지촌이었던 대능리 20포
마을(현재 문화창조빌리지)

▶ 캠프 워너가 반환될 때쯤 설립된 캠프 워너 인근의 법원초등학교

▶ 공장단지로 변화된 과거 캠프 워너 지역　▶ 주택단지(가야리 꽃마을)로 변화된 과거 캠프 녹스 지역

▶ 1968년의 캠프 실 정문(출처: campsabrekorea.com)과 현재의 모습

법원읍 내 과거 캠프 워너가 있던 쪽에는 캠프 워너가 철수하던 때와 맞물려 1970년 9월에 법원초등학교가 천현초등학교의 분교로 설립이 되었고 천현초등학교는 약 50년간 운영이 되었으나 학령인구 감소로 인해 2019년 3월에 폐교하고 천현초등학교에 통폐합되었다고 합니다. 법원초등학교를 보면서 서울 성동구 마장동에 있는 동마중학교가 떠올랐습니다. 동마중학교도 미군 저유소가 반환되면서 그 옆 부지에 설립이 되었기 때문입니다.

한편 경기도 파주시 법원읍에는 과거에 캠프 실(Camp Sill)과 캠프 하이데이(Camp Hiday)라는 미7사단의 포병부대도 있었습니다. 현재는 과거 캠프 실의 정문 간판 구조물만이 형상만 유지한 채 폐허처럼 남아 있습니다.

경기도 파주시 파평면 마산리 밤고지마을 미군기지

캠프 실을 지나 파평면 마산리에는 과거에 미군기지였던 캠프 이선 알렌(Camp Ethan Allen)이 있었다고 합니다. 2011년, 한 퇴역 미군이 과거 이곳에 고엽제(에이전트 오렌지)가 살포되었었다는 주장을 제기한 바로 그 장소입니다. 캠프 이선 알렌에서 서쪽으로 가면 두포리 밤고지마을이 나옵니다. 1960년대에 밤고지마을에는 캠프 브리틴(Camp Brittin), 캠프 켄싱턴(Camp Kensington), 캠프 맥킨타이어(Camp McIntyre: 경비행장인 밤고지공항이 있던 기지), 캠프 세이버(Camp Saber), 캠프 제닝스(Camp Jennings) 등의 미군기지가 있었다고 합니다.

밤고지마을에 주둔하던 미군기지들은 워낙 오래전에 반환되었기 때문에 이곳 미군기지에 대해서는 알기 어려운 부분이 있습니다. 다행히 '평화를 품은 책방'이라는 마을도서관 겸 서점에 가면 밤고지마을과 1960년대에 이곳에 주둔했던 미군기지에 대한 실마리를 얻을 수 있습니다. 이 도서관에 가면 1960년대 마을과 미군기지 지도가 전시되어 있고, 마을과 미군기지 이야기를 기록한 『평화로 만나는 우리 마을 이야기』라는 책도 판매하고 있습니다.

『평화로 만나는 우리 마을 이야기』를 보면, 브루스 리차드(Bruce Richard)라는 미국인이 공유한 당시의 미군부대 사진과 마을 사진들이 실려 있어서 밤고지마을의 예전 모습을 알 수 있습니다. 밤고지마을에는 미군기지가 있었던 만큼 미군들을 상대로 하는 미군 전용 클럽인 만보 클럽(새마을 미군 홀), 스윙 클럽(Swing Club), 세븐 클럽(Seven Club)이 있었다고 합니다.

▶ 밤고지마을 전경

▶ 1960년대 밤고지마을 미군기지 및 마을 지도(출처: 평화를 품은 책방) 및 마을 이야기책

▶ 파주시 파평면 밤고지마을의 과거 세븐 클럽(Seven Club) 터

▶ 캠프 로턴과 윌슨 기념앨범
   (출처: 퇴역 미군 사이트)

6·25전쟁으로 인해 한국 전역은 전쟁터가 되었습니다. 그 결과 전국 주요 장소에는 미군이 주둔하였습니다. 특히 북한과의 접경지인 파주에는 다른 지역에 비해 너무도 많은 미군기지가 있었고 이곳에 의존하는 경제 생태계인 기지촌이 있었습니다. 미군들에 의하면 문산 북쪽의 운천리 인근에도 캠프 브라우닝(Camp Browning), 캠프 로턴(Camp Lawton), 캠프 링골드(Camp Ringgold), 캠프 젭 스튜어트(Camp Jeb Stuart), 캠프 맥켄지(Camp MacKenzie), 캠프 윌슨(Camp Wilson), 포파파쓰리(4P3) 등 과거에 반환된 미군기지가 많이 있었다고 하니 놀라울 따름입니다. 다시는 전쟁의 역사가 이어지지 않길 바랍니다. 또한 이 많은 미군기지를 거쳐 가며 자유를 수호하기 위해 헌신한 수많은 퇴역 미군들과 카투사들의 노고에 경의를 표합니다.

지금까지 경기 서북부 전방에 있던 과거 미군기지 터 및 주변 장소들을 살펴보았습니다. 다음 장에서는 저의 베이스 캠프(Base Camp)였던 반환 미군기지 '캠프 그리브스(Camp Greaves)'를 중심으로 군생활 동안 경험한 반환 미군기지들을 살펴보는 한편 그 안에서 카투사로서 경험한 미군들과의 생활을 다루도록 하겠습니다.

17. Hello! 캠프 그리브스

다시 만난 캠프 그리브스

전역 후 약 10년이 지난 어느 날 뉴스를 보던 중 대부분의 반환 미군기지와 달리 캠프 그리브스(Camp Greaves)는 기존 시설을 보존하여 2013년 12월 DMZ 안보체험공간으로 조성하고 부대 내에 유스호스텔을 조성하였다는 사실을 알게 되었습니다(파주에 있던 반환 미군기지 중 캠프 하우즈도 비교적 원형이 보존되어 공원으로 개발될 예정인데, 그 이유는 캠프 하우즈가 높은 경사지에 위치해서 공원 외에 딱히 다른 용도로 개발하기 곤란한 부분이 있기 때문입니다).

2017년 5월의 어느 날 캠프 그리브스 투어 행사(버스를 통해 반환부지로 이동한 후 전시회를 관람하는 행사)가 열린다는 소식을 듣고 신청하여 13년 만에 캠프 그리브스에 방문하게 되었습니다.

캠프 그리브스는 클린턴 그리브스(Clinton Greaves) 상병을 기념하여 명명된 부대입니다. 그는 1879년 6월 29일 전쟁 중 사망했다고 하니 6·25전쟁과 관련된 인물은 아니고 미국 내 전쟁사와 관련된 인물입니다. 경기도 파주시 군내면에 있던 미군기지인 캠프 그리브스에는 1953년 7월부터 2004년 8월까지 약 51년간 미군이 주둔하였고 2007년 8월에 한국 정부에 반환되었다고 합니다. 반환 직전에는 506보병연대 1대대가 주둔하였으나 그전에는 9보병연대, 24보병사단, 1기병사단 등이 주둔하였다고 합니다. 즉, 캠프 그리브스에는 여러 전투부대가 거쳐 갔는데 반환 직전까지 마지막으로 주둔한 부대는 미2사단 예하 부대인 506보병여단 1대대(미국 드라마 '밴드 오브 브라더스' 및 영화 '라이언 일병 구하기' 등과 관련된 부대)입니다. 저는 2002년 초에 입대하여 2004년 초에 제대할 때까지 약 2년 동안 이곳에서 군생활을 하였는데, 506보병 1대대 본부중대 수색소대의 소총병이었습니다. 2003년 발발한 이라크전쟁을 치르기 위해 부대원 중 절반이 2003년부터 2004년까지 이라크로 파병되었고, 절반은 미국 본토로 돌아갔습니다. 마지막으로 이곳에 주둔했던 카투사들은 다른 주한미군기지로 뿔뿔이 흩어졌습니다.

미군부대는 규모의 차이를 막론하고 세계 어느 곳을 가더라도 비슷한 패턴과 디자인으로 건설됩니다. 즉, 현지의 건축적인 특성과 개성보다는 어느 미군기지에 가더라도 미군기지 특유의 건물들로 이루어져 있습니다. 그러다 보니 아무래도 미군부대에 출입할 경우 미군기지 특유의 분위기를 느낄 수 있습니다. 대부분의 반환 미군기지 터를 답사한 결과 극소수의 사례를 제외하고는 부지 내 기존 미군용 시설들을 철거하고 새로운 건물이나 시설을 건설합니다. 하지만 캠프 그리브스 내 건물은 철거되지 않고 비교적 보존이 잘 되어 있습니다. 그 이유는 2000년대 초반 기준으로 캠프 그리브스가 주한미군부대 중에서는 유일하게 비무장지대(DMZ)로부터 가장 가까운 곳에 위치(DMZ 남방한계선으로부터 약 2㎞ 거리)하고 있고, 북한의 인공기가 보이고 대남방송이 들리는 민간인통제구역에 위치하고 있으며, 임진각, 제3땅굴, 도라산 전망대, 판문점 등 안보시설과 가까운 거리에 있어서 비무장지대 내 위치한 미군부대라는 입지적 특성과 역사성을 고려하여 안보체험공간으로 활용하는 것이 결정되었기 때문입니다.

실제 캠프 그리브스 내에는 1950년대부터 2000년대까지 시대별 변천 과
정을 알 수 있는 미군부대 건축물이 모두 존재하고 있어서 문화적 가치가
있다고 할 수 있습니다. 이러한 이국적인 분위기와 역사적 특성을 경기관
광공사가 적극 홍보하였고, 민통선 내부라 인원통제가 용이한 점이 장점
으로 작용되어 영화, 뮤직비디오 촬영지로 각광을 받고 있다고 합니다.

드라마 '태양의 후예', '슬기로운 감빵생활', '검은 태양', '수리남', 영화 '남산
의 부장들', 사이먼 도미닉과 로꼬의 뮤직비디오 '밤이 오면' 등이 이곳에

▶ 캠프 그리브스 투어

▶ 캠프 그리브스에서 마지막으로 주둔했던 미
506보병의 모토 '커리히(Currahee)'

▶ 민통선 내에 위치한 캠프 그리브스
(사진: 임진각 곤돌라 탑승 장소)

▶ '태양의 후예' 초반 송중기와 미군의 격투
장면 촬영장소인 차량 정비소

서 촬영되었다고 합니다. 또한 KBS 다큐멘터리 '3일', CNN 'South Korea POV', JTBC '비긴 어게인'이 촬영되었으며, 아이돌 그룹 'NCT Dream'의 정규 1집 앨범 자켓 촬영도 이루어졌다고 합니다. 특히 캠프 그리브스 반환부지가 드라마 '태양의 후예' 촬영지로 알려지면서 세계 곳곳의 한류 팬들에게 유명해졌습니다. SNS에서 캠프 그리브스를 검색하면 배우 송중기의 해외 팬들이 이곳을 방문한 것을 확인할 수 있습니다.

제가 캠프 그리브스에 다시 방문한 것은 전역 후 13년이 지난 2017년이었습니다. 군복무 당시에는 부대 내에 있는 것이 지루하고 얼른 전역하고 싶었는데, 전역하고 시간이 지나니 젊은 시절 고생했던 기억이 남아있는 공간이라 그런지 그리운 마음에 한 번쯤 다시 가보고 싶었습니다. 다른 반환 미군기지들이 철거된 것과 달리 캠프 그리브스는 재생을 통해 보존이 되어 개인적으로는 감사하게 생각하고 있습니다. 더욱이 숙박체험을 할 수 있는 유스호스텔 건물이 제가 군복무 시 수색소대 소속으로 생활했던 델타 막사(Delta Barrack)를 리모델링한 건물이기에 감회가 새로웠습니다.

캠프 그리브스로 가기 위해서는 임진강을 남북으로 가로지르는 통일대교에서 헌병 근무를 하고 있는 군인들에게 검문을 받아야 통과할 수 있습니다(통일대교가 건설되기 전에는 자유의 다리를 통해 진입했었다고 합니다). 한국 관련된 차량은 한국군 헌병들에게, 미군 차량은 민정경찰 패치를 단 카투사 사병 또는 미군이 1시간마다 교대로 검문(출입통제)하였습니다. 예전에는 JSA 부대원도 근무를 섰다고 하는데, 제가 복무할 당시에는 JSA는 근무를 서지 않았던 것 같습니다. 참고로, 과거에 미2사단 본부가 파주 지역에 주둔(캠프 하우즈)하던 시절에는 경기도 파주 지역으로 진입하는 초입부터 검문소가 있었다고 합니다.

경기도 서부 지역에는 꽤 많은 미군기지가 있었는데, 미군들은 이곳 부대들을 통칭하여 웨스턴 커리더(Western Corridor)라고 불렀습니다. 이 지역에 진입하기 전에 미군들이 남쪽 검문소(South Check Point)라고 부르던 검문 장소가 있었습니다. 이곳은 공동 검문소(Joint Check Point)라고도 불렸는데, 그 이유는 미군 헌병뿐 아니라 한국군 헌병과 한국 경찰이 함께 검문을 했기 때문이라고 합니다.

남쪽 검문소가 위치한 곳은 과거부터 한국과 중국 양국의 사신들이 왕래하던 의주대로의 길목인 경기도 고양시 덕양구 대자동입니다. 역사가 오래된 길이 분단을 이유로 임진강에서 끊겨 있고, 그 중간인 고양에 검문소가 있었다는 것은 역사의 슬픈 흔적이라고 할 수 있습니다. 검문소 자리에 있던 미2사단 안내 간판이 사라지고 대신 여러 개의 골프장으로 가는 길목임을 알려주는 도로 이정표가 있어서 그동안 이 지역에 많은 변화가 있었음을 알 수 있습니다.

미군들에 의하면 남쪽 검문소를 관리하던 군인들은 검문소에서 약 3㎞ 거리에 있는 역사적 장소인 숫돌고개(한국전쟁 당시 북한군과 중공군을 막아낸 곳) 인근에 있던 미군부대인 캠프 조나단 윌리엄스(Camp Jonathan Williams)에서 근무하던 병력으로 추정된다고 합니다. 캠프 조나단 윌리엄스는 1970년대 초에 한국정부에 반환되었다고 합니다. 숫돌고개에서 전철 삼송역까지 이어진 작은 길을 의주길이라고 하는데, 예전 길의 모양이 비교적 잘 유지되어 있고 길 양옆 건물 벽에 이 길의 역사를 알리는 벽화가 그려져 있습니다. 삼송역을 중심으로 남쪽 삼송신도시의 고

▶ 지금은 DMZ 유스호스텔이 된 과거 델타중대
  막사(S-456)

▶ 미군 서부 부대 지역 남쪽 검문소
  (출처: 미2사단 재향군인회)

▶ 과거 미군 검문소가 있던 의주대로 길목의 현재 모습

▶ 의주길 삼송리 구간의 현재 모습

▶ 캠프 그리브스 버스 정류장

층 건물들과 북쪽의 구 삼송리 마을 및 재래시장의 모습이 강렬히 대비되어 있는 모습을 볼 수 있어서 삼송역에 갈 일이 있다면 한 번쯤 둘러볼 만한 가치가 있습니다. 삼송동 주민에 의하면 옛 의주길이 서울 익선동(디벨로퍼에 의한 '다다익선' 프로젝트로 힙플레이스로 변화된 곳)처럼 힙플레이스로 변해가고 있다고 합니다.

통일대교 검문을 마치고 드디어 캠프 그리브스로 진입하자 가슴이 두근거렸습니다. 아직도 남아 있는 허름한 캠프 그리브스 버스 정류장이 보이자 옛 기억이 떠오르는 듯합니다. 버스 정류장 맞은편에 있던 부대 출입문인 브라보 게이트(Bravo Gate)가 아니라 체육관 근처에 새로 생긴 출입문이 관광객을 맞이하였습니다.

캠프 그리브스는 DMZ 인근 민통선 내부에 위치했었기 때문에 이곳에 근무한 카투사는 가슴에 민정경찰(DMZ Police) 패치를 붙였습니다. 다른 미군기지와 달리 부대 주변에 기지촌이 형성되어 있지 않았으며, 부대 주변에는 DMZ 이남 선전마을인 통일촌마을이 있지만 부대에서 도보로 10분 이상 거리에 위치하여 특별한 용무가 없는 한 마을에 방문할 일이 없습니다. 저는 군복무 중 대통령 선거 부재자 투표차 통일촌마을에 한 번 가본 게 전부이고, 사병들 중 기독교 신자들의 경우 주말에 간혹 통일촌교회에 가는 경우가 있었습니다. 그나마 문산 시내로 나가면 민간인을 많이 볼 수 있었으나 문산으로 가는 버스가 1시간에 한 대만 있었습니다.

지루하고 답답한 가운데 그나마 군대생활을 견딜 수 있었던 건 부대 내 여가시설과 복지시설이 있었기 때문입니다. 부대 내에는 도서관, 극장,

메릴랜드 대학교 분교가 있던 에듀케이션센터(Education Center), 운동장, 아트 앤 크래프트(취미생활공간), 레크리에이션센터(당구, 카드놀이 등을 할 수 있는 곳), 막사 내 휴게실(Day Room), 교회(교회에서 506보병 1대대 소속 카투사들을 대상으로 지원대장에 의한 정훈교육이 실시되기도 해서 교회는 대대 모든 카투사들이 모이는 공간이기도 했습니다), 패스트푸드점(버거킹, 앤써니피자), 체육관, 볼링장, 수영장 등이 있었기 때문입니다. 또한 부대 내에는 이글스 네스트(Eagle's Nest)라는 휴게실도 있었는데, 이곳에서 중대원들이 2주마다 모여 영어 스터디를 하곤 했습니다. 이글스 네스트는 히틀러의 별장 이름으로 알려져 있는데, 506연대 부대원들이 전쟁 중 히틀러의 별장을 실제로 점령했던 점에 착안하여 부대 내 휴게실 이름을 센스 있게 이글스 네스트로 명명한 것 같습니다.

상기 언급한 것처럼 506보병은 드라마 '밴드 오브 브라더스'뿐만 아니라 '라이언 일병 구하기'와도 관계가 있다고 합니다. '라이언 일병 구하기'에는 주한미군 2사단 101공수 506보병연대가 나옵니다. 506부대는 단순히 역사 속의 부대가 아니고 현재도 위험 지역에 파병이 되고 있는 현재 진행형의 전투부대입니다. 506부대는 2004년에 부대 병력의 절반이 이라크전쟁에 파병이 되며 한국에서 철수하였는데, 정말 안타까운 것은 506부대원들 중 16명이 2004년 12월에 파병지인 이라크에서 전사하였다는 것입니다. 506부대 연감에 올라와 있는 사망자 목록을 보던 중 알고 지냈거나, 부대 내에서 인사를 주고받던 미군 몇 명이 보여서 충격을 받았었습니다. 그중에는 늦은 나이에 군대에 입대한 루드하우스(Roodhouse) 상병도 있어서 더욱 안타까웠습니다.

14년 만에 찾아온 캠프 그리브스 한 켠에 체육관 건물이 보였습니다. 이

▶ DMZ 캠프 그리브스 출입문

▶ 전시장으로 변한 캠프 그리브스 볼링장

▶ 캠프 그리브스 체육관(Gym)

▶ 부대 탄약고

▶ 브라보중대 장교막사

▶ '태양의 후예' 포스터가 붙어 있는 찰리중대 차량 정비소 건물

건물을 보는 순간 군생활 당시 이곳에서 운동했던 기억이 새록새록 떠올랐습니다. 선임병은 체육관 내 헬스장에 니클백이나 메탈리카의 음악이 나온다고 싫어했었습니다. 체육관 건물을 통해 공간이 기억을 소환하는 특별한 경험을 할 수 있었고, 기억 속에 희미하게 남아 있던 체육관 건물을 다시 보게 되는 순간 반가운 마음이 들었습니다.

투어 인솔자를 따라 탄약고를 방문하였는데, 실사격훈련을 하기 위해 이곳에서 탄환을 받고 사격훈련 후 탄환을 반환했던 기억이 떠올랐습니다.

과거 브라보 장교막사 난간과 찰리중대 차량 정비고 외벽에는 배우 송중기의 사진이 붙어 있었는데, 이곳에 민간인들이 방문해서 '태양의 후예' 관련된 체험을 하며 즐거워하는 모습과 드라마 소품으로 사용된 군복을 입고 촬영한 단체사진을 본 퇴역 미군들이 아쉬움을 표현했습니다. 더욱이 델타 막사 건물이 유스호스텔이 되었고 내부에 극중 인물인 '유시진'의 방이 있다는 사실을 알고 놀랍다는 반응을 보였습니다.

캠프 그리브스가 인기 드라마의 촬영지로 유명해지며 자연스럽게 해외 팬들의 핫플레이스가 되었다는 것은 홍보 관점에서는 고무적인 일일 것입니다. 하지만, 캠프 그리브스 부지의 군사적 무게감과 역사적 사실에 대해서는 순서상 후반부에 다루어졌고, 이곳의 홍보를 위해 특정 드라마가 우선적으로 강조되는 것에 대해 퇴역 미군들이 이해할 수 없다는 반응을 보이는 것 같습니다. 퇴역 미군뿐 아니라 한 퇴역 카투사 역시 이곳을 방문한 후 다소 실망스러웠다고 합니다. 캠프 그리브스는 단순한 특정 드라마 촬영지이기 전에 북한의 침략에 대비하던 미군의 주력 전투부대가 주둔하던 핵심 기지였는데 방문객들에게 '태양의 후예' 촬영지임을 강조하는 한편 '태양의 후예' 관련된 체험 프로그램으로 투어 프로그램을 시작하다 보니 주객이 전도된 것 같아 당황스러웠다고 합니다.

하지만 이것은 방문객 중 SNS에 사진을 올리는 사람들이 주로 한류 팬인 것에 기인하여 형성된, 의도치 않은 결과인지도 모릅니다. 제가 방문했던 2017년에 반환기지 내 한 전시관에는 과거 이곳에 주둔하던 미군 전투부대들에 대한 자료와 사진들이 꼼꼼하게 전시되어 있었습니다. 즉, 이곳에서는 부지의 역사에 대해 다루고 있는 것이 사실입니다. 더욱이

▶ 캠프 그리브스에 주둔했던 미 해병대 1사단   ▶ 캠프 그리브스에 주둔했던 미24사단

▶ 캠프 그리브스에 주둔했던 미1기병사단과 임진스카웃   ▶ 캠프 그리브스에 주둔했던 9보병 및 마지막으로 주둔했던 506연대 1대대(캠프 그리브스의 기억 전시회)

이곳 체험 프로그램을 보면 북한의 남한 침투 목적으로 조성된 제3땅굴, 도라 전망대, 남북출입사무소 등 안보시설을 견학하는 프로그램으로 운영이 되고 있습니다. 다만, 홍보 과정에서 유명 드라마의 촬영지라는 것이 오히려 한류 팬들을 끌어모으게 된 계기가 되었고 그들이 남긴 SNS 이미지가 이곳의 이미지를 압도했을 뿐입니다.

이곳의 병영 체험시설인 DMZ 유스호스텔과 차고지 지역이 지금처럼 드라마의 이미지를 활용하여 홍보하고 운영되는 것이 꼭 바람직하지 않다고 할 수는 없을 것입니다. 오히려 홍보 효과 측면에서 더욱 활용해야 할 필요가 있어 보입니다. 다만 원래의 개발 취지인 안보체험공간, 즉 휴전 상태에서 남북 간 교전의 위험이 도사리던 최전방 미군기지로 이곳에서 자유를 수호하기 위해 힘든 군사훈련을 하던 군인들의 피와 땀이 서려 있는 역사적인 장소이자 안보체험공간으로서의 캠프 그리브스가 지금보다 조금만 더 비중 있게 다루어진다면 바람직하지 않을까 하는 생각이 들었습니다. 그러기 위해서는 이곳에서 생활을 했던 여러 카투사들의 경험담이 이곳 운영주체에게 공유되어야 하지 않을까 합니다.

18. 훈련소(Turtle Farm)에서 캠프 그리브스까지

안녕, 캠프 그리브스

저는 2002년 1월 말에 군 입대를 하였습니다. 그때로부터 20년이 지났지만, 지금도 과거를 회상해보면 군생활을 했던 때가 마치 어제와 같이 느껴집니다. 그만큼 시간은 빠른 것 같습니다.

2001년의 어느 날 대학교 친구가 카투사로 군에 입대한다고 하였습니다. 그 친구는 영어영문학과에 재학 중이었는데, 저는 그 친구에게 어떻게 카투사에 갈 수 있게 되었냐고 물어보았습니다. 2000년대 초반 기준으로 영어 스피킹 시험 없이 공인영어 점수 기준(예: 토익 600점)만 넘으면 카투사에 지원할 수 있었고, 지원자 중에서 무작위 추첨을 통해 선발이 된다고 하였습니다. 그동안 카투사는 영어를 유창하게 잘해야 입대가 가능한 줄로만 알았는데 공인영어 성적만으로도 지원이 가능하고, 지원 기준도 생각보다 높지 않아 저도 토익 시험을 보았고 간신히 기준 점수를 넘겨 카투사에 지원하였습니다. 운이 좋게도 합격통지를 받게 되었으며 입대일은 2002년 1월 말로 결정되었습니다.

제가 카투사로 군생활을 하게 될 것이란 소문이 퍼지자 여러 반응이 있었습니다. 주말에 외출, 외박 잘 나올 것이니 부럽다는 사람이 있었고,

무엇보다도 영어 실력을 늘릴 수 있는 기회이니 군생활이 어학연수나 마찬가지라는 말을 하는 친구도 있었습니다. 외삼촌은 과거에 경험했던 미군 관련 에피소드를 들려주셨습니다. 전후에 태어난 부모님 세대들의 경우 대체적으로 경제적으로 궁핍하게 살았는데, 상대적으로 미군은 경제적으로 훨씬 여유가 있었고 과거에 경험하지 못한 문물(초콜릿, 커피, 통조림 등)을 누리고 살았습니다. 그렇기에 미군은 선망의 대상이었습니다. 미군 차량이 지나가면 어린이들은 미군에게 달려가서 초콜릿을 달라고 하였고, 미군들은 어린이들에게 초콜릿을 던져주었다고 합니다. 이제 와서 생각해보면 1960~1970년대까지만 하더라도 미군기지가 여기저기 산재해 있었고 자동차 보급률도 높지 않았기 때문에 미군 차량이 지나가면 금방 눈에 띄었을 것 같습니다.

2001년 9월 11일에 오사마 빈 라덴에 의한 뉴욕 맨해튼 월드트레이드센터 항공기 테러 사태를 TV로 목도하고 놀라움을 금치 못했습니다. 혹시 중동에서 전쟁이 발발하는 것 아닌가 생각이 들었고, 개인적으로는 군 입대를 앞두고 전쟁이라는 위험이 좀 더 현실처럼 느껴졌습니다. 또한 혹시 이 사건이 주한미군과 저의 군생활에 어떤 영향을 끼칠지 막연히 두려운 마음이 들었습니다. 입대 후에 선임병을 통해 들어서 알게 된 일이지만 9·11 사건 이후 한동안 주한미군기지에 락다운(lockdown: 외출금지) 조치가 취해지면서 미군과 카투사들이 부대에서만 생활한 적이 있었다고 합니다.

9·11테러 사건 후 약 15년 후에 미국 뉴욕에 방문한 적이 있는데, 이때 짬을 내어 사건 현장을 향했습니다. 일정상 아쉽게도 기념관 내부에는 방문하지 못했지만 붕괴된 2개의 건물 터에 조성된 외부 기념비와 그 위

에 새겨진 희생자들의 이름을 볼 수 있었습니다. 미국은 놀랍게도 맨해튼의 금싸라기 땅에 새로운 건물을 짓지 않고, 기념공간을 조성함으로써 9·11테러 사건으로 희생된 무고한 생명들을 추모하고 있었습니다. 9·11테러 사건을 특별한 방식으로 기억하기로 결정한 것입니다.

▶ 뉴욕 월드트레이드센터 9월 11일 테러 현장에 조성된 기념비

드디어 군 입대를 하는 날, 새벽 일찍 일어나 기차를 타고 논산 육군훈 련소로 향했습니다(카투사라고 하여 바로 미군기지로 입대하는 것이 아니라 일 단 다른 육군 입대자들과 함께 논산 육군훈련소에서 기초 군사훈련을 받습니다). 입영열차 안에 앉아 있는 내내 모든 것이 막연하고 두려웠습니다.

논산훈련소에 도착하자 집합을 한 후 교관의 인솔하에 군복을 비롯한 군 보급품을 받기 위해 보급소로 이동하였습니다. 서둘러 군복으로 갈 아입고 가져온 개인 짐들 중 신분증, 볼펜, 수첩 등 일부 물품을 제외한 대부분의 물품을 택배 상자에 담아 집으로 발송하며 군용품 외에는 아 무것도 없는 빈손이 된 순간 드디어 군생활을 시작하게 되었음을 실감 하게 되었습니다. 입대 전 병무청에서 신체검사와 정신검사를 받았지만 이곳 논산훈련소에서 다시 한번 신체검사 및 정신검사를 받았습니다.

내무반에서 점호를 하는데 훈련병들의 자세가 바르지 않다며 교관이 고 함을 지릅니다. 밤에는 졸린 눈을 비비며 1시간씩 교대로 불침번을 서는 데 1시간이 너무 길다는 생각이 듭니다. 아침에 기상 나팔 소리가 들리 면 신속히 일어나 점호를 합니다. PT 체조를 하며 그동안 불러본 적 없 던 '멋진 사나이', '멸공의 횃불' 같은 군가를 따라 부르고, 이동 간에도 군가를 부릅니다. 연병장에서 이동 중 각이 흐트러졌다면서 교관이 화 를 내며 저 멀리 축구 골대가 있는 곳까지 달려갔다가 얼른 돌아오라고 호통을 치며 제일 늦게 오는 훈련병은 얼차려를 받을 것을 각오하라고 겁을 줍니다. 정신없이 달려 다시 원점으로 왔는데 아무도 얼차려를 받 지 않았습니다.

식사를 하러 식당으로 가서 순서를 기다리며 식당 앞에 집합을 하고 있는 와중에 교관이 훈련병들에게 큰 소리로 함성을 지르라고 명령합니다. 일제히 함성을 지르자 추운 겨울 날씨 때문에 훈련병들 입에서 하얀 김이 뿜어져 나옵니다. 추위에 벌벌 떨며 식당에 들어가 배식판에 음식을 받은 후 식탁에 앉았지만 교관들은 빨리 먹으라고 소리를 지릅니다. 군대에서 먹는 짬밥이 생각보다 맛있었지만 훈련병 간에 대화를 할 수 없고 교관의 감시하에 신속하게 먹을 수밖에 없었습니다.

연병장에서 총검훈련을 하고 훈련장에 가서 사격훈련, 유격훈련을 합니다. 가스실에 들어가서 방독면을 벗고 가스를 들이마시는 훈련도 합니다. 훈련 중간중간에 우리 소대의 순서가 오길 기다리는데 지루하니 교관이 노래를 잘하는 사람 나와서 노래를 부르라고 합니다. 어떤 훈련병이 K2 김성면의 노래를 부르는데 노래 실력이 좋아 그 후부터 그는 틈날 때마다 훈련병들 앞에서 노래를 부르게 되었습니다. 훈련병 중에는 케이블 TV에서 VJ를 하던 키 큰 사람이 있었는데, 실제 TV에서 보던 대로 멘트를 해주어서 지루한 훈련 시간을 그럭저럭 재미있게 보낼 수 있었습니다. 그 VJ도 카투사로 선발이 되었는지 후에 동두천 미군기지에서 열린 10마일(16㎞) 달리기 때 병장이 되어서 참여했다가 대회에서 마주쳤던 기억이 납니다.

하루는 행군을 하기 위해 부대 밖에 나가게 되었습니다. 행군길에서 만난 민간인의 모습을 보니 누구인지도 모르는 사람이었지만 오랜만에 보는 민간인이라는 사실 하나만으로 왠지 반가웠습니다. 행군은 야간까지 이어지는데 서울에서는 보기 힘들었던 무수히 많은 별들이 밤하늘에 반짝였습니다. 반짝이는 별을 보며 나라는 존재가 바닷가 모래사장의 모래알처럼 작게만 느껴졌습니다. 행군을 마치고 부대에 복귀하여 샤워를 하고 내무반으로 향하는 복도에서 갑자기 교관이 버럭 화를 내는 소리가 들렸습니다. 훈련병 중 한 명이 수건을 어깨에 둘렀다는 이유로 군기가 빠졌다며 호통을 친 것입니다.

어느 날 밤에 부대 초소에서 야간 경비를 서게 되었습니다. 다른 교관과 달리 화를 안 내고 웃는 표정을 지어서 훈련병들 사이에서 인기가 좋았던 교관과 함께 경계 근무를 하게 되었습니다. 대화를 하던 도중 그 교관이 대학교 동문임을 알게 되었습니다. 그 교관은 한 기독교 동아리 활동을 하는 독실한 기독교 신자였습니다. 저도 다른 기독교 동아리에 속해 있다고 했더니 그 교관이 반갑다고 했습니다.

주말에는 종교행사가 허용되어 교회에 가보았습니다. 동네 교회 친구가 군종병으로 앞에 서 있었습니다. 고등학생 시절부터 노래를 잘해서 한양대학교 음대에 진학한 친구였습니다. 교회에서 알고 지내던 사이였는데, 훈련소에서 보게 되니 너무 반가웠습니다. 예배가 끝난 후 찰나의 순간이었지만 바로 앞으로 달려가 그 친구에게 인사를 하고 서로 반가워했던 기억이 납니다.

어느 날은 한 교육장교가 강당에 모인 훈련생들을 상대로 군생활 관련된 정신교육을 하였습니다. 교육을 마친 후 그 장교는 훈련병 한 사람 한 사람에게 인사를 하고 보직에 대해 물어보고 격려를 해주는데, 그동안 보아오던 괴팍한 교관들과 달리 인자한 모습이었습니다.

어느 날 아침 기상 후 내무반에서 점호 중 제 이름이 호명되었습니다. 신체검사 결과 결핵 흔적이 발견되어 군의관과 면담이 잡혔다고 합니다.

만일 군생활에 부적합하다 판단되는 질병이 있을 경우 퇴소처리가 되며, 추후 신체검사를 다시 받고 재입대를 해야 한다고 합니다. 군의관의 검진 결과 결핵약을 열심히 먹어 완치되었고 결핵을 치료한 흔적이 발견되었을 뿐 군생활에 전혀 이상이 없다는 소견에 따라 다시 훈련병 동기들이 있는 내무반으로 복귀하였습니다. 훈련병들 중에는 제가 잠깐의 격리 기간 동안 훈련을 빼먹었다며 부럽다는 반응을 보이는 사람들이 몇몇 있었습니다.

내무반 생활 중에는 대부분 긴장하며 정자세로 앉아 있어야 했지만 가끔씩 주어지는 자유 시간에는 독서를 할 수도 있고 대화가 허용되기도 하였습니다. 이때 훈련소 동기들과 이런저런 이야기를 했습니다. 내무반에 『샘터』라는 잡지가 있어서 보았는데, 소설가 한강이 쓴 글이 실려 있었습니다. 이름이 인상적이라서 눈에 띄어 글을 읽어보았는데 이때 이후로 한강은 제가 가장 좋아하는 작가 중 한 명이 되었습니다.

그 밖에 훈련병 시절은 잘 기억이 나지 않지만 훈련 일정을 참 어렵게 소화했다는 것은 잊히지 않습니다. 그동안 함께 고생하며 정이 든 논산훈련소 내무반 동기들과 헤어지게 되는데 서로 아쉬워하며 꼭 연락하자고 하였지만 전국 각지로 흩어져 약 2년의 군생활을 하는 동안 자연스레 연락이 끊기게 되었습니다. 무사히 신병교육을 받은 병사들은 보직에 따라 후반기교육을 받거나 각자 배정받은 부대로 이동하게 됩니다.

카투사로 군생활을 하게 된 훈련병들은 별도로 모여 기차를 타고 지금은 역사의 뒤안길로 사라진 306보충대가 있는 경기도 의정부시 용현동을 향해 이동합니다. 306보충대로 어떻게 이동하였는지 정확히 기억은 나지 않지만 논산에서 기차를 타고 지금은 폐선이 된 서울 노원구 소재 육군사관학교 앞에 있는 화랑대역에서 내린 후 경기도 의정부로 가는 군용 버스로 환승했던 것 같습니다. 점심식사로 기차 안에서 인솔병이 나누어준 한국군 전투식량을 난생처음으로 먹어보았던 기억이 납니다.

일반적으로 카투사들은 육군 논산훈련소에서 기초 군사훈련을 마친 후 카투사 교육대인 KTA(KATUSA Training Academy)로 가게 됩니다. 현재 는 평택 미군기지에 카투사 교육대가 있지만, 제가 입대했던 2000년대 에는 경기도 의정부시 소재 캠프 잭슨(Camp Jackson)에 교육대가 있었 습니다. 일정상 이전 카투사 교육대 훈련병들의 교육이 수료되지 않은 경우에는 인근에 있는 의정부 306보충대에 가서 일단 대기한 후 선임 기수가 교육을 이수하여 카투사 교육대 막사가 비워지면 그제서야 캠프 잭슨의 KTA에 입소하게 됩니다.

306보충대의 카투사 담당 조교들은 논산훈련소와 달리 하나도 무섭지 않았으며, 별다른 훈련 없이 카투사 교육대 입소 대기를 위해 머무르다 보니 일과 시간에 벽에 등을 기대고 앉아 있을 수 있었고 심지어 내무반 에서 누워 있을 수도 있어서 이게 군생활이 맞나 싶을 만큼 어리둥절한 시간이었고 군생활 중 가장 편했던 시기 중 하나였습니다.

이때 카투사 동기들끼리 잡담을 하였는데, 주요 화제는 각자 토익 점수 가 몇 점인지, 대학교는 어디 다녔는지, 전투병이 되면 엄청 힘들고 외박 이 제한되어 부대에 대기하고 있어야 한다더라 등의 내용이었습니다. 교 육생 중에는 서울대, 고려대, 연세대 등 명문대 출신들이 상당히 많았고 해외 명문대 출신들도 적지 않았습니다. 게다가 가정환경도 여유로운 사람들이 꽤 많았습니다.

캠프 잭슨(Camp Jackson)

드디어 교육대 입소 날이 밝았습니다. 306보충대에 난생처음 보는 미군들과 주한미군부대에 파견되어 근무하는 중사 계급의 한국군 부사관들이 미군용 버스를 타고 나타났습니다. 같은 한국군이지만 한국군 군복이 아닌 미군 군복을 입고 있는 한국군 부사관들의 모습이 특색 있게 보였습니다. 이들은 카투사 훈련병들을 버스에 태워 인솔한 후 경기도 의정부시 호원동 소재 캠프 잭슨까지 이동하였습니다.

버스 안에서 한국군 중사는 카투사들을 향해 약간 과격한 말투로 "너희들 미군부대에 놀러 온 것 아니다. 정신 똑바로 차려라"라고 정신교육을 합니다. 미군도 뭐라고 말은 하지만 제 영어 실력이 좋지 않아 정확히 들리지는 않았습니다. 이렇게 카투사 신병교육대인 KTA가 있는 캠프 잭슨이라는 미군기지에 들어가며 미군기지라는 세계에 처음으로 발을 들여놓게 되었습니다.

캠프 잭슨에는 한국전쟁 중이던 1952년부터 미군이 주둔하였다고 합니다. 정확한 정보는 알 수 없으나 이곳에 포병부대가 주둔한 적이 있었다고 합니다. 나중에 알게 된 사실이지만 냉전시대, 즉 독일에 베를린 장벽이 건설된 1960년대 이후 한반도에는 기존 미군기지에 있던 방공포부대 이외에도 많은 지대공미사일 기지가 주둔하기 시작했다고 합니다.

카투사 교육대는 경기도 평택의 캠프 험프리스와 경기도 동두천 캠프 케이시에 주둔한 적이 있었는데, 아마도 캠프 잭슨에 주둔하던 포병부대가 떠난 후 이곳에 카투사 교육대가 이전하여 들어오지 않았을까 추정됩니다. 캠프 잭슨으로 카투사 교육대가 이전한 후 캠프 잭슨이 한국 정부에 반환되기 전까지 대부분의 카투사들이 처음 발을 들여놓게 되는 미군기지는 바로 캠프 잭슨이었습니다(카투사 교육대는 2018년 상반기를 마지막으로 캠프 잭슨 시대를 마감하였습니다).

캠프 잭슨에서는 카투사 교육대 외에 미군 부사관학교(NCO Academy)인 PLDC(Primary Leadership Development Course)도 진행이 되었습니다. 주로 미군 중 병장급으로 진급할 예정인 상병들이 교육 대상인데, 카투사 중에서는 중대 선임병장(Senior KATUSA) 선발 예정자들도 참여를 하였습니다. 캠프 잭슨에 들어가니 훈련병들은 총 4개의 그룹으로 나뉘어졌습니다. 저는 그중 4구대(4th Platoon)에 속하게 되었습니다. 한 구대당 교관은 총 4명(미군 교관 2명, 한국군 교관 2명)이 있었습니다. 한국군 교관 중에는 중사 계급의 한국군 하사관과 카투사 신분의 사병이 있었습니다.

상병 계급장을 달고 있는 카투사 신분의 4구대 교관이 늠름한 자세로 나타나는데 그 카투사 교관의 군화는 멀리서 보아도 엄청나게 빛나고 있었습니다. 군복도 빳빳하게 잘 다려져 있었습니다. 행동은 절도 있고 낮은 톤의 목소리로 무게감 있게 목소리를 깔고 말합니다. 대부분의 카투사들은 4구대 교관이 제일 각이 잡혀 있는 군인 같다고 말했습니다. 다른 교관들과 달리 험한 말을 하지는 않았으나 엄한 표정을 짓고 있었습니다. 그 교관은 구대별로 구호가 있다면서 4구대의 구호는 '4th lead the way(4구대가 이끌어간다)'라고 알려줍니다.

카투사 교육생들은 오리엔테이션을 위해 우선 와잇먼 홀(Wightman Hall) 이라는 강당 건물 내부로 이동합니다. 와잇먼은 6·25전쟁 중인 1951년 3월, 1232고지를 점령하기 위해 소대원들을 이끌던 미군 상사로서 스스로가 앞장서 적군의 총알받이가 됨으로써 소대원들에게 길을 열어주며 장렬히 전사한 전쟁영웅입니다. 스스로 모범을 보인 그의 군인정신을 기리기 위해 미 하사관학교와 카투사 교육대가 사용하는 강당 건물을 와잇먼 홀이라 불렀습니다.

카투사 신병들은 와잇먼 홀 내부로 들어가 좌석으로 이동하였습니다. 그때 상병 계급장을 달고 있는 한 한국군 교관이 무섭고 낮은 톤으로 "빨리! 빨리!"라고 외칩니다. 좌석에 자리를 잡고 앉았더니 어느 교관이 교육생들의 자세가 바르지 않고 시끄럽다며 무서운 표정으로 "갈아 마셔버리겠어! 회를 떠버리겠어!"라며 화를 냅니다. 그 교관은 카투사 교육생들에게 '척키'라는 별명으로 불렸습니다.

군에서 제대 후 4년여가 지난 2008년경 한 방송국의 음악 프로그램을 보게 되었는데, 서울 홍대 인근 클럽에서 활동하는 한 인디 가수의 공연 특집방송이었습니다. 그 가수가 발랄한 곡을 부를 때 방청석에서 해맑게 웃으며 박수를 치고 있는 '척키' 교관이 TV 화면에 보였습니다. 군대에서 보던 험악한 표정과 달리 해맑게 웃고 있는 모습에 경악을 금치 못했던 기억이 납니다. 사실 그 교관은 실제 성격은 그렇지 않은데 카투사 교육대 훈련병들의 군기를 잡기 위해 교관으로서 작위적으로 무섭게 행동했던 것 같습니다.

오리엔테이션을 마친 후 다시 와잇먼 홀(Wightman Hall) 외부에 집합

(formation)을 하였습니다. 시간이 다소 늦어서 부대 내 식당의 운영 시간이 지난지라 한국군 중사는 저녁 대용이라며 간단한 음식 팩을 하나씩 나누어주며 그 자리에서 빨리 먹으라고 호통을 쳤습니다. 얼마 전 먹었던 한국군 전투식량보다 다양한 종류의 음식이 들어 있었습니다. 서둘러 저녁식사를 마친 후 미군부대에서 사용할 미군 보급품을 받으러 부대 내 물품 보급소로 이동합니다. 이동 과정에는 그동안의 한국군 부대와 달리 모든 것이 영어로 진행됩니다. 좌향좌, 우향우, 뒤로 돌아, 앞으로 가 모두 영어로 합니다. 저를 포함한 일부 훈련병들은 정신을 못 차리고 우왕좌왕하였으며 한국군 중사는 바로 푸쉬업을 시켰습니다.

군용품 보급소 건물에서 미군 군복, 더플백, 개인위생 키트 등을 지급받은 후 훈련 기간 중 지낼 막사(Barrack)로 이동하였습니다. 방 하나를 3명이 사용하고 욕실은 2개의 방 사이에 하나가 있어서 6명이 공동으로 사용하는 구조였습니다. 동기 중에 미국에서 고등학교를 나온 친구가 있었는데, 이 막사가 마치 미국 고등학교 기숙사와 비슷하다고 하였습니다. 꼭 고등학교 기숙사 건물이 아니더라도 미군 막사와 유사한 건물들이 미국에는 적지 않게 있다는 것을 나중에 알게 되었습니다. 하와이 힐로(Hilo)에 여행 갔을 때 한 2성급 호텔에 머무른 적이 있는데 미군 막사와 구조가 상당히 유사하였습니다.

카투사들은 각자 배정받은 방 앞 복도에 서서 미군들에 의해 간략하게 육안 신체검사를 받은 후 KTA에서의 하루를 마무리하게 되었습니다. 이곳에서도 1시간씩 돌아가며 불침번을 서게 되었으나 논산훈련소와 달리 지루하지 않았는데 아무래도 그사이 불침번에 익숙해졌기 때문인 듯합니다. 이곳에서는 새벽 4시에 기상한 후 PT복을 입고 막사 앞에 집합을 해야 했습니다. 논산훈련소보다도 기상 시간이 빠르기 때문에 눈을 뜨는 것이 정말 힘들었습니다. 세상은 아직 칠흑같이 어두운데, 1호선 전철 소리가 간헐적으로 들리는 것이 미묘합니다. 1호선 전철 소리는 누군가에게는 소음이겠지만 저에게는 수도권에 있다는 생각에 너무나 반가운 소리로 들렸습니다. 매일 아침 PT 시간에는 육상 트랙을 여러 차례 돌아 총 3.2㎞(2마일)를 달리고, 푸쉬업(팔굽혀펴기)과 싯업(윗몸일으키기)를 합니다. 생각보다 쉽지 않아 좌절하는 동기들이 적지 않게 나옵니다. PT 테스트를 통과하지 못하면 통과할 때까지 계속 시험을 치러야 하는데 낙오자가 나와서 열외로 계속 훈련을 받는 경우가 있었습니다. 저는 중간 정도의 성적으로 PT 테스트를 통과하였습니다. PT훈련을 한 후 막사로 복귀하여 전투복으로 갈아입고 국기 게양식을 거행합니다.

아침식사를 위해 막사 앞에 집합한 후 디팩(D-Fac: Dining Facility의 약자로 미군부대 내 식당)으로 이동합니다. 미군들은 식당을 디팩 이외에도 메스 홀(Mess Hall) 또는 차우 홀(Chow Hall)이라고 부르기도 합니다. 처음으로 들어간 디팩은 과장되게 말하면 패밀리 레스토랑 같은 느낌이었습니다. 대부분의 식자재가 미국에서 들여온 것으로, 마치 미국에 와 있는 것 같은 느낌이 들게 했습니다. 스크램블드 에그, 해시 브라운, 소시지, 베이컨 등 미국식 아침식사가 낯설었지만 맛이 있었습니다. 하지만 훈련소라 여유 있게 식사를 할 수는 없었습니다. 교관들은 훈련병들 간 대화를 하면 "조용히 하지 못해"라며 호통을 치면서 빨리 먹으라고 하였습니다. 캠프 잭슨 식당 내에는 주한미군기지 내 햄버거 중에서 가장 맛있다는 잭슨 버거(Jackson Burger)가 있는데 사실 명성만큼 맛있다는 생각은 들지 않았습니다. 제 생각에는 힘든 교육 기간 중 먹는 햄버거라 맛있게 느껴져서 그런 명성을 얻은 게 아닐까 했습니다.

아침식사를 마친 후 부대 내 이발소(Barber Shop)에 가서 순식간에 미군식 스포츠 머리 스타일로 이발을 하였는데, 교관이 교부해준 헤어컷(Hair Cut) 쿠폰을 제출하면 무료로 이용할 수 있었습니다. 헤어스타일을 미군 스타일로 하니 비로소 미군부대에서의 복무가 시작되었다는 느낌이 들었습니다.

카투사 교육대 과정 중에는 영어교육 과정도 있습니다. 그런데 카투사들의 영어 실력에 편차가 있다 보니 영어 클래스 편성을 위한 테스트를 치릅니다. 저는 예상대로 가장 점수가 낮은 클래스에 배정되었습니다. 나이가 40~50대쯤 되어 보이는 분이 교육을 맡았는데, 같은 클래스에 있는 동기들은 저처럼 영어 실력이 좋지 못하고 의욕도 떨어지는 듯했습니다. 쉬는 시간에 밖에 나와 보니 영어 성적 우수반의 강사는 20~30대쯤 되어 보이는 강사였는데 교육생들이 다들 영어를 잘해서 강사와 농담도 하고 재미있는 시간을 보내고 있다고 했습니다. 이때 개인적으로 실력도 안 되면서 괜히 카투사에 지원해서 마음고생하는 것 같다고 스스로 하루에도 몇 번씩 좌절에 빠졌습니다.

영어교육 외에 소총 분해 및 재조립 훈련, 군사 지도 읽는 법, 지도를 보고 도봉산 내 훈련장에서 위치 찾는 법, 캠프 잭슨 내에 있는 노마드 찰리 사격장(Nomad Charlie Range)에서의 사격훈련 등 다양한 훈련을 하였습니다. 미군 교관은 훈련 중 수분이 부족하여 탈수 상태가 될 수 있으니 강제적으로 물을 마시라고 하는데, 거의 강요하다시피 물을 마시라고 하여 그 교관이 짜증난다는 투로 "드링크 워~터(Drink Water!)"라고 외치는 소리가 20년이 지난 지금도 귀에 생생합니다.

하루의 훈련을 마친 어느 날 캠프 잭슨 내 연병장에 집합한 상태에서 카투사 신분의 4구대 교관이 수락산을 바라보라고 합니다. 교관에 의하면 캠프 잭슨은 도봉산 자락에 위치해 있는데 현재 서 있는 곳에서 바라보는 수락산이 가장 멋있다고 합니다. 그 교관은 남자는 호연지기가 있어야 한다며, 수락산을 바라보며 수락산의 정기를 받으라고 하였습니다. 왠지 그 멘트가 멋있게 느껴졌습니다. 한편으로 그 교관은 미군들이 좋은 땅은 잘도 알아보고 점유하고 있다며 대부분의 한국인들이 캠프 잭슨 연병장에서 보이는 수락산의 멋진 풍경을 볼 수 없는 상황이 아쉽다고 하였습니다.

막사에 복귀하여 샤워를 하고 PT복으로 갈아입은 채로 점호를 하였습니다. 카투사 신분의 교관은 자신이 포병부대에서 전투병으로 복무하던 시절의 이야기와 미군과 관련된 다양한 에피소드를 이야기해주었는데, 개인적으로 흥미진진하다는 생각이 들었습니다. 한편으로는 PT 열외자들을 격려하면서 그 훈련병들에게 푸쉬업(팔굽혀펴기)을 시켜놓고 갑자기 본인도 같이 푸쉬업을 하였습니다. 이에 훈련병 대부분이 그러한 교관의 모습에 감동을 받았습니다. 저는 그 교관을 보고 군인이란 무엇이고 리더란 무엇일까 생각을 하게 되었습니다.

일과를 마치면 세탁실에 가서 세탁을 하거나 숙소에서 영어 공부를 하였습니다. 어떤 훈련병들은 카투사 PX에 가서 맛있는 것을 사 먹는 경우도 있었습니다. 카투사 교육대에서 다양한 훈련을 하며 이곳에서의 생활이 끝나갈 때쯤 군생활 중 가장 중요한 날이라 할 수 있는, 부대와 보직을 추첨하는 날이 다가왔습니다. 한 한국군 장교는 카투사들에게 전투병으로 지원할 것을 추천하였으며 추천 사유는 다음과 같았습니다.

"카투사로 복무하더라도 영어 실력이 잘 늘지 않는 경우가 많다. 한국군 지원단으로 배정받을 경우에는 한국군끼리만 업무를 하기 때문에 아예 영어를 사용할 일이 없는 경우도 있다. 영어 실력을 늘리려면 야전에서 미군들과 몸으로 부딪혀가며 서바이벌 잉글리쉬(Survival English)를 배워야 한다. 그리고 전투병으로 지원하면 경기도에서 복무할 수 있기 때문에 수도권에 사는 사람에게는 오히려 전투병이 좋을 수 있다."

사실 영어 실력이 하위권에 속해 있던 저에게 서바이벌 잉글리쉬를 통해 영어 실력이 늘 수 있다는 말이 상당히 솔깃하게 들렸습니다. 더군다나 수도권에서 군복무를 할 수 있다는 말도 매력적으로 다가왔습니다. 사실 행정병으로 배정될 확률을 높이기 위해 워드프로세서 자격증을 구비해서 입대했는데, 전투병 지원을 원하는 사람을 호명할 때 망설임 없이 오른팔을 들어올렸습니다. 그런데, 같은 영어 클래스에서 옆자리에 앉아 친하게 지내던 동기도 전투병으로 지원하였습니다. 그 친구와 저는 각각 주한미군 2사단의 전투보병 중 가장 힘들다는 503보병 수색소대(동두천 캠프 케이시)와 506보병 수색소대(파주 캠프 그리브스)로 배정되었습니다. 당시에는 잘 몰랐지만 이제 와서 생각해보니 카투사들이 가장 두려워하는 부대의 보직이 '알보병'이라고 불리는 수색소대 소총병이었습니다. 그래서 전투병 지원자 2명을 이 부대와 보직에 우선 배정한 것 같다는 생각이 들었습니다. 동기들은 우리를 대단하다는 듯이 쳐다보았는데, 그중에는 덕분에 전투병이 될 확률이 줄어들었다며 안도의 한숨을 쉬는 사람도 일부 있었습니다.

그날 저녁 점호를 하는 시간에 4구대 교관은 여느 때처럼 교육생들을 모아놓고 교관이 아닌 선배로서 많은 이야기를 해주었기에 교육생들은 이

시간을 좋아하였습니다. 이야기 막바지에 갑자기 그 교관이 "전투병에 지원한 신상수 일어나"라고 하였습니다. 제가 일어서자, 교관은 "네가 남자다"라며 자신이 전투병 시절 사용했다는 레펠 도구를 선물로 주었습니다. 교관으로부터 인정받은 느낌에 기분이 좋아지긴 하였으나 한편으로는 전투병으로서의 군인정신이 투철해서 지원한 것이 아니라 영어 실력을 늘려야겠다는 마음과 수도권에서 복무하고 싶다는 마음에 전투병에 대한 두려움을 잠시 잊은 선택이었기 때문에 용기 있는 선택이었다고 볼 수는 없을 것입니다. 사실 군복무 전에 군인과 무기에 대해 전혀 관심도 없었고 행동도 민첩하지 못했던 저에게는 전투병보다는 행정병이 좀 더 어울리지 않았을까 생각해봅니다. 만일 그때 전투병에 지원하지 않았다면 복무하게 될 부대와 보직이 달라졌을 것이고 그로 인해 군생활 동안 만나게 되는 사람들도 모두 달라졌을 가능성이 높았을 것입니다.

퇴소식을 준비하는 과정에서 부대 내 사진관 구경을 할 수 있다고 해서 사진관에 가보았습니다. 사진관에는 교육생들이 훈련받는 모습이 촬영된 사진을 인화하여 판매하고 있었습니다. 저는 제가 나온 사진 몇 장을 골라 구매하였습니다. 당시 사진관에는 캠프 잭슨에서 훈련받는 모습 외에도 캠프 잭슨 부대 전경을 도봉산에서 촬영한 부대 조감 사진도 판매하고 있었는데, 그 당시에 구매하지 않은 것이 지금 생각해보면 아쉽습니다.

캠프 모빌(Camp Mobile)

과거에 미2사단에 배정된 카투사들은 카투사 교육대에서 교육을 마친 후 바로 자대로 배치되는 것이 아니라 경기도 동두천에 위치한 미군기지인 캠프 모빌이라는 곳에 도착하여 2사단으로의 전입 절차(인프로세싱)를 밟았었습니다. 이 과정에서 2사단에서의 생활을 위한 간략한 교육을 받게 됩니다. 이곳에는 CIF라는 물품 보급소가 있었는데, 2사단에서 생활하는 동안 사용할 미군 보급품을 받게 됩니다. 제 기억에 미군용 헬멧(케블라) 같은 물품을 받았던 것 같습니다.

이곳의 교관은 KTA 교관과 달리 각이 안 잡혀 있어서 놀라웠습니다. 마치 의정부 306보충대에서와 비슷한 느낌을 받았고 생활도 상당히 느슨한 편이었습니다. 캠프 모빌에서 다소 편안한 생활을 하면서, 저와 같은 506보병 1대대에 배정된 동기들과 인사를 하였습니다. 군생활에 있어서 동기는 어쩌면 가장 기억에 남는 사람들일 것입니다. 저는 본부중대 수색소대에 배정되었고, 한 명은 본부중대 박격포소대 전투병, 또 한 명은 본부중대 미군인사과 행정병, 다른 한 명은 브라보중대 보급병, 그리고 마지막으로 델타중대 전투병으로 총 5명이 같은 대대에 배정이 되었습니다. 이들 중 박격포소대에 배정받은 동기는 파주에서 어린 시절을 보낸 파주 토박이였습니다. 그래서 그런지 다른 사람들과 달리 파주 지역의 미군부대에 관심이 있던 것 같았습니다. 주말에는 이 친구를 따라 파주에 있는 캠프 에드워즈, 캠프 하우즈뿐만 아니라 용산 미군기지에도 함께 방문을 해서 시간을 보내고 그곳 미군 식당에서 식사를 하곤 하였습니다. 브라보중대에 속하게 된 동기는 경북대에 재학 중이라 경북 왜관에 있는 미군기지에 배치받길 바랐다고 하는데, 바람과 달리 미군기지 중 가장 최전방에 있는 부대에 배정받았다며 투덜거리는 모습이 꽤 재미있었습니다. 델타중대 전투병으로 배정받은 동기는 같은 막사(델타 막사)에서 생활하였는데 우리 동기들보다는 같은 델타중대 소속 카투사 선후

임들과 주로 어울렸던 것 같습니다.

캠프 모빌에서의 시간이 익숙해질 무렵 각자의 소속 부대 선임병장과 선임들이 신병들을 데리러 오는 날이 다가왔습니다. 여러 부대 소속의 카투사 병장과 상병들이 캠프 모빌에 와서 데리고 갈 신병들을 찾았습니다. 그 와중에 같은 학교 과 선배를 만나게 되었습니다. 개인적으로 친분은 없지만 분명 학과에서 봤던 선배였습니다. 그리고 무엇보다도 제가 카투사를 지원하는 데 영향을 준 동아리 친구와도 만났습니다. 그 친구는 경기도 의정부에 있는 캠프 스탠리에서 포병으로 복무하고 있다고 하며 반가워하였습니다. 군대에서 이렇게 만날 줄은 전혀 예상치 못했는데 너무 반가웠습니다. 즐거운 마음도 잠시, 드디어 506보병 1대대 소속 각 중대의 선임병장(Senior KATUSA)들이 나타났고 동기들은 다들 긴장하게 되었습니다. 본부중대 동기 3명은 함께 본부중대 선임병장에게 경례를 하고, 선임병장의 인솔하에 미군부대를 순환하는 셔틀버스가 있는 캠프 케이시 내 버스 정류장으로 향해 가서 셔틀버스(신동아 버스)에 탑승하였습니다. 전투부대 선임병장이라 터프한 이미지가 아닐까 긴장했었는데 점잖고 인상이 좋아서 안도가 되었습니다.

캠프 케이시(Camp Casey)

캠프 케이시는 1925년 미국 캔사스주에서 출생하고 한국전쟁 참전 중 1952년 동두천 전투 당시 비행기 추락으로 전사한 휴 보이드 케이시 소령을 기념하여 명명된 부대라고 합니다. 캠프 케이시 정문 앞 도로변에는 케이시 소령 기념비가 있습니다.

▶ 휴 보이드 케이시(Hugh Boyd Casey)
소령 기념비

캠프 케이시에서 출발한 버스는 캠프 하우즈(Camp Howze, 경기도 파주시 조리읍 봉일천리), 캠프 에드워즈(Camp Edwards, 경기도 파주시 월롱면 영태리), 캠프 자이언트(Camp Giant, 경기도 파주시 문산읍 선유리) 및 캠프 게리 오웬(Camp Garry Owen, 경기도 파주시 문산읍 선유리) 등 다양한 미군기지를 거쳐 최종 목적지인 캠프 그리브스(Camp Greaves, 경기도 파주시 군내면 백연리)에 도착하였습니다. 미군기지 셔틀버스는 부대 밖에서 정차하는 것이 아니라 부대 내부를 거쳐서 한 바퀴 돌고 나오는 경우가 대부분이라서 부대 앞에 정차할 때마다 부대 출입을 위한 검문을 받아야 했습니다. 그렇기에 상당히 번거롭다는 생각이 들었습니다. 이런 엄격하고 지루한 과정을 거칠 때마다 버스 안에 있는 카투사 장병들의 숫자가 줄어들었고 버스 안에는 506보병대 소속 카투사들만이 남게 되었습니다. 이렇게 제 군생활의 베이스 캠프가 될, '최전방에 홀로 서 있는 미군기지' 캠프 그리브스에 도착하였습니다.

19. 이젠 안녕! 캠프 잭슨

카투사들의 첫 미군기지, 캠프 잭슨

바로 앞 장에서 20년 전 제가 경험했던 미군기지 캠프 잭슨에 대해 살펴보았습니다. 공교롭게도 며칠 전 캠프 잭슨과 관련하여 안타까운 소식을 접하게 되어 캠프 잭슨에 대해 조금 더 다루도록 하겠습니다.

인터넷 기사를 보던 중 캠프 잭슨 시설물 철거 과정에서 사망사고가 발생했다는 것을 알게 되었습니다. 2022년 8월 29일 오전 10시 40분경 반환 미군기지 캠프 잭슨(Camp Jackson) 시설물 철거 공사 중 적재함에서 떨어진 파이프에 깔려 화물차 기사가 사망하였다고 합니다.

이 기사를 접하는 과정에서 자연스럽게 캠프 잭슨 내 시설물이 역사의 뒤안길로 사라져버렸다는 것을 알게 되었습니다. 이곳에는 크고 작은 건물과 시설물들 약 60개가 있었는데, 2022년 부대 철거 과정에서 몇 개의 시설을 제외하고는 대부분의 시설이 철거되었고, 가까운 미래에 문화예술공원이 조성될 예정이라고 합니다.

캠프 잭슨은 카투사 신병교육을 담당하던 카투사 교육대(KTA: KATUSA Training Academy)가 운영되던 곳이라 예비역 카투사들 모두의 추억이 담겨 있던 공간입니다. 또한 하사관학교인 PLDC(Primary Leadership

Development School)가 열리던 곳으로, 병장 진급 예정인 미군 또는 중대 선임병장(Senior KATUSA)으로 선발된 카투사들이 PLDC에 참여하였기에 이들의 추억이 담겨 있는 곳이기도 합니다. 그래서 다른 주한미군기지에 비해 미군들보다는 카투사들에게 더 친숙한 공간이라고 할 수 있습니다.

대한민국카투사연합회의 연례행사인 카투사 제도 창설 기념식이 매년 8월 15일 캠프 잭슨에서 진행이 되었습니다. 하지만 2016년 8월을 마지막으로 카투사 교육대가 평택 미군기지로 이전 예정이라고 하여 캠프 잭슨에서의 마지막 카투사 창설 기념식 행사도 2016년 8월 15일에 진행되었습니다(나중에 알고 보니 평택 와잇먼 홀 준공 지연으로 인해 KTA가 실제 의정부에서 평택으로 이전한 것은 2018년 5월이었다고 합니다). 저는 2016년 당시 기념식에 참석하였고, 다행히 캠프 잭슨의 마지막 모습을 촬영할 기회를 가질 수 있었습니다. 본 장에 수록한 사진들은 모두 그때 찍은 사진입니다.

▶ 정문에서 바라본 캠프 잭슨 내부 모습

▶ 와잇먼 홀

▶ 군복 보급소

▶ 교육생 막사

▶ 교육생 막사 복도

▶ 교육생 막사 내부 방

▶ 교육생 막사에서 내려다본 캠프 잭슨

▶ 이발소

▶ 디팩(미군 식당) 앞에서 입장을 기다리고 있는
카투사 훈련병들

▶ 영어 클래스 건물

▶ 교육생 학습실

▶ 테니스 코트

▶ 캠프 잭슨 사격장

▶ 버블 짐

20. Scouts Out! 나의 캠프 그리브스

군생활 중 방문했던 반환 미군기지

동두천 캠프 케이시에서 출발한 셔틀버스를 타고 경기도 서부 지역의 많은 미군기지를 거쳐 캠프 그리브스에 도착한 신병들은 선임병장의 인솔하에 중대 막사에 짐을 풀었습니다. 저는 소대에 배치되기 전 며칠간 선임병장 방에서 지내기로 했습니다. 며칠 내 지원대장님과의 면담도 예정되어 있었습니다.

선임병장은 전투부대인 506보병 1대대에 대해 간략히 설명해주었고, 부대생활에서 유의할 점에 대해서도 이야기를 해주었습니다.

> 카투사를 포함한 한국군 선임에게는 경례를 해야 하지만 미군을 상대로는 장교에게만 경례를 한다. 미군 장교들에게 경례할 경우 506의 모토에 따라 "스탠즈 얼론(Stands Alone) 써-르(Sir)!"이라고 한다. 506대대에는 다른 부대와 달리 여자 장교가 없으니 여자 장교에 대한 경례는 생각하지 않아도 된다.
> 미군 하사관 이상의 계급에게는 경례를 하진 않으나 대화 시에는 뒷짐을 지고 열중 쉬어 자세로 있어야 하고, 서전(Sergent)이라는 호칭을 말끝에 붙여야 한다.

갑자기 문이 열리며 병장 한 명이 방으로 들어옵니다. 저는 긴장을 한 나머지 "단결"이 아닌 "충성"이라고 했습니다. 논산훈련소에서는 충성이라는 경례 구호를 사용했지만, 미군부대에서 카투사들은 단결이라고 경례를 해야 합니다. 창원대학교 출신이라고 소개한 그 병장은 어리바리한 신병이 왔다며 한마디를 합니다. 신병이 왔다는 소식에 선임병들이 방에 들러서 한마디씩 하고 갑니다. 보급병으로 일하는 인상 좋은 선임병은 웃으면서 반갑고 다정하게 맞아줍니다.

선임병장 포함하여 같은 방을 쓰게 된 선임병이 있는데 편하게 있으라고 하면서 저에게 부대원들의 특징에 대해 이야기해줍니다. 그 선임은 용산구 한남동에 있는 단국대에 다닌다고 하였는데 책상에 음악 CD가 많았습니다. CD 중에 제가 좋아하는 미국 밴드 본 조비의 새 음반 'It's my Life'가 있어서 왠지 반가웠습니다.

한 선임은 우리 부대가 전투부대지만 자기는 행정병이라서 훈련을 거의 받지 않고 매일 미국식 식사를 하다 보니 살이 많이 쪄서 군복이 안 맞는다고 능청스럽게 말합니다. 다른 부대 소속이지만 506보병 1대대로 파견을 와서 생활한다는 머리가 큰 선임은 미군 방탄모 중 규격이 맞는 것이 없어서 오키나와 미군기지에서 공수한 방탄모를 사용하고 있다고 합니다.

그날 저녁 본부중대 카투사가 전부 모인 자리에서 신고식을 하게 되었습니다. 동기들과 함께 선임병들 앞에서 자기소개를 하였는데, 짓궂은 질문들을 하거나 노래를 시켰습니다. 카투사 교육대는 어땠느냐는 질문을 하길래 교관이 멋있었다고 대답했더니, 어느 선임병은 "야, 그거 다똥폼이다. 그 교관은 얼마나 군생활이 지겹고 힘들었으면 원래 소속 전투부대를 탈출해서 카투사 교육대 교관으로 갔겠냐? 다 편하자고 하는 것이다"라며 폄하했습니다. 군생활을 통해 스스로 결론을 내린 것은, 선임병들의 말도 맞지만 특별한 마음가짐을 가진 카투사들이나 미군들이 있었던 것도 사실입니다. 또한 제가 존경했던 카투사 교육대 교관의 경우 어떤 계기로 교관이 되었든 그가 교관이 된 후에 교관으로서 최선을 다한 것도 사실입니다.

아무튼 카투사 교육대에서 생각했던 군생활과 현실은 많이 달랐습니다. 군생활에 대한 막연한 환상 속에 있다가 현실에 들어온 느낌이었습니다. 사실 생각해보면 부대는 전투부대이지만 제가 속한 본부중대는 대부분 행정병 또는 의무병 같은 비전투병과의 보직으로 구성되어 있었습니다. 군대가 돌아가기 위해서는 전투병 외에도 의무병, 작전 전략 수립 및 전파, 훈련 일정 관리, 인사 관리, 물품 보급, 화생방, 통신, 취사병 등 다양한 병과가 필요합니다.

본부중대원 중 전투병인 수색소대, 박격포(81㎜)소대를 포함하여 의무소대는 본부중대 막사에서 멀리 떨어져 있는 곳에서 지냈습니다. 델타중대 소속 전투병들이 모여 있는 델타 막사에서 함께 지내게 되었는데 그곳은 본부중대원들이 모인 막사에서 약 400m 떨어져 있었습니다. 게다가 야전훈련을 하는 경우가 많아 부대에서 본부중대원들과 마주치는 빈도 자체가 상대적으로 적은 편이었습니다. 그래서 그런지 박격포, 수색소대 및 의무소대는 다른 소대원들보다는 상대적으로 더 친밀감이 있었습니다. 물론 작은 부대다 보니 다른 큰 부대보다는 행정병들과도 상대적으로 서로 잘 알고 사이가 좋은 편이긴 했습니다. 박격포소대의 미군

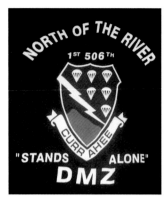

▶ 506보병 1대대 휘장

▶ 캠프 그리브스 카투사 스낵바 추정 건물

▶ 델타 막사 주변 시설들

들 중에는 고거리라는 이름을 가진 상병, 각 잡힌 어윈이라는 이름의 병장이 기억납니다. 그리고 이름은 기억나지 않지만 당시 인기가 많았던 가수의 CD를 빌려줬더니 한국인 여자친구가 좋아했다며 저에게 고맙다고 한 박격포소대 미군 병장의 얼굴도 떠오릅니다.

파주 지역의 미군기지들은 대부분 반환 후 철거되었지만 민통선 지역에 있다는 이유로 역사적 가치가 있다고 보아 부대의 원형이 거의 그대로 보존된 것이 캠프 그리브스입니다. 물론 다른 지역과 달리 민통선 내에 있기 때문에 민간에 의한 개발은 애시당초 어려웠을 것입니다. 제가 군 생활의 대부분을 보낸 수색소대원 시절에 지냈던 델타중대 막사는 현재 DMZ 유스호스텔로 사용 중이라 개인적으로는 감회가 새롭습니다. 최근 넷플릭스에서 공개한 한국 드라마 '수리남' 1화에 하정우의 일터인 잭슨 카센터 인근 캠프 케이시로 추정되는 동두천 미군기지가 나옵니다. 그런데 실제 드라마 촬영장소는 '캠프 그리브스'임을 바로 알 수 있었습니다.

수색소대원으로 생활할 당시 S-456으로 명명된 델타중대 막사 3층에 있는 방 번호 322호에서 계속 생활을 하였습니다. S-456 건물 내부 세탁실 내에서 군복을 세탁하고, 4층 휴게실(Day Room)에서 쉬고, 선임병, 동기, 후임병들 방에 모여 이런저런 이야기를 했던 기억이 납니다.

수색소대에는 3개의 분대(squad)가 있었고 각 분대별로 미군 4명에 카투사 1명으로 구성되었습니다. 총 3명의 카투사가 수색소대에 배정되었음에도 불구하고 소대에 가보니 카투사는 말년 병장과 저밖에 없었습니다. 저의 바로 위 선임이 한 명 있었는데 동두천 캠프 호비에 태권도병으로 파견 간 상황이라서 공석이었기 때문입니다. 그 선임은 같은 대학교 출신이라고 하는데 볼 수 없다는 사실이 좀 아쉬웠습니다.

제가 입대한 해인 2002년에는 한일 월드컵(5월 31일부터 6월 30일)이 개최되었습니다. 조별리그 같은 조에 미국이 편성되어 대결을 했는데 다행히 무승부로 끝났고, 양 팀이 모두 16강에 진출함에 따라 미군들과의 분위기도 화기애애하였습니다. 대한민국은 모두의 예상을 깨고 4강전에 진출하여 최종 4위로 월드컵을 마감하였고, 월드컵에 출전한 선수들은 군복무 면제를 받게 되었습니다.

호된 신고식

같은 중대의 박격포소대 미군 선임중사는 수색소대에 신병이 왔다는 소식을 듣고 제게 다가오더니 불쾌하다는 표정을 짓고 김치 냄새가 난다며 손사래를 치면서 지나갔습니다. 또한 부대 내에서 저와 마주칠 때마다 저보고 한국군으로 꺼지라고 했습니다. 인종차별적인 언행과 무시에 정말 화가 났지만 어떻게 할 도리가 없었습니다. 그러던 그가 막상 한국을 떠날 때가 되자 저에게 친절하게 대하고 친한 척을 해서 황당했던 적도 있습니다.

저의 첫 룸메이트는 한국에 오기 전 알라스카 미군기지에 있었던 미군 상병(Specialist)이었습니다. 미군은 정기적으로 인스펙션(inspection)이라는 것을 실시합니다. 각자의 방을 깨끗하게 청소하고 침대와 물품을 깨끗하게 정돈시켜놓은 채로 군복을 깔끔하게 다려 입은 후 각자의 방에

서서 검사관이 올 때까지 대기합니다. 미군의 경우는 평소와 달리 정복을 입지만 카투사들은 정복을 보급받지 않기 때문에 전투복을 입습니다. 인스펙션 도중 검사를 실시하던 미군이 제 침낭이 어디 있냐며 호통을 쳤습니다. 저는 깜짝 놀라 옷장과 더플백 내부를 찾아봤지만 침낭을 어디에서도 찾을 수 없었습니다. 저는 그 자리에서 중대 선임하사로부터 얼차려를 당하였습니다. 소대에 배치받은 후 침낭을 한 번도 사용한 적이 없는 입장에서는 상당히 억울하였고, 도둑맞았다고 생각하였습니다. 아니나 다를까 며칠 후 침낭이 제 자리에 놓여 있었습니다. 당시에는 억울한 마음에 미군 룸메이트가 장난을 쳤다고 생각하고 원망하였지만, 지금 생각해보면 검사관이 침낭의 분실 여부를 콕 집어서 알기란 어려운 것이므로 소대원들이 신참 카투사인 저에게 인스펙션의 중요성을 인지시키기 위해 계획한 것으로밖엔 볼 수 없는 상황이었습니다.

침낭 사건 이후 저의 룸메이트는 미군에서 김민선 병장으로 변경되었습니다. 김민선 병장은 저와 동갑이었고, 고대 독어독문학과 출신이자 독실한 기독교인이었는데 영어를 잘하였습니다. 킴블리 중사가 까다로운 질문을 하면 역으로 적절히 받아치는 질문을 함으로써 빠져나갈 정도로 능숙한 면이 있었습니다. 또한 미군들로부터도 신뢰를 받았던 것 같습니다. 김민선 병장은 미군들에게 무시당하지 않고 인정받기 위해서는 각별한 노력이 필요하다면서 제게 많은 것을 가르쳐주었습니다. 또한, 소대생활 관련된 OJT를 해주었습니다. 수색소대의 역할이 무엇이고, 어떤 훈련을 하는지에 대해 이야기해주었습니다. 평상시에는 부대 내에서 체력훈련, 지도 읽는 법인 독도법(Map Reading), 화력지원 요청(Call for Fire), 에프엠(Field Manual) 공부 등을 한다고 합니다. 또한 사격훈련, 분대 단위 훈련을 비롯하여 소대 훈련, 중대 훈련, 대대 훈련, 여단 훈련,

사단 훈련 등 다양한 훈련을 하고, 우수보병훈장(EIB), 공중강습훈장(Air Assault Badge)을 취득하기 위한 훈련이 매년 있기 때문에 일 년의 절반 가량을 야전에서 보낸다고 하였습니다.

특히 수색소대(Scout Platoon)는 적이 출몰할 만한 곳으로 미리 이동하여 적의 이동을 포착할 경우 즉시 무전기를 통해 소속 부대에 적의 동향과 숫자를 알려주는 등 첨병 역할을 하는 부대이며 필요할 경우 스나이퍼 총으로 목표를 저격합니다. 한편, 수색병이라는 보직의 특성상 적과 접촉을 하게 될 경우 전면적으로 싸우기보다는 신속히 탈출하며 적을 공격하는 훈련(Break Contact)을 반복하였습니다. 수색소대는 일종의 파수꾼 역할을 하는 대대의 눈입니다. 소대의 구호는 "우리는 보는 것을 좋아한다"였는데, 미군들은 능청스럽게 다가와 "넌 무엇을 보는 것을 좋아하냐" 하며 농담을 하곤 하였습니다.

수색소대에 배치되고 나서 다양한 사격장에 가서 훈련을 하였습니다. 캠프 그리브스 내에 있는 사격장은 물론이고 민통선 내에 있는 사격장

▶ 소대 창고에서 무기에 대한 교육을 받은 후 기념 촬영

▶ 506보병 1대대 본부중대 수색소대 마크

▶ 수색소대 티셔츠 디자인 및 막사 내 복도에 있던 벽화

▶ 수색소대 막사 내 벽화(출처: Kim형 소셜미디어)

▶ 화석정에서 보이는 임진강 건너편 동파리 일대 모습

에 가서 소총뿐 아니라 스나이퍼, 권총 사격을 수없이 많이 하였습니다. 어느 날 부대 근처 사격장에서 스나이퍼 사격훈련을 하였는데, 특전사 출신의 카투사 지원대장님이 오셨습니다. 지원대장님은 제가 훈련받는 모습을 보신 후 특전사 시절에 본인이 하던 훈련이라고 하면서 고생이 많다고 하셨습니다.

군복무 시절 사격을 많이 하다 보니 청력에 문제가 생겼습니다. 어느 날 캠프 그리브스 내부 사격장에서 소총 사격을 하던 중 갑자기 귀에서 쇳 소리가 나기 시작했습니다. 그때 이후 일정한 크기 이상의 소음이 날 경 우 귀에서 쇳소리가 나는 증상이 10년 이상 계속되었습니다.

민통선 내 사격장 근처에는 과거 미군기지였던 캠프 싯맨(Camp Sitman) 과 제3휴양소(RC#3)가 있었다고 합니다. 문관현의 책 『임진스카웃』에 의 하면 캠프 싯맨에는 비무장지대 수색업무를 맡은 미군 장병들의 훈련시 설로 1965년에 조성된 고급전투훈련소인 액타(ACTA: The Advanced Combat Training Academy)가 운영되었다고 합니다. 숙소는 텐트로 이루 어져서 텐트 도시(Tent City)라는 별명을 갖고 있었다고 합니다. 6·25전 쟁 후 정전협정이 체결되었다고는 하지만 이것이 종전을 의미하는 것은 아니었기 때문에 휴전선 인근에서는 북한과의 일촉즉발의 위기 상황이 항상 있었고 교전에 의해 인명 피해가 발생하는 경우가 상당히 많이 있 었다고 합니다. 이에 따라 미군들은 무장공비를 격퇴하기 위해 비무장 지대를 순찰하는 업무를 맡았다고 하며, 이들에게는 민정경찰이라는 패 치가 군복에 붙어 있었다고 합니다. 미군들은 이들을 임진스카웃(Imjin Scouts)이라고 부르고 있습니다. 임진스카웃의 임무는 1991년 말에 한국 군으로 인계되었습니다.

ROK replaces U.S. Army along N. Korean border

By Jim Lea
Stripes Korea Bureau Chief

SEOUL — South Korean troops are guarding the entire 155-mile long border with North Korea for the first time since an armistice signed 38 years ago brought the Korean War to a halt.

There was no official announcement, but South Korean and U.S. sources said a changeover ceremony was held at midday Tuesday to transfer responsibilities for guarding the border from the U.S. 2nd Infantry Division to the South Korean army.

News agencies were not permitted to cover the ceremony, and exactly where it was held was unclear. Some sources said it took place at Camp Howze, about 12 miles south of the border.

Others said it was held in the Demilitarized Zone which separates the two Koreas.

U.S. authorities would not confirm the event took place. American officials in Seoul would say only that the change of guard "still is considered an operational matter by the command and is classified."

See GUARDS, Page 4

Guards

FROM PAGE 1

ered an operational matter by the command and is classified."

South Korean military authorities said two months ago that the changeover would occur in October, and that was confirmed by a U.S. Defense Department spokesman.

A South Korean source said Tuesday only that a ROK army unit took control of a 1-mile stretch of territory known as Military Armistice Commission Headquarters Area-B.

That area includes two mountaintop installations called Guardposts Collier and Ouellett that have been manned by American soldiers since 1964, U.S. records show.

According to earlier information from South Korean authorities and confirmed by the Pentagon, American troops remain as part of the guard force at the Joint Security Area, a tiny, half-mile wide zone within which the Military Armistice Commission meets periodically.

There was no information on what will happen to bases were U.S. troops are assigned between the Imjin River and the DMZ.

They include Camp Bonifas — where the Joint Security Area guard, part of the United Nations Command, is based — Camps Liberty Bell and Greaves and Warrior Base.

Liberty Bell and Greaves are permanent bases, but Warrior Base is a "tent city" occupied by 2nd Division troops on a rotational basis to support the Joint Security Area.

The changeover of guard responsibilities was seen as part of a previously announced U.S. plan of transitioning from a leading to a support role in South Korea, turning more of the country's defense over to ROK troops.

Some 7,000 American troops are to be withdrawn from the country by the end of 1993. Further withdrawals are being discussed, and Ambassador Donald P. Gregg said last week those plans depend upon North Korea's reaction to the initial troop withdrawal.

▶ 1991년 말 비무장지대 순찰업무 인계 기사(출처: 미군 국방일보)

냉전체제가 붕괴되며 1991년 말 비무장지대를 순찰하는 업무가 미군에게서 한국군으로 인계된 지 10여 년이 지난 2002년에 군대에 입대한 저는 군복무 중 비무장지대에 들어가본 적은 없습니다. 단지 비무장지대 인근 미군들이 커리히 마운틴이라고 부르는 과거 미군 전망대까지 가기 위해 아침 PT 시간에 비무장지대 남측 최남단의 고지까지 달려간 적은 있습니다. 그러함에도 불구하고 민통선 지역 내에서 복무를 한다는 이유로 506보병 1대대 병사들 군복에는 민정경찰 패치가 붙어 있었습니다. 저도 506보병 1대대 수색소대 소속 소총병으로서 민통선 내에서 근무했기 때문에 이 패치를 군복에 붙이고 있었습니다. 하지만 실제 비무장지대를 수색하지 않아 군복에 붙인 민정경찰 패치는 평상시에는 상징적인 의미만 있었습니다. 하지만 유사시에는 바로 작전을 수행해야 하므로 아주 의미가 없는 건 아니었다고 할 수 있습니다. 게다가 전쟁 발발 시 언제든 북한의 포격 사정권에 있었기 때문에 우리는 늘 위험한 상황에 놓여 있다고 교육받았습니다. 이런저런 행사로 다른 미군기지에 갔을 때, 저의 군복에 붙어 있는 민정경찰 패치를 본 다른 지역의 카투사들은 506보병 1대대 카투사들을 놀라운 눈으로 바라보고 말을 걸곤 했습니다. 군복에 비무장지대 표시가 붙어 있는 카투사는 흔하지 않았기 때문에 신기했을 것입니다. 냉정하게 말해서 저는 뛰어난 군인이 아니었지만, 주변에서 잘 모르는 사람들이 대단하다는 식으로 바라보니 자부심이 생긴 적이 있었습니다.

수색소대 소속으로 행하는 훈련 중 사격훈련이 가장 많았는데, 단순히 사격훈련만 하는 경우에는 사격장에서의 훈련을 마치고 부대로 복귀하기 때문에 이동 간 다소 지루한 점은 있어도 육체적으로 크게 힘들지는 않았습니다. 하지만 최소 3일에서 최장 2주에 이르는 훈련을 할 경우에는 야전에서 24시간을 보낼 수밖에 없었으므로 육체적으로 고단한 시간을 보냈습니다. 대대 단위 이상의 훈련 중 행정병들이 임시 텐트를 치고 간이 침대 위에 올라 침낭을 사용하는 것과 달리, 전투병들은 산 중턱 차디찬 흙바닥에 침낭을 바로 깔고 잠을 잤습니다.

2002년 6월 2주간의 사단급 훈련에 참여하게 되면서 첫 야전생활을 경험하였습니다. 6월의 어느 날 밤 부대 연병장(커리히 필드)에서 블랙 호크(Black Hawk)라 불리는 헬리콥터를 타고 수십 분간 이동하여 난생처음 들어보는 산 중턱에 내렸습니다. 칠흑 같은 어둠에 아무것도 보이지 않았으나 분대장인 그론딘(Grondin) 하사의 인솔하에 지도와 나침반을 사용하며 밤새 이동하여 집결지로 이동을 하였습니다. 첫 훈련을 하게 된 날 비가 많이 와서 온몸이 비에 젖은 저를 포함하여 소대원들이 추위에 벌벌 떨며 산기슭의 한 참호에 모여 있었습니다. 같은 분대의 부분대장이었던 더필드(Duffield) 병장은 그런 저를 바라보면서 춥고 배고프고 위험한 게 보병의 삶이라고 이야기해주었습니다. 더필드 병장의 말을 듣는 순간 앞으로의 군생활이 막막하게 느껴졌습니다. 전투병이 될 준비가 전혀 되어 있지 않은 상태에서 성급하게 선택한 전투병생활이니 그럴 수밖에 없었을 것입니다. 훈련 기간 중 군장에 챙겨온 미군 전투식량(MRE)을 꺼내 먹으며 '왜 제대로 알아보지도 않고 전투병에 지원을 했을까?' 마음 속으로 되뇌었지만 현실이 바뀔 일은 없었습니다. 다행히 더필드 병장은 인내심을 갖고 말없이 저를 잘 챙겨주었고 제가 잘 알아듣지 못하는 내용도 수차례 설명해주었습니다. 하지만 분대장인 그론딘(Grondin) 하사는 저를 견디지 못하였습니다. 그는 제가 실수를 할 때마다 화난 표정으로 이를 갈며 저에게 화를 내었습니다. 나중에 그론딘이 떠난 후 새롭게 온 허브스트 하사는 그론딘과 달리 이해심이 많은 편이었습니다.

개인적으로 더필드 병장을 잘 따랐고 존경하였는데, 그가 한국을 떠날 때 상당히 아쉬웠습니다. 더필드 병장은 한국을 떠날 때 자신이 사용하던 휴대용 칼을 저에게 선물해주었습니다. 군생활 내내 야전에서 훈련 중 요긴하게 잘 사용하였고 제대 후에도 소장하고 있었는데, 안타깝게도 망가져서 처분할 수밖에 없었습니다. 더필드 병장은 다른 미군들에 비해서 체격이 왜소했습니다. 어느 날 집합 시간에 갑자기 정신을 잃고 쓰러져서 다들 걱정을 한 적이 있습니다. 하지만 사격 실력이 백발백중일 정도로 뛰어났고 군인으로서도 뛰어난 리더십을 발휘했던 기억이 납니다.

2002년 6월 사단급 훈련 중 무엇보다도 가장 힘들었던 것은 씻지 못하는 것이었습니다. 훈련이 장기화될수록 정말 미칠 것 같았습니다. 그러던 중 훈련이 며칠 남지 않은 2002년 6월 13일에 갑자기 훈련이 중단되었다며 전원 부대로 복귀하라는 명령이 떨어졌습니다. 이유를 들어보니 미군의 탱크에 치여 민간인 2명이 사망했다는 것입니다. 미군 전차훈련장으로 알려진 '트윈 브릿지'로 가던 7대의 호송 차량 중 미군 마크 워커(Mark Walker)가 운전하던 3번째 차량인 54톤 탱크에 치여 여학생 2명이 사망한 것입니다. 이것이 바로 그 유명한 심미선, 신효순 사건입니다. 나중에 경기도 양주시에 효순 미선 평화공원이 조성되었다는 것을 알게 되었고, 늦었지만 공원에 가서 꿈을 피우기도 전에 사라져버린 소녀들을 생각하니 안타까운 마음이 들었고 미안하다는 생각이 들었습니다.

미선이 효순이 사건 이후로 훈련이 다소 주춤하고 외출에 제한도 걸렸지만, 훈련이 끝날 수는 없었습니다. 사격훈련, 시가지훈련, 혹한기훈련 등이 계속되었습니다. 훈련 기간 중 밤에 돌아가면서 숙영 지역 주변을 순찰하는 임무(Roving Guard)를 수행하거나 숙영지 출입 지역을 지키는 일은 상당히 지루하였는데, 이때 같이 근무했던 미군들과 이런저런 이야기를 나누며 시간을 때울 수 있었습니다. 미군들은 훈련장에서 휴식 시간에는 농담을 하며 시간을 보냈는데, 제가 이등병에서 일병 시절까지는 미군들의 농담을 제대로 알아듣지 못해서 따라 웃지도 못했습니다. 그런 저를 보며 어떤 미군은, 신(Shin)은 대학생이라면서 왜 고등학교 졸업생인 자기들보다 영어를 못하는 거냐? 한국에 있는 대학을 나와서 그런 거 아니겠냐며 무시하였습니다. 나중에 상병이 된 후 귀가 열리면서 미군들의 농담 대부분이 이태원이나 홍대 클럽 같은 곳에 가서 놀았던 무용담이라는 사실에 피식 웃었던 기억이 납니다.

시간이 흘러 그동안 룸메이트였던 김민선 병장이 제대를 할 때가 다가오자 동두천에 태권도병으로 파견을 갔던 김경모 상병이 복귀하였습니다.

▶ 일부러 성난 표정을 짓는 더필드 병장　▶ 경기도 양주시에 조성된 효순 미선 평화공원

▶ 2002년 동계훈련 중 수색소대원들의 순찰 모습

▶ 2003년 봄 수색소대 훈련 중

김경모 상병은 듣던 대로 온화한 성품을 갖고 있었습니다. 김경모 상병과 박격포소대의 장석일 상병은 입대 동기였는데, 같이 방에 모이면 경제사상, 미래 사업 이야기 등 다양한 이야기를 하였습니다. 저는 관련 주제에 대해 생각해본 적이 없었기 때문에 그런 주제로 이야기를 할 때에는 듣기만 하고 아무런 이야기를 하지 못했습니다. 개인적으로는 그전까지 그렇게 토론하는 훈련을 해본 적이 없었습니다.

어느 날 미군이 새로 왔는데 한국인의 외모를 하고 있었습니다. 소대 집합 장소에서 처음 인사를 하였는데, 그가 제게 먼저 다가와 손을 내밀었습니다. 사적으로 만난 자리에서는 자기를 편하게 킴 형이라 부르라고 하였습니다. 킴 형은 카투사 지원대장님이신 최종준 상사님이 진국이고 특전사 출신으로 실력이 있다면서 존경한다고 했습니다. 같이 지내는 동안 개인적인 고민을 들어주시고 때론 쓴소리도 해준 큰형 같은 분이었으며, 제게 영화와 음악 CD를 추천해주었습니다. 고액 연봉을 받는 투자은행에서 일하던 중 개인적 도전을 위해 고액 연봉을 포기하고 적지 않은 나이에 전투병으로 군생활을 자원한 것이 대단하게 느껴졌습니다(킴 형이 연말정산을 하러 동두천 캠프 케이시에 갔을 때 따라간 적이 있는데, 1년간의 연봉 내역을 본 후 군인 수입 정말 적다며 어처구니없어 하던 모습이 기억이 납니다).

대부분의 미군들이 그렇듯이 킴 형도 약 1년 정도만 한국에서 복무하고 한국을 떠나게 되어 아쉽게 헤어졌습니다. 킴 형은 이라크로 파병을 가기 위해 2003년에 미국 본토로 간다고 했습니다. 2003년에 미국 본토에 도착한 킴 형은 제게 이메일을 보내며 이런저런 조언을 해주었습니다. 개인적으로는 같은 소대에 있던 킴 형뿐 아니라 부대 내 식당에서 취사병으로 일한 윤 형이 기억납니다. 식사를 하러 식당에 가면 언제나 "상수 왔어? 시간 되면 저녁에 막사에서 같이 이야기나 하자"라며 늘 반갑게 맞아주었습니다.

공중강습부대인 506보병 1대대의 수색소대 특성상 야간에 헬리콥터를 타는 경우가 많이 있었습니다. 한 미군 상병이 저녁에 헬기 탑승을 위해 대기하던 중 실수로 소총을 바닥에 떨어뜨렸는데 실탄이 발사된 사고가 발생한 적이 있습니다. 총구가 하늘을 향했기 때문에 다행히 인명 피해는 없었는데, 그 상병은 그 사건으로 인해 계급이 일병으로 강등되었습니다.

군생활 내내 야전훈련만 한다면 아무리 뛰어난 군인이라도 군생활을 지속하기 힘들 것입니다. 훈련이 끝나면 PMCS(Preventive Maintenance Checks and Service)라고 하여 훈련 중에 사용한 소총이나 훈련장비들을 점검하고 육체적으로도 적절한 휴식을 취하는 정기점검 기간이 보장되었는데, 이 기간 중 오전 시간에는 각자의 방에서 자유롭게 시간을 보내고 오후에 체육관에 가서 1~2시간 운동을 하는 것이 일과의 전부였습니다. 오전 시간에는 주로 방에서 영어 공부를 하였고, 점심시간에는 TV를 시청하거나 도서관에 가서 책을 보았습니다. PMCS 기간은 전투병이 행정병보다 훨씬 편하다고 할 수 있습니다. 이때가 자대 생활 중 가장 편한 시간이었습니다.

PMCS 당시 같은 소대원이었던 나이트, 아빌라와 함께 방 소파에 앉아 총기를 점검했던 기억이 납니다. 아빌라는 멕시코계 미군이었는데, 처음에는 카투사를 무시하였습니다. 저도 그 사실이 너무 분해서 멕시코 사람들을 폄하하는 단어를 사용하며 화를 내었습니다. 그러자 관계는 더욱 악화되었습니다. 이를 눈여겨본 분대장은 아빌라와 제가 같은 방을 사용하도록 하였습니다. 막상 아빌라와 같은 방을 쓰게 되자 아빌라는 친근한 태도로 저를 대하였고, 이전과 달리 자신의 개인적인 이야기를 많이 들려주어 아빌라뿐만 아니라 멕시코계 미군들과 친해지게 되었고 함께 사진도 촬영하였습니다. 나중에 제가 선임병장이 되어 델타 막사를 떠나게 된 후 부대 내에서 아빌라와 마주친 적이 있는데, 왜 자기를 보고도 모른 척하느냐며 아쉬워했습니다. 사실 저는 당시 아빌라를 발견하지 못했던 것이고, 일부러 모른 척한 것이 아니라며 잘 지내냐고 인사하였습니다.

PT와 캠프 닷지

훈련이 없을 경우 일반적인 일과의 시작은 아침에 일찍 일어나 PT를 하는 것이었습니다. 주로 2마일(약 3.2㎞)을 달리고 윗몸일으키기, 팔굽혀펴기 등을 하며 규칙적이고 단조로운 생활이 지속되었습니다. 때로는 특별 PT를 하곤 했는데, 카투사들끼리만 모여서 태권도를 하는 경우도 있었고 미군들과 함께 체육관에 모여 레슬링을 하거나 체육관 천장에 설치된 밧줄을 타고 높이 올라가는 훈련도 하였습니다.

또한 미국 드라마 '밴드 오브 브라더스(Band of Brothers)'에서 506보병 이지중대가 커러히 산으로 뛰어가는 것을 본따서 제3땅굴까지 달려갔다가 오든지, 완전군장을 하고 민통선 내 한국군기지까지 다녀오는 행군 (Road March)을 하곤 했습니다. 행군을 할 때 중간에 나오는 한국군부대

▶ 캠프 그리브스 체육관의 현재 모습

▶ 캠프 그리브스에서의 마지막 부대 연감(출처: 퇴역 미군 사이트)

에 대해 미군 장교와 하사관들이 하는 이야기를 들은 적이 있습니다. 지금은 한국군부대지만 1960~1970년대까지 미군기지로 사용되었던 곳이 꽤 있다고 하였습니다. 제가 제대를 하던 해인 2004년에 캠프 그리브스에 주둔하던 미군들도 부대를 반환하고 떠났으니 특정 지역에서의 미군 주둔은 일시적이라고 보는 것이 현실적일 듯합니다.

캠프 그리브스 정문 근처에는 캠프 닷지(Camp Dodge)라는 조그만 미군 기지가 있었습니다. 캠프 닷지에 들어가보진 않았으나 아침에 하는 PT훈련에서 달리기 구간 바로 옆에 있었기 때문에 지나갈 때마다 기지 간판을 보았습니다. 캠프 닷지에는 건물이 1~2개 있다고 들었는데, 본부중대 통신병이 간혹 다녀왔다는 말을 들었고, 실제로 통신시설로 사용하고 있었습니다. 사실 캠프 닷지는 캠프 그리브스 정문 근처에 있는 부대 이름으로도 쓰였지만 한국전쟁 이후부터 1990년대 초까지는 캠프 그리브스의 정문인 브라보 게이트의 서쪽으로 약 1㎞ 거리에 있던 미군부대의 이름으로 먼저 사용되었습니다. 일반적으로 미군들에게 캠프 닷지라고 하면 캠프 그리브스 맞은편의 작은 통신 기지보다는 캠프 그리브스 서쪽으로 약 1㎞ 떨어져 있던 부대로 생각합니다. 이 캠프 닷지가 한국정부에 반환된 후 캠프 그리브스 브라보 게이트 맞은편에 있던 작은 기지가 캠프 닷지로 명명된 것 같습니다. 원래의 캠프 닷지에는 과거 미8군 2사단 23보병연대, 38보병대대, 503보병대대 등이 주둔했었다고 합니다.

비상훈련(Alert)

초등학교 다닐 때 매달 한 번씩 민방위훈련을 하곤 했습니다. 비상 사이렌이 울리면 정전이 되면서 책상 밑에 몸을 수그리고 앉아 있던 기억이 납니다. 군대에서도 이와 비슷한 비상훈련을 하곤 했는데, 새벽에 불시에 시행되는 비상(alert)훈련이 있습니다. 전쟁 등 비상 상황이 발생했다는 가정하에 불시에 비상음이 울리면 전 부대원은 완전군장을 한 후 집결지로 집합해야 합니다. 주로 잠을 자던 중 새벽 시간에 비상이 발동하는 경우가 많다 보니, 이를 경험해본 사람들은 신속히 잘 대응을 하지만 처음 겪어보는 병사들은 잠을 자다 갑자기 깬 채로 어리둥절해서 실수를 하기 마련입니다.

잡무(Detail)

부대 생활을 하다 보면 훈련이나 정비 기간 외에 각종 잡무(detail)가 부여됩니다. 일과 시간 중에는 부대 내 잔디를 깎는 업무, 막사 바닥을 왁스와 버퍼로 청소하는 일이 있습니다. 또한 아침저녁으로 국기 게양대(Flag pole)에 국기를 올리고 내리는 임무(Flag Duty)도 있습니다. 캠프 그리브스의 경우 국기 게양대 근처에 위치한 작전과에 국기를 보관하였습니다.

12시간 동안 업무를 하는 경우도 있었는데, 이 업무를 할 경우 다음 날은 휴가가 주어졌습니다. 예를 들어 야간 당직(CQ), 부대 출입문 경비(Gate Guard), 통일대교 경비(Bridge Guard) 등입니다. 야간 당직의 임무는 중대 본부에서 비상전화가 올 때 전화를 받는 것뿐이라 전화가 오지 않는다면 딱히 할 일이 없었습니다. 중대 본부에 있는 공용 컴퓨터를 사용하면 그나마 시간이 빨리 가는 편이었습니다. 하지만 검문업무의 경우에는 계속 외부에 서 있어야 하기 때문에 상대적으로 힘들고 지루했습니다. 출입문 검문의 경우에는 한국인 경비원 아저씨와 함께 일하기 때문에 그나마 지루함이 덜한 편이었습니다. 캠프 그리브스에서 가까운 곳에 JSA부대가 있어서 PT 시간에 가끔 지나가곤 했습니다. 가끔 JSA 부대 앞 경비초소에서 검문을 하고 있는 카투사 동기를 만나는 경우가 있었습니다. 그 친구도 검문업무가 군생활에서 가장 지루하다고 하였습니다.

통일대교 검문의 경우 미군과 1시간씩 번갈아 가며 밖에 서 있어야 했습니다. 통일대교 근무를 할 경우 주로 통일대교를 통과하는 차량 검문을 했습니다. 한국군 헌병들은 주로 한국군 차량과 일반 차량을 검문하였고, 미군과 카투사는 주로 미군과 유엔군 차량을 검문하였습니다. 이곳에서 하는 업무는 버스를 타고 부대로 복귀하는 부대원들, 미군 셔틀버스를 타고 캠프 그리브스로 복귀하는 미군과 카투사들, 판문점 투어를 온 미군, 카투사, 일반인들의 신분증과 출입증을 검문하는 일이었습니다. 판문점 투어 차량을 검문하던 도중 카투사 동기를 만나는 경우가 간혹 있었습니다.

2002년 12월 31일 통일대교 검문 근무를 서게 된 적이 있습니다. 밤에 컨테이너 휴게실에서 잠을 자고 있었는데, 밖에서 갑자기 폭탄 터지는 소리가 나서 깜짝 놀라 나가보았습니다. 저는 잠결에 전쟁이 난 줄 알고 긴장하였는데, 알고 보니 임진각에서 새해를 맞이하여 폭죽을 터뜨린 것이었습니다.

외출, 그리고 주한미군기지 투어

주말에는 훈련 기간만 아니라면 외출을 나갈 수 있었습니다. 저는 주말에 약속이 없거나 딱히 할 일이 없을 때에는 용산 미군기지로 향하는 미군기지 셔틀버스를 이용하여 다른 미군부대에 방문하였습니다. 당시 캠프 그리브스에 오는 미군 셔틀버스는 캠프 게리 오웬, 캠프 자이언트, 캠프 에드워즈, 캠프 하우즈 등을 거쳐 용산 미군기지 메인 포스트 (Main Post) 내 버스 터미널로 향했습니다. 용산 미군기지 버스 터미널에는 군산이나 왜관 등 전국 곳곳의 주한미군기지로 향하는 셔틀버스가 있었습니다. 용산 메인 포스트에 있으면 마치 작은 규모의 버스 터미널에 와 있는 것 같은 느낌이 들었습니다. 당시 한국에는 수많은 미군기지가 있었는데, 군복무를 하면서 여건이 허락되는 한 제가 복무하는 미군기지 외에도 다른 미군기지를 방문해보고 싶었습니다.

군복무 중 휴가 기간에 강원도 횡성에 있는 고모 집에 방문한 적이 있습니다. 사촌 형에게 횡성에도 미군기지가 있다고 들었는데 어딘지 아느냐

고 물었고 형이 차로 데려다주었습니다. 그곳은 캠프 이글(Camp Eagle)
이라는 미군기지였습니다. 사촌 형이 그냥 부대 한 바퀴 돌고 나가자고
해서 형의 차로 부대 내부 한 바퀴를 돌아보고 바로 나왔습니다. 당시
부대 내에는 아파치 헬기를 비롯한 군용 항공기가 많이 배치되어 있었
는데, 지금은 미군이 모두 철수했다고 합니다. 부대 내부를 돌던 중 식
당이 보였는데, 시간이 있었다면 부대 내 식당에서 식사를 했으면 좋았
겠지만 형의 사정상 어쩔 수 없이 부대 한 바퀴만 둘러보고 바로 나왔습
니다.

앞서 언급한 것처럼 저는 군복무 시절 기회가 되면 용산 미군기지에 방
문하였습니다. 주로 메인 포스트에 방문하였고 부대 내에 있는 도서관
에 자주 갔습니다. 캠프 그리브스에 있는 도서관과 비교가 안 될 정도

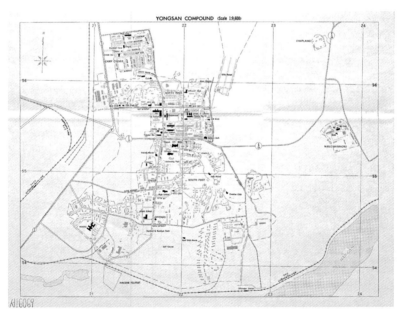

▶ 용산 미군기지 지도(출처: 서울역사박물관)

▶ 부산시민공원 공원역사관에 전시된 주한미군 기지 현황

▶ 나이트필드 표석(출처: 캠프 김 용산공원갤러리)

▶ 이태원 부군당역사공원에서 보이는 용산 미군기지 메인 포스트 전경

▶ 국립중앙박물관에서 보이는 사우스 포스트 전경

로 도서관의 규모가 컸고 군인이 아닌 일반 미국인들이 많아서 미국인들 구경하는 재미에 미국에 와 있는 기분이 들어서 좋았습니다. 용산 미군기지에서 시간을 보내다 점심시간이 되면 기지 내 식당(디팩)에 가서 식사를 했습니다. 캠프 그리브스 식당에 비해 맛있지는 않았지만 용산에서 식사를 하는 것에 의미를 부여했습니다. 식사하고 나서 나이트필드라는 용산 기지 내 연병장을 본 기억도 납니다. 2019년에 캠프 킴 용산공원갤러리(舊 USO)에 방문하여 전시물 중에 나이트필드 표석을 발견하고는 군생활 때 필드를 바라보았던 기억이 떠올랐습니다.

한번은 용산 사우스 포스트 인근 장교숙소 쪽으로 들어가서 부내 내 도로 주변에서 메인 포스트를 향해 걷고 있었습니다. 장교숙소에 카투사가 들어온 것이니 아무래도 잘못 들어온 것이라 생각한 것인지 저를 발견한 젠틀해 보이는 미군 장교가 제게 어디 가냐며 자기가 차로 데려다 주겠다고 하였습니다. 저는 그 장교에게 메인 포스트에 가는 중이라고 말하였습니다. 그 장교는 차 조수석에 앉은 저에게 보직과 복무 부대에 대해 물었고 이에 답을 했더니 고생이 많다면서 친절하게 이런저런 이야기를 해주었습니다. 그동안 겪어온, 터프한 전투부대의 미군 장교들과 달리 용산 미군기지의 젠틀한 장교를 만난 경험은 제게는 기억에 남는 색다른 경험이었습니다.

미군이 70년 이상 주둔해왔던 서울 용산 미군기지가 반환되기로 결정되었고, 이 부지의 성격을 고려하여 용산민족공원으로 조성될 예정이라고 합니다. 사실 용산 미군기지는 과거부터 부분 반환이 지속적으로 이루어졌습니다. 예를 들어 전쟁기념관, 국립중앙박물관, 용산가족공원, 용산구청, 아세아아파트 부지 등이 과거에 반환된 부지들입니다. 이제 일부 부지를 제외하고 대부분의 부지가 반환될 예정이라고 하니 격세지감을 느끼게 됩니다.

용산 미군기지의 규모는 여의도 면적(290만㎡)보다 다소 크고 미국 뉴욕에 있는 센트럴파크 면적(340만㎡)보다 다소 작은 300만㎡라고 하니 어마어마한 크기입니다. 이곳에는 한미합동군사지원단(JUSMAG-K: Joint U.S. Military Assistance Group-Korea) 본부 건물을 비롯한 미군 건물뿐 아니라 일제시대 때 건설된 군사시설들이 남아 있습니다.

현재 용산구종합행정타운(용산구청)이 위치한 곳은 과거 미군을 상대로 영업을 하던 '아리랑 택시' 사업 부지가 있었던 곳이라고 합니다. 미군들은 버스를 이용하기도 불편하고 일반 택시를 탈 경우 말이 잘 통하지 않다 보니 영어를 알아들을 수 있는 택시에 대한 수요가 있었다고 합니다. 그래서 아리랑 택시라는 택시사업자가 용산 미군기지 동쪽에 있었다고 합니다. 2010년경 군산에 출장을 간 적이 있는데, 미군용 택시를 발견한 적이 있습니다. 아마도 군산 미군기지에 주둔하는 미군들을 위해 영업을 하는 택시 같았습니다.

▶ 용산 미군기지 메인 포스트 서쪽에 조성된   ▶ 2010년경 군산 출장 중 발견한 미군 택시
   전쟁기념관

아리랑 택시 반환부지에 용산구종합행정타운이 조성되어서 그런 것인지 용산구청 정문 인근 정원에는 미8군 수도권지역사령관이 제공한 기념식수가 있습니다. 이 정원에는 각계각층 리더들의 명의로 기념식수가 심어져 있는데, 그중 제일 왼쪽 기념식수 앞에 전 미8군 수도권지역사령관 스티브 티 윌버거(Steve T. Wilberger) 명의로 된 2010년 6월 7일 자 기념석이 놓여 있습니다.

용산구청과 관련하여 한 가지 에피소드가 있습니다. 저의 전 직장에는 건설회사를 그만두고 이직해 온 직원이 있었습니다. 그 직원이 입사했던 때가 2010년 말이었던 것 같습니다. 그 직원은 용산구청 현장에서 일했다고 했는데, 기념비석 날짜를 보았을 때 용산구청 건설 프로젝트가 완료된 후 건설사를 그만두고 제가 다니던 회사에 입사한 것입니다. 그 직원이 입사한 다음 날 경기도 파주시 광탄면 작은 업체에 함께 출장을 갔었습니다. 그 출장지는 캠프 피터슨이라는 반환 미군기지가 있었던 곳입니다. 그로부터 일 년 후인 2011년에 7월 미군의 고엽제 사용 의혹을 제기하며 한국 사회를 충격에 빠뜨렸던 전 주한미군 스티브 하우스 씨가 방문했던 곳이 바로 과거 캠프 피터슨 터였습니다. 한국에는 과거에 많은 미군기지가 있었음을 새삼 느끼게 됩니다.

캠프 킴(Camp Kim)

용산 미군기지 서쪽에는 캠프 킴이라는 미군기지가 있습니다. 문재인 정부 말기 치솟는 집값을 잡기 위해 문재인 대통령이 이곳에 아파트를 짓겠다고 하여 유명해진 곳입니다. 캠프 킴에는 과거에 한국인노무단(KSC:

Korean Service Corp.)이 오랫동안 주둔하였는데, 한국인노무단 인원 대부분이 한국인이고 왕래하는 인원들도 미군보다는 한국인이 훨씬 많았다고 합니다. 미군들이 보기에는 미군기지라기보다는 한국 군대 같은 인상을 주었고, 캠프 이름도 대한민국에서 가장 많은 성씨인 '김'을 따서 캠프 이름으로 명명되었다고 합니다. 이곳은 한때 40보급소(SP40)라 불리기도 하였습니다. 캠프 킴에는 KSC 외에도 주한미군특전사령부, 미 육

▶ 캠프 킴 정문 및 용산공원갤러리

▶ 용산공원갤러리

군 및 공군교역처(AAFES), 용산 기지 차량등록소, USO 여행 장병 안내소 등이 있었는데, 이 중에서 USO에는 일반인들도 출입이 가능하였습니다. 이곳에 방문하면 캔틴이라는 식당이 있어서 미국식 햄버거를 먹을 수 있다고 했는데 가보지는 못했습니다. 용산 주둔 미군들이 대부분 평택 미군기지로 떠나며 용산미군기지 반환이 가시화되자, USO는 용산 공원갤러리로 간판을 바꾸어 용산 미군기지에 대한 상설 전시를 수년간 진행하였으나 코로나19 이후 폐쇄된 상황입니다.

용산 캠프 트레이시(Camp Tracy)

용산 미군기지 남서쪽에는 한 건설사에서 아파트를 짓고 있는 부지가 있습니다. 과거 이곳은 캠프 트레이시라는 미군기지 터였다고 합니다. 용산 미군기지 본진과 다소 거리가 떨어져 있음에도 불구하고 이곳 인근을 지날 때면 낙후된 느낌이라서 왜 그런가 했었는데, 나중에 알고 보니 군부대가 있었기 때문입니다.

캠프 트레이시에는 미군 728헌병대대(728th Military Police Battalion)가 주둔했었다고 합니다. 728헌병대대 예하 부대들은 한국 곳곳의 주한미군 기지에 1950년부터 2006년까지 주둔한 후 하와이로 배치되었다고 합니다. 헌병대대 A중대는 1964년에 부산 캠프 하야리아(Camp Hialeah)에 주둔하다 1965년에 대구로 이전한 후, 1969년 이전 어느 시점에 인천 부평의 애스컴(ASCOM)에 주둔했었다고 합니다. B중대는 평택 안정리 소재 캠프 험프리(Camp Humphries), C중대는 영등포 소재 캠프 로버츠(Camp Roberts)에 주둔하다 1968년에 용산 캠프 트레이시(Camp Tracy)로

▶ 아파트 신축 공사가 진행 중인 과거 미군기지 터 ▶ 제프 토마스(Jeff Thomas) 씨가 공유한
1971년의 캠프 트레이시 모습

이전하였다고 합니다. 헌병대 본부는 캠프 트레이시가 아닌 메인 포스트
에 있었다고 합니다. D중대는 1960년대에 철수했다고 합니다.

캠프 트레이시가 반환된 후 해당 부지는 수십 년간 한국군이 사용하였
습니다. 현재는 앞서 언급한 것처럼 아파트단지가 건설되고 있습니다.
캠프 트레이시 담장에 붙어 있었던 군부대의 경고문구는 이제 건설회사
의 알림 문구로 대체되었습니다. 아파
트가 완공이 되면 오래된 이 미군부대
담벼락도 역사의 뒤안길로 사라져버릴
것입니다. 참고로, 아파트 중 일부 세대
는 미대사관에 배정되어 대사관 직원들
이 거주할 예정이라고 합니다. 원래는
용산 미군기지 북쪽 지역인 캠프 코이
너(Camp Coiner) 부지에 미대사관 숙소
가 건설될 예정이었으나 캠프 트레이시

▶ 캠프 트레이시 담장의 경고문구

부지에 지어지는 아파트에 대사관 숙소를 제공하기로 협의한 것이라고 합니다.

용산 메인 포스트의 북쪽에는 캠프 코이너라는 미군기지가 있었습니다. 이곳에는 미군이 1945년에 주둔하기 시작하였는데, 17항공여단, 8헌병여단, 1통신여단 등이 주둔했었다고 합니다. 캠프 코이너는 한국전쟁 중 1953년에 전사한 랜돌 코이너(Randall Coiner) 소위의 이름을 따서 명명되었다고 합니다.

국립중앙박물관(舊 미군골프장)

용산 사우스 포스트 남측에는 2005년에 개관한 국립중앙박물관이 있습니다. 국립중앙박물관은 원래 1986년부터 1995년까지 경복궁 내 조선총독부 건물에 있었으나, 용산 미군기지 내 미군골프장 부지(1945~1992년)가 반환된 후 현재 위치에 박물관 건물을 신축하여 재개관하였습니다. 어린 시절에 조선총독부 건물에 있는 국립중앙박물관에 가서 구석기시대 돌도끼 같은 유물 전시를 관람했던 기억이 남아 있는데, 일제시대 건물에 중앙박물관이 있어서 특이하단 생각을 했었습니다. 일본이 미군과의 전쟁에서 항복함으로써 2차 세계대전이 종료되었으나, 해방 직후 미군정은 조선총독부 건물을 중앙청사(Capital Hall)로 사용하였다고 합니다. 1948년에 대한민국정부가 수립된 후 정부청사로 활용되다가 정부청사가 이전하면서 국립중앙박물관으로 사용되었으나 1995년 독립 50주년을 맞이하여 일제 잔재의 청산을 위해 김영삼 대통령의 문민정부 시절에 철거하게 된 것입니다. 천안 독립기념관에 가면 김영삼 대통령

▶ 천안 독립기념관 조선총독부 철거부재전시공원

시절 폭파시키고 남은 조선총독부 건물의 잔재가 마치 폐허처럼 남아 있습니다. 조선총독부 건물은 철거된 후 독립기념관 내 조선총독부 철거부재전시공원으로 옮겨졌습니다. 이 공원에 가서 철거부재를 내려다 보고 있으면 한때 한국을 지배했던 일본 제국주의도 덧없는 것이라는 것을 보여주는 듯합니다.

카투사와 영어

카투사로 군입대를 했거나 카투사생활을 했다고 하면 다들 영어를 잘 할 것이라 기대합니다. 하지만, 카투사라고 하여 다 영어를 잘하는 것은 아닙니다. 부대 내에는 카투사를 관리하는 보직(ROKA Staff)이 있는데 이곳에는 미군은 없고 카투사만 근무하기 때문에 영어를 사용할 일이 없습니다. 또한 부내 내 카투사들을 위한 매점인 카투사 PX에 근무하는 카투사는 영어를 사용할 일이 거의 없습니다. 미군들과 함께 생활하는 카투사라고 하더라도 영어를 원래 잘하던 사람이 아니라면 서투르게 하는 경우가 생각보다 많이 있습니다.

카투사 동기는 영어 자막 기능이 미국 본토 내 청각장애인들을 위해 만들어진 것이라고 하며, 영어 자막 없이 영어 방송을 제대로 이해 못하는 우리가 영어에 대해서는 청각장애인인 것 같다는 농담을 하곤 했습니다. 이처럼 미군부대에 배속된 한국군인 카투사로 생활하면서 제대하는 그날까지 영어에 대한 고민은 계속되었습니다.

PLDC 참석

카투사 제도에는 선임병장(Senior KATUSA)이라는 직급이 있습니다. 중대별로 한 명씩 선임병장을 선발하는데, 미군 장교를 대신하여 중대에 소속된 카투사들을 관리하는 역할을 수행하게 됩니다. 506보병 1대대 예하 다른 중대에 비해 행정병이 많은 본부중대에는 전투병은 박격포소대와 수색소대 소속의 군인들뿐이었습니다. 그나마 본부중대 박격포소대에서 사용하는 박격포는 전차를 통해 이동하기 때문에 육체적으로 덜힘들어서 중대원들 대부분이 수색소대원이 가장 고생을 한다고 생각하였습니다. 다른 사람들과 달리 영어 실력이나 리더십이 부족함에도 불구하고 제가 너무 고생을 한다는 생각에 중대원들이 저를 선임병장으로 뽑아준 것입니다. 그래서 운이 좋게도 선임병장 예정자가 참석하는

PLDC에 참석하기 위해 의정부에 있는 캠프 잭슨에 다시 방문할 수 있었습니다.

다시 방문한 캠프 잭슨에서 놀랍게도 카투사 교육대에서 룸메이트였던 친구들을 다시 만났고 그중 한 명은 다시 룸메이트가 되었습니다. 그 친구는 성남 소재 서울비행장에서 근무하는 친구였습니다. 카투사 교육대에서 룸메이트였던 다른 친구는 행정처리가 잘못되어 다음 기수에 참석하는 조건으로 다시 부대로 복귀하였습니다. 또한 외대 아랍어과에 재학 중이던 동기도 왔는데 평택 험프리스에서 근무하고 있다고 하였고 상당히 반가웠던 기억이 납니다.

잘 알던 사람은 아니지만 제가 속한 506보병 1대대처럼 야전훈련을 많이 하는 503보병대대 브라보중대에서 온 카투사도 있었는데, 각 잡히고 예의가 바른 군인이었습니다. 서로 고생하는 것을 아는지 다른 카투사들에 비해 상대적으로 친하게 지낸 편이었습니다. 이 카투사와는 몇 년 후 강남의 한 자격 시험 준비 학원에서 우연히 다시 만났습니다. 고려대 전기공학과를 졸업하고 SK하이닉스에 취업하였는데, 대기업이라 좋긴 했지만 이천에서 근무하다 보니 너무 외진 곳에서 평생 살고 싶지 않아 시험을 준비하게 되었다고 합니다.

PLDC에서 아시아계의 카우치라는 미군과 같이 교육을 받았는데, 린킨 파크를 좋아한다며 제게 적극 추천해주었습니다. 카우치는 아직까지도 군생활을 하고 있다고 합니다.

PLDC를 마치고 나면 사병이었던 미군들은 정식으로 하사관이 됩니다.

군인으로서 하나의 전
환기에 해당하므로 미
군들에게 PLDC는 단순
한 진급 이상의 큰 의미
가 있는 과정인 것입니
다. 카투사들은 PLDC
를 이수함으로써 중대
선임병장(Senior KATU-

▶ 의정부 캠프 잭슨에서의 PLDC 교육 중 촬영한 사진

SA)이 되기 때문에 의미가 있습니다. 이를 기념하기 위한 마지막 행사는
의정부에 있는 캠프 스탠리(Camp Stanley)에서 하게 되었고 말로만 듣던
캠프 스탠리에 방문하게 되었습니다. 정복을 입은 미군과 양복을 입은
카투사들은 축하 행사에서 샴페인을 마시며 서로를 축하하였습니다. 이
당시 너무 긴장해서 기념식에 대한 기억은 그다지 선명하지 않아 다소
아쉽습니다.

▶ 1960년대 캠프 스탠리 전경(출처: 의정부역전근린공원)

다행히 선임병장이 된 후 다시 캠프 스탠리에 방문할 기회가 있었습니다. 미국의 유명한 컨트리 음악 가수가 USO의 주최하에 캠프 스탠리에서 위문공연을 한다고 해서 주말 저녁에 시간을 내서 캠프 스탠리에 방문한 적이 있습니다. 제가 카투사에 지원을 한 계기가 되었던 대학교 친구가 캠프 스탠리에서 포병으로 근무했었으니 개인적으로 정감이 가는 부대였습니다. 이곳에는 1955년부터 미군이 주둔하였다고 하는데, 501 유지여단 46수송중대, 미2사단 포병사령부, 항공대대 등이 거쳐 갔다고 합니다.

캠프 스탠리는 한국정부에 반환이 되었고 '액티브 시니어 시티'로 개발이 될 예정이라고 하지만 앞으로 개발 방향은 바뀔 수도 있다고 합니다. 캠프 스탠리 부대 후문과 정문 사이에는 뺏벌마을이라는 기지촌이 형성되어 있었습니다. 이곳에는 외국인 전용 클럽, 호프집, 음식점, 세탁소 등이 있습니다. 하지만 미군들이 떠나면서 뺏벌마을의 상권은 침체된 상황입니다. 카투사 시절에는 기지촌에 관심이 없어서 캠프 스탠리를 두 차례 방문했음에도 불구하고 기지촌에 가본 적은 없었으나 이제는 미군기지 자체에 대한 관심과 더불어 기지촌에 대한 관심도 생기게 되었습니다.

의정부교도소 쪽에도 캠프 스탠리 출입문이 있습니다. 이곳 출입문에는 '캠프 스탠리에 오신 것을 환영합니다(Welcome to Camp Stanley)'라고 쓰여 있었으나 현재는 문구가 지워져 있습니다. 대신 부대 검문소 옆에 있는 카페의 상호인 '무명(無名: nameless)'의 간판이 부대 검문소에 부착되어 있어서 오묘한 느낌을 주었습니다. 캠프 스탠리라는 이름을 가졌던 부대가 반환이 되면서 이제 출입문 간판에서 부대명은 지워졌고, 바로 옆에 있는 무명이라는 이름의 카페가 붙어 있으니 말입니다.

▶ 캠프 스탠리 정문 옆 뺏벌마을 표지석 ▶ 캠프 스탠리 후문에 있는 스탠리 후라이드

▶ 미군 클럽이었던 HILL SIDE의 ▶ 의정부교도소 옆 캠프 스탠리 출입문의 현재 모습
현재 모습(뻐뻐보관소)

선임병장이 되면서 미래에 대한 고민을 하였습니다. 막연하게 미군이 되고 싶다는 생각도 해보았습니다. 선임병장이 된 후에 부대 내에 있는 미군 리인리스트(Re-enlist) 담당자를 만나서 면담도 해보았지만 뚜렷한 답변을 얻지 못했고, 윤 형이 미국대사관까지 가서 알아봐주었는데 영주권이나 시민권이 없는 상황에서 바로 입대하는 것은 불가능하다고 했다합니다.

전투병은 일 년의 절반 정도를 훈련을 하며 보내는데 비해 같은 중대의 행정병들은 부대 내에서 각자 맡은 보직에 따른 업무를 하며 일과를 보냈습니다. 하지만 그렇다고 하여 행정병들이 전투병보다 더 편하다고 말하기는 어려운, 행정병만의 애로사항이 있음을 선임병장이 되고서야 알게 되었습니다. 더욱이 전투부대 소속 행정병들은 다른 부대의 행정병들과 달리 대대급 이상의 훈련에는 참여해야 했기 때문에 부대 밖을 떠나 야전에서 보내야 합니다. 행정병 중에는 공중강습훈장이나 우수보병훈장 테스트에 자원하여 취득하거나 PT 마스터를 하는 경우도 있어서 오히려 일반 전투병보다 더 우수한 체력과 군인정신을 갖춘 경우도 간혹 볼 수 있었습니다. 물론 전투병 중에 일명 슈퍼카투사(우수보병뱃지, 공중강습뱃지 취득)들이 꽤 많이 있었던 것이 사실입니다. 그래서 우리 대대 행정병들은 스스로를 전투행정병, 전투메딕, 전투군종병이라 부르곤 했습니다. 한 후임병은 다시 하라고 하면 하기 싫지만, 누가 뭐라 해도 우리는 레인저 카투사, 커리히 브라더즈였다고 말할 정도로 군생활에 자부심을 가졌던 것 같습니다.

병장으로 진급했을 때 경기도 동두천 캠프 호비에 방문한 적이 있는데, 캠프 호비에서 카투사들을 관리하고 지원하기 위해 근무하는 한국군 장교가 하셨던 말씀이 기억에 남습니다. 이제 전역이 몇 개월 남지 않았는데 사회에 나가기 전에 계획을 세우라. 계획한 것을 이루기 위해서는 기록으로 남기는 것이 '효험'이 있다고 말씀하셨는데, 효과라는 표현이 아닌 효험이라는 표현이 엉뚱하다고 동기들과 웃었던 기억이 납니다.

선임병장이 된 후에는 중대 카투사들이 부대 내 이글스 네스트에 모여 정기적으로 진행하는 영어 스터디 모임을 주관하였습니다. 사실 영어를 잘하지 못했기에 개인적으로는 쉽지 않은 시간이었지만 준비하면서 개인적으로 공부가 되었습니다. 한편 이글스 네스트에서 휴식을 취하며 군대 관련된 영화를 보는 미군들이 있었는데, 그때 미군들이 주로 본 영화나 드라마는 '밴드 오브 브라더스', '블랙호크다운', '라이언 일병 구하기' 등이었습니다.

2004년 3월 12일, 드디어 군생활을 마치는 전역일입니다. 전역식을 위해 미2사단 본부가 있는 경기도 의정부 소재 캠프 레드클라우드(Camp Red Cloud)로 갔습니다.

캠프 레드클라우드는 미2사단 본부로 알려져 있습니다. 경기도 동두천 캠프 케이시에 있던 사단 본부가 1994년에 캠프 레드클라우드로 이전해 온 것으로 알려져 있고, 2018년에 평택 캠프 험프리스로 이전된 후 캠프 레드클라우드는 폐쇄되었습니다. 부대명은 한국전쟁에서 큰 공을 세워 명예훈장을 받은 레드클라우드 상병을 기리기 위해 명명되었다고 합니다.

저는 군복무 당시 이곳에 2번 방문하였는데, 2003년 미2사단장 이취임식 행사 때 2004년 전역식을 하기 위해서였습니다. 전역식을 마치고 출입증을 반납할 때 만감이 교차하였던 기억이 납니다. 2년간 자유를 옭아매던 군생활에서 벗어난다는 기쁜 마음이 들면서도 이제는 미군기지에 마음대로 들어오지 못한다는 아쉬움도 들었습니다. 동기도 같은 마음이었는지 시원섭섭하다는 식으로 이야기하였습니다. 캠프 레드클라우드 내에는 미2사단 박물관이 있었는데도 박물관에 방문해보지 못해서 아쉬움이 남습니다.

캠프 레드클라우드 정문 맞은편에는 미군기지촌의 흔적이 아직 남아 있

▶ 캠프 레드클라우드 위성사진(출처: 향군 클럽)

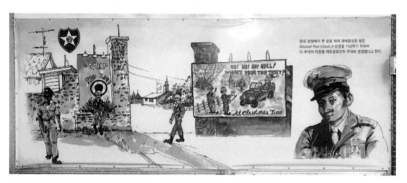

▶ 캠프 레드클라우드 건너편 기지촌 벽에 그려져 있는 레드클라우드(오른쪽)

▶ 미2사단의 상징인 인디언헤드 그림 ▶ 과거 미군 지휘관 사진이 걸린 향군 클럽 내부
   이 그려진 식당

습니다. 기지촌에 향군 클럽이라는 건물이 있는데, 이곳은 과거 미군 클럽으로 사용되던 것을 클럽 주인 지미 추(Jimmy Chu) 선생이 의정부시에 기증하여 현재는 문화시설로 변모되었습니다. 이곳에는 미군들이 떠나며 지미 추 선생에게 준 다양한 선물들이 보관되어 있습니다. 또한 과거 주한미군 지휘관들의 사진들이 내부 벽을 가득 채우고 있습니다. 지미 추 선생님에 의하면 미군 지휘관 사진을 갖고 있는 것은 자신밖에 없을 것이라며 자부심을 표현하셨습니다.

지미 추 선생님은 캠프 레드클라우드 내부에 있는 지하 벙커에 자신이 갖고 있는 자료를 전시하는 게 꿈이라고 하셨습니다. 의정부시에서는 캠프 레드클라우드를 CRC 안보테마관광단지로 조성할 계획이 있다고 하는데, 하루라도 빨리 계획이 진행되어 지미 추 선생님을 캠프 레드클라우드에서 다시 뵙고 싶습니다.

그동안 저의 군생활에 대해 간략히 살펴보고 군생활 도중 방문했거나 알았던 반환 미군기지들에 대해 살펴보았습니다. 한국에는 정말 많은 미군기지가 있었습니다. 100개가 넘는 미군기지가 전국 곳곳에 있었으니 말입니다. 이렇게 많은 미군기지가 있었던 가장 큰 이유는 한국 전역이 6·25전쟁 당시 전쟁터였기 때문일 것입니다. 냉전시대를 벗어나 한동안 평화로운 시대를 살아온 듯하나, 러시아의 우크라이나 침공을 통해 신냉전시대가 도래했음을 피부로 느끼게 됩니다. 반환 미군기지를 살펴본 그간의 작업을 통해 한국 현대사의 한 단면을 목도하게 되었고 자유와 평화를 위한 국방의 중요성을 알게 되었습니다. 그동안의 반환 미군기지 답사와 그 결과를 글로 정리한 이 작업도 그런 면에서 의미가 있는 것 같습니다.

2022년 12월 4일 일요일에 어머니의 조카딸이 결혼해서 청담동에 있는 예식장에 다녀왔습니다. 그 조카딸은 저보다 3살 어리다고 합니다. 사실 제 기준으로는 남이나 마찬가지라고 할 수 있는 먼 친척이라서 그동안 교류가 없었습니다.

결혼 축하 화환 중 눈에 띄는 것은 '재경철원군민회'였습니다. 1980년대 제가 어릴 때 어머니의 사촌 집이라며 강원도 철원 생창리에 방문한 적이 여러 번 있었는데 신부가 다름 아닌 그 집 딸이었던 것입니다. 강원도 철원 생창리는 냉전이 한창이던 1970년 10월 30일 재향군인 100세대가 입주한 재건촌 민북마을이었기에 민간인통제 지역이라서 방문할 때마다 검문소에서 군인의 검문을 받았던 기억이 납니다. 철원 아저씨라고 부른 키가 작은 친척 아저씨가 검문소까지 나와서 우리를 에스코트했었습니다. 1990년대 이후 냉전 분위기가 와해되었지만 생창리에 다시 방문한 적은 없었습니다.

철원의 소이산 정상에 6·25전쟁 당시 미군이 사용했던 레이더 기지가 있었다는 사실은 오래전부터 인지하고 있었으나 그동안 왠지 모르게 발걸음이 잘 떨어지지 않던 곳이었습니다. 하지만, 이곳 출신의 먼 친척이 결혼한 것을 계기로 철원에 한번 가보기로 하였습니다. 더욱이 서태지와 아이들의 '발해를 꿈꾸며' 뮤직비디오 촬영지로도 알려진 노동당사 건물도 답사할 겸 해서 철원으로 향했습니다.

철원으로 향해 가는 길목에서 자연스럽게 미군의 흔적을 목도할 수 있었습니다. 서울에서 의정부로 진입하는 초입에는 이제는 철거가 완료된 도봉산 기슭의 캠프 잭슨(Camp Jackson)에 있던 미군 급수탑이 보였습니다. 대부분의 시설이 철거되었지만 존치 시설물로 급수탑은 살아남은 것입니다. 다만, 급수탑에 적혀 있던 캠프 잭슨이라는 문구는 지워져 있었습니다.

동두천에 이르러서는 과거 미7사단이 건설한 아리랑 다리의 대체교량인 안흥교가 보였고, 안흥교 너머로는 과거 미군기지 캠프 캐슬(Camp Castle)이 있던 곳에 들어선 동양대학교 북서울캠퍼스가 보였습니다.

북쪽으로 조금 더 이동하자 경기도 연천으로 진입하였고, 오른편에 미군 사격장으로 향하는 영문 이정표가 눈에 들어왔습니다. 또한 한탄대교를 건너기 직전에는 38선 돌파 기념비가 보였고 한탄대교 옆에는 미군 44공병대가 건설한 한탄교가 보였습니다. 조금 더 북쪽으로 이동하니 SOC실증연구센터 이정표가 보였습니다. 예정에 없던 일이지만 근방에 차를 잠시 세우고 이곳을 잠시 둘러보았습니다. 그 이유는 이곳이 과거 미7사단과 미2사단이 사용한 후 한국정부에 반환했던 '현가리 사격장' 터였기 때문입니다.

현가리 사격장 터를 잠시 살펴본 후 수도권과 가장 가까운 강원도라고 불리는 강원도 철원군으로 진입하였습니다. 철원군은 스스로 통일시대 대한민국의 중심이라고 말하고 있었습니다. 다른 건 모르겠지만 철원군은 위치상으로 휴전선의 중간 지역에 있기 때문에 문자적으로만 보더라도 중심이라고 할 수 있습니다. 철원군에 진입하니 지뢰(mine) 경고문구가 눈에 들어왔습니다. 오늘의 목적지인 소이산 주변에도 지뢰 경고문구가 있었습니다. 목적지에 가까워지자 노동당사가 눈에 보였습니다. 1994년 발매된 서태지와 아이들 3집 타이틀곡 '발해를 꿈꾸며'에 나오는 노동당사를 직접 목도한 것은 개인적으로 이번이 처음입니다. 노동당사 맞은편에는 철원역사문화공원이 조성되어 있었고 이곳 주차장에 무료로 주차를 할 수 있도록 되어 있었으며, 철원역사문화공원에 있는 철원역에서 모노레일을 탑승하면 소이산 전망대에 오를 수 있습니다.

대한민국 땅 철원에 왜 공산당의 노동당사가 있을까요? 철원은 일제로부터 해방된 이후 미군과 소련군에 의해 가상으로 그어진 38선의 이북 지역이었습니다. 즉, 해방 후 휴전협정이 체결되기 전까지는 공식적으로는 북한 땅이었던 곳입니다.

6·25전쟁 정전협정이 체결되면서 설정된 휴전선이 철원 지역에서는 38선보다 북쪽에 위치하게 되면서 현재의 노동당사가 위치한 철원 지역이 대한민국 땅이 된 것입니다. 기존의 38선이 아닌 전선을 중심으로 휴전선을 설정하다 보니 이런 결과가 발생한 것입니다. 6·25전쟁 당시 고지의 쟁탈을 위해 피나는 전쟁을 했던 전략적 중요지 중 하나인 철의 삼각지에 바로 철원 지역이 포함되어 있었던 것입니다.

이러한 역사적 장소에서 1990년대 10대들의 우상이었던 서태지와 아이들이 통일을 염원하는 대중가요를 발표하고 뮤직비디오를 촬영했다는 사실은 당시로서는 상당히 센세이셔널한 일이었습니다. 서태지는 당시

▶ 노동당사

▶ 철의 삼각지대 지도

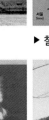

▶ 서태지와 아이들 3집 타이틀곡 '발해를 꿈
꾸며'

▶ 소이산과 철원역사문화공원

▶ 철원역사문화공원 근대문화거리 안내도

▶ 소이산 모노레일

세계적으로 냉전 분위기가 완화되고 있던 시대의 흐름을 캐치하여 이러
한 시대정신을 음악으로 표현하였기에, 단순히 10대들에게 인기 있는 아
이돌 가수의 차원을 넘어 대중들로부터 문화 대통령이라는 칭호까지 얻

게 되었던 것으로 기억합니다. 우연의 일치겠지만 북한의 김일성이 사망한 후 한 달 만에 '발해를 꿈꾸며'가 발매되었기에 그 의미는 더 크게 울려 퍼졌던 것 같습니다.

앞서 언급한 것처럼 노동당사 맞은편에는 소이산이 자리하고 있고, 그 기슭 평지에는 철원역사문화공원이 조성되어 있습니다.

미군은 6·25전쟁 당시 소이산(해발 362.3m) 정상에 레이더 기지를 조성하였는데, 바로 맞은편에 노동당사가 자리하고 있다는 사실에서 다시금 냉전시대의 흔적을 목도할 수 있었습니다. 철원역사문화공원 내에는 철원 지역의 근대문화를 간접 체험할 수 있도록 과거의 모습을 재현한 근대문화거리가 조성되어 있어서 한 번쯤 시간을 내어 방문해볼 만합니다 ('철원역사문화공원 근대문화거리 안내도' 사진 참고).

소이산 정상에 오르는 방법은 3가지가 있습니다. 가장 간단한 방법은 철원역사문화공원 내 철원역에서 모노레일을 탑승하는 방법입니다.

그리고 다음으로 편리한 방법은 소이산 남동쪽에 있는 봉수대 오름길(또는 DMZ 평화의 길)을 따라가는 방법입니다. 이 길은 경사로이긴 하지만 도로포장이 되어 있기 때문에 산을 오르내리는 데 큰 무리가 없습니다.

다음 방법은 가장 난이도가 있는 방법으로, 소이산을 한 바퀴 도는 둘레길(소이산 생태숲 녹색길)을 이용하는 방법입니다. 소이산 생태숲 녹색길을 이용하다 보면 이후 봉수대 오름길과 만나게 됩니다.

저는 철원역사문화공원 내 철원역과 드라마세트장 인근에서 가까운 진입로를 통해 소이산 생태숲 녹색길을 이용하여 소이산 정상에 오른 후 DMZ 평화의 길로 하산하는 방식을 택하였습니다.

소이산 생태숲 녹색길은 지뢰꽃길이라고도 불립니다. 왜냐하면 길옆으로 지뢰밭이 있기 때문입니다. 현재 지뢰 지역은 출입이 엄하게 금지되어 있는데, 아이러니한 것은 이 지뢰로 인해 이곳에 인간의 발길이 닿지 않아 자연 보존이 잘 되어 있을 것으로 추정된다는 점입니다. '추정이 된다'라고 표현한 이유는, 이곳이 베일에 가려져 있기 때문입니다. 과거 군사시설로 사용되었던 소이산 정상은 소이산 평화마루공원이라는 이름으로 민간에 개방되어 있습니다.

소이산 정상 평화마루공원 초입에는 과거 미군부대 막사 건물이 남아 있으나 출입이 통제되고 있습니다. 막사 건물 위로도 과거의 군사시설이 남아 있는데, 이곳 소이산 정상의 부대는 6·25전쟁 당시 미군의 레이더 기지로 사용되었고 북쪽을 향하는 발칸포가 설치되어 있었다고 합니다. 6·25 후 한국군이 사용하다가 지금은 사용되지 않고 있다 합니다. 사실 소이산은 6·25전쟁 이전부터도 군사적 요충지에 해당하여 봉수대로 사용되던 곳 중의 하나였다고 합니다.

소이산 정상에 서면 광활한 철원평야가 눈앞에 보이고, 한국전쟁 중 가장 치열한 전장 중 한 곳이었던 백마고지도 보이며, 그 앞 산줄기 너머 북한 지역이 보입니다. 북한이 이렇게 가까이 위치해 있다니 놀랍다는 생각이 듭니다. 군생활 이후 북한 지역을 이렇게 가까이 보게 된 것은 경기도 파주시 캠프 그리브스 방문 이후 처음입니다.

▶ 소이산 정상 둘레길

▶ 소이산 정상 평화마루공원

▶ 소이산 미군 막사

▶ 소이산 정상부 과거의 군사시설

▶ 소이산 정상에서 보이는 철원평야 지대 그
리고 북한 지역

▶ 미군 막사번호 T213